## पॉपुलर मास्टर गाइड

# बैंक ऑफ बड़ौदा
# *Bank of Baroda*

---

# अधीनस्थ स्टाफ

## सफाई कर्मचारी-सहचपरासी, चपरासी

## भर्ती परीक्षा

RPH संपादक मंडल
द्वारा संपादित

रमेश पब्लिशिंग हाउस, नई दिल्ली

| *प्रकाशकः* ओ॰पी॰ गुप्ता, **रमेश पब्लिशिंग हाउस** |

### *प्रशासनिक कार्यालय*

12-H, न्यू दरियागंज रोड, ऑफिसर्स मेस के सामने,
नई दिल्ली-110002 ① 23261567, 23275224, 23275124
E-mail: info@rameshpublishinghouse.com
Website: www.rameshpublishinghouse.com

### *विक्रय केन्द्र*

● बालाजी मार्किट, नई सड़क, दिल्ली-6 ① 23253720, 23282525
● 4457, नई सड़क, दिल्ली-6, ① 23918938



**Book Code: R-1871**

**ISBN: 978-93-86298-14-0**

**HSN Code: 49011010**

## चयन प्रक्रिया

परीक्षा का संचालन ऑनलाइन किया जाएगा। ऑनलाइन परीक्षा की संरचना इस प्रकार होगी:

| क्रम सं. | टॉपिक/विषय | कुल अंक | न्यूनतम अर्हता अंक | कुल समय |
|---|---|---|---|---|
| 1. | स्थानीय भाषा की जानकारी | 30 | 12 | |
| 2. | अंग्रेजी भाषा की जानकारी | 10 | 4 | |
| 3. | बैंकिंग सहित सामान्य जानकारी | 20 | 8 | 2 घंटे |
| 4. | प्रारंभिक गणित/अंकीय योग्यता | 20 | 8 | |
| 5. | मनोमितीय परीक्षा | 20 | 8 | |
| | **कुल योग** | **100** | **40** | |

**नोटः** अंग्रेजी भाषा की जानकारी को छोड़कर उपरोक्त परीक्षाएं दो भाषाओं यानी अंग्रेजी और हिंदी में उपलब्ध होंगी।

---

# अनुक्रमणिका

# बैंक ऑफ बड़ौदा

## अधीनस्थ स्टॉफ ( सफाई कर्मचारी–सहचपरासी, चपरासी )

## भर्ती परीक्षा 2017

**हिन्दी भाषा**

**निर्देश (प्रश्न 1 से 3):** *इन प्रश्नों में दिए गए वाक्यांश के अर्थ को व्यक्त करने वाला सही शब्द दिए गए विकल्पों में से चुनिए।*

**1.** जो क्षमा न किया जा सके
   A. अक्षम्य  B. अजर
   C. अज्ञ  D. अभियुक्त
   E. इनमें से कोई नहीं

**2.** जानने की इच्छा रखने वाला
   A. उत्साही  B. जिज्ञासु
   C. तत्पर  D. जिज्ञासा
   E. इनमें से कोई नहीं

**3.** दूसरों की बात सहन करने वाला
   A. कृपालु  B. सहिष्णु
   C. उदार  D. तटस्थ
   E. इनमें से कोई नहीं

**निर्देश (प्रश्न 4 एवं 5):** *इन प्रश्नों में दिए गए मुहावरे का सही अर्थ दिए गए विकल्पों में से चुनिए।*

**4.** हाथ-पाँव फूल जाना
   A. थक जाना
   B. घबरा जाना
   C. चलते जाना
   D. कड़ी मेहनत करना
   E. इनमें से कोई नहीं

**5.** मक्खी पर मक्खी मारना
   A. निरर्थक काम करते जाना
   B. समय बर्बाद करना
   C. छोटी बात को बढ़ा देना
   D. ज्यों की त्यों नकल करना
   E. इनमें से कोई नहीं

**निर्देश (प्रश्न 6 एवं 7):** *इन प्रश्नों में एक शब्द की वर्तनी के लिए चार विकल्प दिए गए हैं, जिनमें से केवल एक सही है। सही वर्तनी वाले विकल्प का चयन करें।*

**6.** A. लीपी  B. लीपि
   C. लिपि  D. लिपी
   E. इनमें से कोई नहीं

**7.** A. वरचस्व
   B. वर्चस्व
   C. व्रचस्व
   D. वर्चश्व
   E. इनमें से कोई नहीं

**निर्देश (प्रश्न 8 से 12):** *इन प्रश्नों में दिए गए शब्द का सही सन्धि-विच्छेद दिए गए विकल्पों में से चुनिए।*

8. शंकर
   - A. शन् + कर
   - B. शम् + कर
   - C. शं + कर
   - D. शंकृ + अर
   - E. इनमें से कोई नहीं

9. बहिष्कार
   - A. बहिः + कार
   - B. बहिः + सकार
   - C. बहि + सुकार
   - D. बहिष्क + आर
   - E. इनमें से कोई नहीं

10. यशोदा
   - A. यशः + उदा
   - B. यश + उदा
   - C. यशः + दा
   - D. यश + दा
   - E. इनमें से कोई नहीं

11. निश्चल
   - A. नीः + चल
   - B. निश् + चल
   - C. निस् + चल
   - D. निः + चल
   - E. इनमें से कोई नहीं

12. तन्मय
   - A. तन् + मय
   - B. तम् + अय
   - C. तत् + मय
   - D. तन् + अमय
   - E. इनमें से कोई नहीं

**निर्देश (प्रश्न 13 और 14):** *इन प्रश्नों में दिए गए प्रत्येक वाक्य में रिक्त स्थान की पूर्ति के लिए दिए गए विकल्पों में से उपयुक्त शब्द चुनिए।*

13. यह ........... सत्य है कि सचिन तेंदुलकर भारत का सर्वश्रेष्ठ क्रिकेट खिलाड़ी है।
   - A. अपार
   - B. कटु
   - C. निर्विवाद
   - D. अपवाद
   - E. दुर्लभ

14. इस आदेश की ............. करने वाले व्यक्ति को कड़ी सजा दी जाएगी।
   - A. पालन
   - B. अवमानना
   - C. अतिक्रमण
   - D. उल्लंघन
   - E. इनमें से कोई नहीं

**निर्देश (प्रश्न 15 से 17):** *इन प्रश्नों में दिए गए शब्द का सही पर्यायवाची/समानार्थक शब्द दिए गए विकल्पों में से चुनिए।*

15. विष
   - A. अम्बुद
   - B. गरल
   - C. अनल
   - D. अक्षि
   - E. जलज

16. हरिण
   - A. कटक
   - B. हेम
   - C. मृग
   - D. वृत्त
   - E. इनमें से कोई नहीं

17. साधु
   - A. तापस
   - B. अज्ञ
   - C. शूर
   - D. नृप
   - E. साध्वी

**निर्देश (प्रश्न 18 से 20):** *इन प्रश्नों में दिए गए शब्द का सही विपरीतार्थक/विलोम शब्द दिए गए विकल्पों में से चुनिए।*

18. प्राकृतिक
   - A. नैसर्गिक
   - B. कृत्रिम
   - C. बनावटी
   - D. स्वर्गिक
   - E. सुन्दर

19. अन्तरंग
   - A. बहुरंग
   - B. सबरंग
   - C. बाह्य
   - D. बहिरंग
   - E. नजदीक

20. जड़
    A. चेतन          B. सचल
    C. स्थूल          D. जड़हीन
    E. कठोर

21. निम्नलिखित में से कौन-सा अश्व का पर्यायवाची शब्द नहीं है?
    A. हय           B. अक्षि
    C. वाजि          D. तुरंग
    E. उपरोक्त सभी

22. निम्नलिखित में से विलोम शब्दों का कौन-सा युग्म सही नहीं है?
    A. अधिक-अल्प     B. कठोर-कोमल
    C. आरम्भ-प्रारम्भ   D. मुख्य-गौण
    E. इनमें से कोई नहीं

23. निम्नलिखित में से कौन-सा युग्म विपरीतार्थक है?
    A. अज्ञ-प्रज्ञ         B. ज्ञानी-विज्ञ
    C. मयंक-मृगांग       D. पादप-विटप
    E. इनमें से कोई नहीं

24. विमुख का विलोम शब्द है:
    A. अमुख          B. उन्मुख
    C. प्रमुख          D. सन्मुख
    E. उपर्युक्त में से कोई नहीं

25. अर्थ की दृष्टि से वाक्य के कितने भेद किए जाते हैं?
    A. दो            B. एक
    C. आठ           D. बीस
    E. दस

26. जिस वाक्य में एक उद्देश्य और एक विधेय होता है, वह है:
    A. मिश्रवाक्य        B. आश्रित वाक्य
    C. संयुक्त वाक्य     D. सरल वाक्य
    E. इनमें से कोई नहीं

27. निम्नलिखित में से कौन-सा वाक्य शुद्ध है?
    A. वह आपकी श्रद्धा करता है।
    B. वह आप पर श्रद्धा रखता है।
    C. वह आपसे श्रद्धा करता है।
    D. वह आप में श्रद्धा करता है।
    E. इनमें से कोई नहीं

28. निम्नलिखित में से कौन-सा वाक्य अशुद्ध है?
    A. आपका सब विचार अच्छा है।
    B. आप कुशल होंगे।
    C. मनुष्य एक सामाजिक प्राणी है।
    D. आप मुझ पर विश्वास कीजिए।
    E. इनमें से कोई नहीं

29. निम्नलिखित में से किस वाक्य में विराम चिह्नों का उचित प्रयोग हुआ है?
    A. ममता-रेखा-सुमन और सुषमा खेल रही हैं।
    B. रमेश, तुम्हारे पिता का नाम क्या है?
    C. तुम्हें अपने खान, पान पर ध्यान देना चाहिए।
    D. यह गलत काम, मुझसे नहीं होगा?
    E. इनमें से कोई नहीं

30. निम्नलिखित में से किसमें विराम चिह्न का अनुचित प्रयोग हुआ है?
    A. प्रेम, ममता, दया आदि।
    B. जड़, चेतन-गुण, दोष
    C. अरे! तुम बच गए।
    D. तुम्हारा नाम क्या है?
    E. इनमें से कोई नहीं

## English Language

**Directions (Qs. Nos. 31 to 34):** *In each of these questions, choose the option that is most nearly opposite in meaning to the word given in capital letters.*

31. VACILLATION
    A. Steeliness      B. Intransigence
    C. Steadfastness  D. Occupation
    E. None of these

32. DERELICTION
    A. Assiduousness
    B. Propriety
    C. Uncanniness
    D. Verbosity
    E. None of these

33. SANCTIMONIOUS
    A. Devout          B. Impious
    C. Empirical       D. Maudlin
    E. None of these

34. ENIGMATIC
    A. Industrious
    B. Mysterious
    C. Enthusiastic
    D. Straightforward
    E. None of these

**Directions (Qs. Nos. 35 & 36):** *Fill in the blanks.*

35. It is earth's gravity which ______ people their weight.
    A. gives          B. give
    C. giving         D. given
    E. None of these

36. Total weight of all the ants in the world is much greater than __________ .
    A. to all human beings
    B. that of all human beings
    C. is of all human beings
    D. that of the all the human beings
    E. None of these

**Directions (Qs. Nos. 37 & 38):** *In each of the following questions, out of the four alternatives choose the one which can be substituted for the given words sentence.*

37. One who studies about insects
    A. Entologist
    B. Entomologist
    C. Horologist
    D. Iconoclast
    E. None of these

38. A person who does not believe in the institution of marriage.
    A. Misogynist    B. Altruist
    C. Misogamist    D. Celibate
    E. None of these

**Directions (Qs. Nos. 39 to 40):** *In each of the following questions, choose the option which best expresses the meaning of the idiom/phrase underlined in the sentence.*

39. I have <u>hit upon</u> a good plan to get rid of him.
    A. laid           B. chanced upon
    C. decided        D. understood
    E. None of these

40. He <u>broke off</u> in the middle of the story.
    A. failed
    B. began crying
    C. stopped suddenly
    D. felt uneasy
    E. None of these

# बैंकिंग सहित सामान्य जानकारी

**41.** अमेरिका का नया राष्ट्रपति कौन है?
A. हिलेरी क्लिंटन
B. डोनाल्ड ट्रंप
C. डेटी बुटरेसे
D. टाबरे वाज्केज
D. उपर्युक्त में से कोई नहीं

**42.** 'गोदान' उपन्यास का लेखक कौन है?
A. महादेवी वर्मा
B. मुंशी प्रेमचंद
C. जयशंकर प्रसाद
D. डॉ. रामकुमार
E. जयप्रकाश

**43.** भारत ने राजस्थान में जिस स्थान पर अपना न्यूक्लियर परीक्षण किया था, वह है:
A. जयपुर
B. उदयपुर
C. पोखरन
D. अजमेर
E. कोच्चि

**44.** निम्नलिखित में से किसके द्वारा प्रकाश का रंग निर्धारित होता है?
A. इसके आयाम द्वारा
B. इसके तरंगदैर्ध्य द्वारा
C. इसकी तीव्रता द्वारा
D. इसके वेग द्वारा
E. इनमें से कोई नहीं

**45.** रक्त का रंग लाल क्यों होता है?
A. प्लेटलेट्स के कारण
B. श्वेत रक्त कणिकाओं के कारण
C. ऑक्सीजन के कारण
D. हीमोग्लोबिन के कारण
E. लाल रक्त कणिकाओं के कारण

**46.** 'साइमन कमीशन' किस वर्ष भारत आया?
A. 1928    B. 1930
C. 1919    D. 1920
E. 1924

**47.** 'वन्दे मातरम्' गीत किसने लिखा?
A. बंकिमचन्द्र चट्टोपाध्याय
B. रवीन्द्रनाथ टैगोर
C. अवनीन्द्रनाथ टैगोर
D. सुरेन्द्रनाथ बैनर्जी
E. इकबाल

**48.** निम्नलिखित में से कौन-सा उद्योग चूना-पत्थर को कच्चे माल के रूप में प्रयुक्त करता है?
A. एल्युमिनियम    B. चीनी
C. सीमेन्ट    D. पटसन
E. कागज

**49.** निम्नलिखित में से कौन-सा भारत में प्रमुख परिवहन साधन है?
A. पाइपलाइन
B. रेल परिवहन
C. सड़क परिवहन
D. वायु परिवहन
E. जल परिवहन

**50.** सार्वजनिक और निजी क्षेत्रक किस आधार पर विभाजित हैं?
A. रोजगार की शर्त
B. आर्थिक गतिविधि का स्वभाव
C. उद्यमों का स्वामित्व
D. उद्यम में नियोजित श्रमिकों की संख्या
E. इनमें से कोई नहीं

**51.** असम का मानस अभ्यारण्य प्रसिद्ध है–
A. भालू के लिए
B. एक सींग वाले गैंडे के लिए
C. जंगली गधे के लिए
D. पक्षियों के लिए
E. शेरों के लिए

**52.** निम्न में से किसकी शुरूआत राज्य सभा में हो सकती है?
A. धन विधेयक पर चर्चा
B. नये अखिल भारतीय सेवा का गठन
C. न्यायाधीशों की नियुक्ति
D. इनमें से कोई नहीं
E. उपरोक्त सभी

**53.** दादा साहब फाल्के पुरस्कार किस क्षेत्र में दिया जाता है?
A. कृषि
B. विज्ञान
C. साहित्य
D. सिनेमा
E. इनमें से कोई नहीं

**54.** किसी निर्वाचन आयुक्त या मुख्य निर्वाचन आयुक्त का कार्यकाल, कार्यालय में ..... ................ वर्ष अथवा 65 वर्ष की आयु पूरी करने तक में से जो भी पहले हो, होता है।
A. दो             B. तीन
C. पांच          D. छह
E. सात

**55.** प्राचीन शहर पामीरा किस देश में स्थित है?
A. ईरान          B. इराक
C. सीरिया        D. तुर्की
E. लेबनान

**56.** बैंक जिस दर पर भारतीय रिजर्व बैंक से उधार लेते हैं, वह ........... के रूप में जानी जाती है।
A. CRR
B. PLR
C. बैंक दर
D. REPO दर
E. SLR

**57.** रिजर्व बैंक ऑफ इंडिया के गवर्नर कौन हैं?
A. उर्जित पटेल
B. अरविंद पनगढ़िया
C. अरुण जेटली
D. पी.के. गांधी
E. नरेश रॉय

**58.** विश्व बैंक का मुख्यालय स्थित है–
A. पेरिस में
B. हेग में
C. वाशिंगटन में
D. जेनेवा में
E. वियना में

**59.** पी.वी. सिंधु का संबंध किस खेल से है?
A. क्रिकेट
B. हॉकी
C. बैडमिंटन
D. टेनिस
E. कबड्डी

**60.** रिजर्व बैंक ऑफ इण्डिया की स्थापना किस वर्ष में हुई?
A. 1949          B. 1953
C. 1935          D. 1956
E. 1958

# प्रारंभिक गणित/अंकीय योग्यता

**निर्देश (प्र.सं. 61–65):** *निम्नलिखित शृंखला में प्रश्नचिह्न (?) के स्थान पर क्या आयेगा?*

**61.** 23  33  46  62  81  103  (?)
- A. 126
- B. 130
- C. 133
- D. 128
- E. 135

**62.** 7  14  25  38  55  74  (?)
- A. 97
- B. 99
- C. 107
- D. 113
- E. 115

**63.** 9  73  105  121  129  (?)  135
- A. 13
- B. 131
- C. 133
- D. 134
- E. 138

**64.** 11  16  31  56  91  136  ?
- A. 171
- B. 181
- C. 185
- D. 191
- E. 197

**65.** 3  4  12  45  196  ?
- A. 985
- B. 990
- C. 995
- D. 1000
- E. 1005

**निर्देश (प्र.सं. 66–70):** *निम्नलिखित प्रश्नों में प्रश्नचिह्न (?) के स्थान पर क्या मूल्य आयेगा?*

**66.** $\sqrt{?} - 34 = \sqrt{484}$
- A. 56
- B. 65
- C. 2631
- D. 3136
- E. 3185

**67.** $625 \div 5 \times 25 = ?$
- A. 3100
- B. 2125
- C. 3125
- D. 2520
- E. 2940

**68.** $? \times 25 \div 6 = 1962.5$
- A. 541
- B. 457
- C. 358
- D. 471
- E. 782

**69.** $5^{8.9} \times 25^{7.2} \div 125^{4.6} = 5^{?}$
- A. 10.5
- B. 9.5
- C. 7.6
- D. 8.7
- E. 8.8

**70.** $(1024 - 362 - 214) \div (786 - 730) = ?$
- A. 7
- B. 6
- C. 9
- D. 12
- E. 14

**71.** दो द्विअंकी संख्याओं के बीच का अंतर 18 है। दूसरी संख्या का चौगुना पहली संख्या के तिगुने से 18 अधिक है। इन दोनों संख्याओं का योग क्या है?
- A. 100
- B. 80
- C. 86
- D. 92
- E. 95

**72.** ₹ 6,000 की राशि पर 7 प्र.श.प्र.व. की दर से दो वर्ष के लिए कितना चक्रवृद्धि ब्याज मिलेगा?
- A. ₹ 767.50
- B. ₹ 846.20
- C. ₹ 769.40
- D. ₹ 860.40
- E. ₹ 785.40

**73.** विद्यार्थियों की अमुक संख्या के बीच 300 सेब समानतः बांटे जाते हैं। 10 और विद्यार्थी होते तो प्रत्येक को एक सेब कम मिलता। विद्यार्थियों की संख्या का पता लगाइए।
- A. 70
- B. 40
- C. 55
- D. 50
- E. 56

**74.** 30 लीटर दूध और पानी के मिश्रण की मात्रा में दूध और पानी का अनुपात 7 : 3 है। दूध और पानी के इस अनुपात को 1 : 2 बनाने के लिए इस मिश्रण में कितना पानी और मिलाना पड़ेगा?

A. 30 लीटर     B. 32 लीटर

C. 33 लीटर     D. 35 लीटर

E. 40 लीटर

**75.** प्रतिदिन 8 घंटे चलते हुए 3 पम्प एक टैंक को 2 दिन में खाली करते हैं तो टैंक को एक दिन में खाली करने के लिए 4 पम्प प्रतिदिन कितने घंटे चलने चाहिए?

A. 12 घंटे     B. 15 घंटे

C. 18 घंटे     D. 9 घंटे

E. 20 घंटे

**76.** एक वृत्त का क्षेत्रफल 154 वर्ग सेमी है तो इस वृत्त की परिधि क्या है?

A. 40 सेमी     B. 44 सेमी

C. 54 सेमी     D. 59 सेमी

E. 56 सेमी

**77.** अनीश अपने वेतन का 25% घर के किराये, 5% खाद्य, 15% यात्रा, 10% कपड़ों पर खर्च करता है और शेष ₹ 22,500 बचाता है। अनीश का वेतन कितना है?

A. ₹ 40,000     B. ₹ 40,500

C. ₹ 45,500     D. ₹ 50,000

E. ₹ 48,050

**78.** एक नल एक खाली टैंक को 12 घंटे में भर सकता है और एक लीकेज सारे टैंक को 20 घंटे में खाली कर देता है। यदि नल और लीकेज साथ-साथ चलते हैं तो टैंक कितने समय में भरेगा?

A. 25 घंटे     B. 40 घंटे

C. 30 घंटे     D. 35 घंटे

E. 40 घंटे

**79.** एक महिला के पास अपने पर्स में कुछ 50 पैसे और कुछ 25 पैसे के सिक्के हैं। उसके पास कुल 55 सिक्के हैं जिनका योग ₹ 21.25 है। उसके पास 50 पैसे के कितने सिक्के हैं?

A. 30     B. 25

C. 20     D. 15

E. 18

**80.** ताश के 52 पत्तों वाले पैक में से बेतरतीब एक पत्ता खींचने पर उसके राजा या हुकुम का पत्ता होने की संभावना कितनी है?

A. $\dfrac{17}{52}$     B. $\dfrac{4}{13}$

C. $\dfrac{3}{13}$     D. $\dfrac{13}{52}$

E. इनमें से कोई नहीं

## मनोमितीय परीक्षा

**81.** समाज में आप ............ के रूप में जाने जाने की इच्छा रखते हैं।

A. काफी हद तक एक बहिर्मुखी व्यक्ति

B. एक सच्चे और समझदार पुरुष/महिला

C. एक आत्मकेंद्रित व्यक्ति

D. एक ताकतवर और स्वस्थ व्यक्ति

E. इनमें से कोई नहीं

**82.** यदि आपकी नौकरी में अलग-अलग जगहों की यात्रा करना अपेक्षित हो, तो आप क्या करेंगे?

A. नौकरी को ठुकरा देंगे

B. दूसरों से मदद मांगेंगे

C. अपने वरिष्ठों से पूछेंगे

D. नौकरी की अपेक्षा पूरी करने के लिए एक कार्यनीति बनाएंगे

E. इनमें से कोई नहीं

**83.** अपने कार्य संबंधी कार्यक्रम के दौरान अधिकतम लेन-देन से निपटते समय आप

A. पूरी तरह थका महसूस करते हैं

B. अपने कार्य भार से ऊब जाते हैं

C. कार्य से निपटने के लिए खुद को एकजुट रखना चाहते हैं

D. सक्रिय बना रहना जारी रखते हैं

E. इनमें से कोई नहीं

**84.** अपने जीवन में आप निम्नलिखित में से किस चीज को सबसे महत्वपूर्ण मानते हैं?

A. नाम और लोकप्रियता

B. धन-दौलत और तरक्की

C. विलासितापूर्ण जीवन-शैली

D. समाज में आदर-सम्मान

E. इनमें से कोई नहीं

**85.** जब आप किसी सामूहिक (टीम) कार्य में भाग ले रहे होते हैं, तो आप

A. ऐसी गतिविधियों से बचने में लग जाते हैं

B. काफी हद तक स्वाग्रही बनने लगते हैं

C. टीम के सदस्यों के साथ सहयोग करते हैं

D. अपने हितों का ध्यान रखने के साथ-साथ दूसरों की मदद भी करते हैं

E. इनमें से कोई नहीं

**86.** यदि आपका बॉस आपको वैसा बढ़िया मूल्यांकन नहीं देता हो जैसा आपने सोच रखा हो, तो आप क्या करेंगे?

A. बॉस के सामने जाकर उससे बहस शुरू कर देंगे

B. बुरी तरह से परेशान हो जाएंगे

C. अपना प्रदर्शन सुधारने का प्रयास करके सफलता पाएंगे

D. उसके बाद से अपने बॉस की अनदेखी करना शुरू कर देंगे

E. इनमें से कोई नहीं

**87.** आपके अनुसार अपने अधीनस्थों के आचरण की प्रवृत्ति में कुछ बदलाव लाने की सबसे महत्वपूर्ण विधि निम्नलिखित में से क्या है?

A. विस्तृत सुझाव/सलाह देना

B. कार्य की मौजूदा जगह से उन्हें हटाना

C. एक व्यापक विचार-विमर्श कार्यक्रम आयोजित करना

D. अधीनस्थ को पूरी तरह नजरअंदाज करना

E. इनमें से कोई नहीं

**88.** अपनी दिनचर्या में आप निम्नलिखित में से किस चीज पर ज्यादा जोर देते हैं

A. नैतिकता और आदर्शवाद से जुड़े अपने सिद्धांतों का पालन करना

B. अपने व्यक्तिगत मसले सुलझाना

C. दूसरों को उनकी समस्याएं सुलझाने में मदद करना

D. अपने परिवार के सदस्यों की सहायता करना

E. इनमें से कोई नहीं

**89.** यदि आप अपने परिवार के लिए पर्याप्त धन अर्जित नहीं कर रहे हो, तो आप क्या करेंगे?

A. अधिक धन कमाने का कोई भी साधन अपनाएंगे

B. अधिक धन कमाने की जरूरत की अनदेखी करने की कोशिश करेंगे

C. जरूरत पूरी करने के लिए मित्रों से पैसे उधार लेंगे

D. अधिक धन कमाने के लिए और कड़ी मेहनत करने की योजना बनाएंगे

E. इनमें से कोई नहीं

**90.** आपके अनुसार आधुनिक जीवन शैली के तनाव के दुष्परिणामों को नियंत्रित करने के लिए आपको क्या करना चाहिए?

A. आहार पर नियंत्रण

B. पर्याप्त आराम-विश्राम

C. शारीरिक व्यायाम

D. ये सभी

E. इनमें से कोई नहीं

**91.** निम्नलिखित में से किसे आप एक व्यक्ति का सबसे प्रशंसनीय गुण मानते हैं?

A. दोस्ताना स्वभाव

B. सद्भाव

C. मेहनती स्वभाव

D. खुशनुमा चाल-चलन

E. इनमें से कोई नहीं

**92.** आपके अनुसार किसी टीम के कार्यकुशल लीडर को

A. अपने तरीके से काम करना चाहिए

और दूसरों की राय की परवाह नहीं करनी चाहिए

B. हमेशा निष्पक्ष स्पष्ट अनुदेश देना चाहिए और दृढ़ बने रहना चाहिए

C. हमेशा वैसा करना चाहिए जैसा दूसरे कहते या सुझाते हैं

D. दूसरों की सुनकर उसके बाद स्थिति के अनुसार काम करना चाहिए

E. इनमें से कोई नहीं

**93.** जो लोग आपको जानते हैं उनका मानना है कि आप हैं

A. ईमानदार और सख्त

B. मददगार और मैत्रीपूर्ण

C. आत्मकेन्द्रित और एकांतप्रिय

D. बदमिजाज और स्वार्थी

E. इनमें से कोई नहीं

**94.** किसी व्यक्ति का निम्नलिखित में से कौन-सा गुण आपको सबसे ज्यादा आकृष्ट करता है?

A. मानसिक क्षमता

B. अच्छा रूप-रंग

C. संवेदना

D. आत्मविश्वास

E. इनमें से कोई नहीं

**95.** आपके अनुसार एक गरीब व्यक्ति को क्या करना चाहिए?

A. अपनी गरीबी को भूलने की कोशिश करनी चाहिए और उसी तरह जिंदगी बितानी चाहिए

B. अपने भाग्य को हर दिन कोसना चाहिए

C. ज्यादा धन कमाने के लिए और मेहनत करनी चाहिए

D. कोई भी तरीका अपनाकर धन कमाना चाहिए

E. इनमें से कोई नहीं

**96.** जब आप किसी सैनिक के सीमा पर मारे जाने की खबर सुनते हैं, तो आपको कैसा लगता है?

A. उसे देश पर मरने के लिए सरकार वेतन देती है

B. अपने जीवन का बलिदान करना उसकी ड्यूटी का हिस्सा है

C. ऐसे सैनिकों को हमें अवश्य सम्मानित करना चाहिए

D. हम सबको अपने देश के लिए जरूर कुछ करना चाहिए

E. इनमें से कोई नहीं

**97.** आपके कुछ मित्र मद्यपान करते हैं और वे इस मद्यपान के दौर में आपको भी शामिल होने के लिए कहते हैं, तो आप

A. खुशी से उनके साथ शामिल होकर मद्यपान करेंगे

B. गुस्सा हो जाएंगे और उनसे कहेंगे कि आप ऐसा कभी नहीं करेंगे

C. उन्हें बताएंगे कि मद्यपान स्वास्थ्य के लिए हानिकारक है

D. मद्यपान की सभी बुराइयों और इससे नफरत की आपकी वजह के बारे में उन्हें बताएंगे

E. इनमें से कोई नहीं

**98.** आपके बॉस अभी-अभी सेवानिवृत्त हुए हैं और एक नए बॉस ने कार्यभार संभाला है। आप

A. नए बॉस को बताएंगे कि आपके पुराने बॉस कितने अच्छे थे और उनके जितना अच्छा कोई नहीं हो सकता

B. उनका गर्मजोशी से स्वागत करेंगे और उनके आचरण को परखेंगे

C. उन्हें खुश रखने के लिए उनके आगे-पीछे घूमेंगे क्योंकि आपको मालूम है कि भविष्य में वे आपके लिए मददगार होंगे

D. उन्हें पूरी तरह नजरअंदाज करेंगे

E. इनमें से कोई नहीं

**99.** आप अपने उन दोस्तों को ज्यादा पसंद करते हैं जो

A. चुस्त और चालाक हैं

B. हमेशा आपकी प्रशंसा करते हैं

C. निष्कपट और सहदय हैं

D. हमेशा शिष्ट और विनम्र हैं

E. इनमें से कोई नहीं

**100.** कार्यालय जाने के लिए तैयार होते समय आप स्नानघर में फिसल जाते हैं और आपके हाथ पर मामूली चोट लग जाती है। आप

A. अपने बॉस को बताएंगे कि आप बुरी तरह घायल हैं और कार्यालय नहीं आ सकते

B. सोचेंगे कि ऐसी स्थिति में कार्यालय जाना कोई खास जरूरी नहीं है

C. केवल लंबित कार्यों को खत्म करने या तात्कालिक समस्याओं से निपटने के लिए कार्यालय जाएंगे

D. सोचेंगे कि कोई आपका काम देख लेगा और आपको इस बारे में चिंता करने की जरूरत नहीं है

E. इनमें से कोई नहीं

### उत्तरमाला

| 1 | 2 | 3 | 4 | 5 | 6 | 7 | 8 | 9 | 10 |
|---|---|---|---|---|---|---|---|---|----|
| A | B | B | B | D | C | B | B | A | C |
| **11** | **12** | **13** | **14** | **15** | **16** | **17** | **18** | **19** | **20** |
| D | C | B | B | B | C | A | B | D | A |
| **21** | **22** | **23** | **24** | **25** | **26** | **27** | **28** | **29** | **30** |
| B | C | A | B | C | D | B | A | B | B |
| **31** | **32** | **33** | **34** | **35** | **36** | **37** | **38** | **39** | **40** |
| C | A | A | D | A | B | B | C | B | C |
| **41** | **42** | **43** | **44** | **45** | **46** | **47** | **48** | **49** | **50** |
| B | B | C | B | D | A | A | C | B | C |
| **51** | **52** | **53** | **54** | **55** | **56** | **57** | **58** | **59** | **60** |
| B | B | D | D | C | D | A | C | C | C |
| **61** | **62** | **63** | **64** | **65** | **66** | **67** | **68** | **69** | **70** |
| D | A | C | D | E | D | C | D | B | E |
| **71** | **72** | **73** | **74** | **75** | **76** | **77** | **78** | **79** | **80** |
| E | E | D | C | A | B | D | C | A | B |
| **81** | **82** | **83** | **84** | **85** | **86** | **87** | **88** | **89** | **90** |
| B | D | C | D | D | C | C | A | D | D |
| **91** | **92** | **93** | **94** | **95** | **96** | **97** | **98** | **99** | **100** |
| D | D | B | C | C | C | D | B | D | C |

### व्याख्यात्मक उत्तर

**61.** $23 \xrightarrow{+10} 33 \xrightarrow{+13} 46 \xrightarrow{+16} 62 \xrightarrow{+19} 81 \xrightarrow{+22} 103 \xrightarrow{+25} (?)$

अर्थात्, ? = 103 + 25 = 128

**62.** $7 \xrightarrow{+7} 14 \xrightarrow{+11} 25 \xrightarrow{+13} 38 \xrightarrow{+17} 55 \xrightarrow{+19} 74 \xrightarrow{+23} (?)$

अर्थात्, ? = 74 + 23 = 97

**63.** $9 \xrightarrow{+2^6} 73 \xrightarrow{+2^5} 105 \xrightarrow{+2^4} 121 \xrightarrow{+2^3} 129 \xrightarrow{+2^2} (?) \xrightarrow{+2} 135$

अर्थात्, ? = 129 + $2^2$ = 133

**64.** 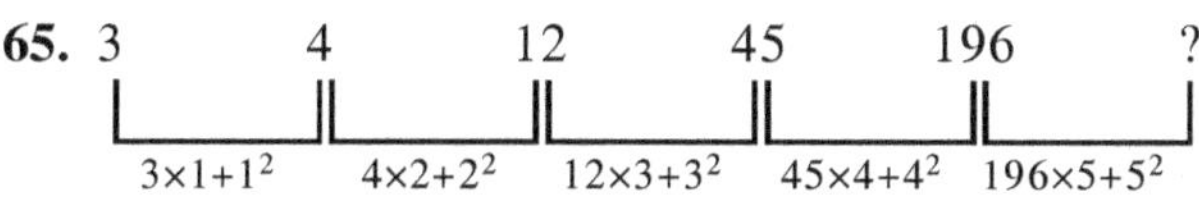

11    16    31    56    91    136    ?

11+5    16+15    31+25    56+35    91+45    136+55

सभी में 5, 15, 25, 35, 45 तथा 55 जोड़ा गया है।

अतः प्रश्न चिह्न (?) की जगह 191 आएगा।

**65.**

3    4    12    45    196    ?

$3×1+1^2$    $4×2+2^2$    $12×3+3^2$    $45×4+4^2$    $196×5+5^2$

अतः प्रश्न चिह्न (?) की जगह 1005 आएगा।

**66.** $\sqrt{?} - 34 = 22$

$$\Rightarrow \quad \sqrt{?} = 34 + 22$$
$$= 56$$
$$\Rightarrow \quad ? = 56 \times 56$$
$$= 3136$$

**67.** $? = \dfrac{625}{5} \times 25 = 3125$

**68.** $? \times \dfrac{25}{6} = 1962.5$

$$\Rightarrow ? = \dfrac{1962.5 \times 6}{25} = 471$$

**69.** $5^{8.9} \times (5)^{2 \times 7.2} \div (5)^{3 \times 4.6} = 5^?$

$$\Rightarrow \quad 5^{8.9 + 14.4 - 13.8} = 5^?$$
$$\Rightarrow \quad 5^{9.5} = 5^?$$
$$\Rightarrow \quad ? = 9.5$$

**70.** $(1024 - 362 - 214) \div (786 - 730)$

$$= (448) \div (56)$$
$$= \dfrac{448}{56}$$
$$= 8.$$

**71.** माना कि संख्या क्रमशः $x$ तथा $(x + 18)$ है,

$$\therefore \quad 3(x + 18) - 4x = 18$$
$$\Rightarrow \quad x = 36$$
$$\therefore \quad दूसरी संख्या = 54$$
$$\therefore \quad अभीष्ट योग = 36 + 54$$
$$= 90.$$

**72.** चक्रवृद्धि ब्याज $= P\left[\left(1 + \dfrac{R}{100}\right)^{T} - 1\right]$

$$= 6000\left[\left(1 + \dfrac{7}{100}\right)^{2} - 1\right]$$
$$= 6000\,(1.1449 - 1)$$
$$= ₹\ 869.4$$

**73.** माना कि विद्यार्थियों की संख्या $x$ है।

$$\therefore \quad \dfrac{300}{x} - \dfrac{300}{x + 10} = 1$$
$$\Rightarrow \quad 300\left(\dfrac{x + 10 - x}{x(x + 10)}\right) = 1$$
$$\Rightarrow \quad 3000 = x^2 + 10x$$

$\Rightarrow \quad x^2 + 10x - 3000 = 0$

$\Rightarrow \quad x^2 + 60x - 50x - 3000 = 0$

$\Rightarrow \quad x(x + 60) - 50(x + 60) = 0$

$\Rightarrow \quad (x - 50)(x + 60) = 0$

$\Rightarrow \quad x = 50$

क्योंकि विद्यार्थियों की संख्या ऋणात्मक नहीं हो सकती है।

**74.** 30 लीटर मिश्रण में,

$$\text{दूध की मात्रा} = \frac{7}{10} \times 30$$

$$= 21 \text{ लीटर}$$

$$\text{पानी की मात्रा} = \frac{3}{10} \times 30$$

$$= 9 \text{ लीटर}$$

माना कि मिश्रण में $x$ लीटर पानी मिलाया जाता है,

$$\therefore \quad \frac{21}{9 + x} = \frac{1}{2}$$

$$\Rightarrow \quad x + 9 = 42$$

$$\Rightarrow \quad x = 42 - 9$$

$$= 33 \text{ लीटर}$$

**75.** $M_1 D_1 T_1 = M_2 D_2 T_2$

$$\Rightarrow 3 \times 2 \times 8 = 4 \times 1 \times T_2$$

$$\Rightarrow \quad T_2 = \frac{3 \times 2 \times 8}{4}$$

$$= 12 \text{ घंटे}$$

**76.** $\pi r^2 = 154$

$$\Rightarrow \quad r^2 = \frac{154 \times 7}{22}$$

$$= 49$$

$\Rightarrow \quad r = \sqrt{49} = 7 \text{ सेमी.}$

$\therefore \text{ वृत्त की परिधि} = 2\pi r$

$$= 2 \times \frac{22}{7} \times 7$$

$$= 44 \text{ सेमी.}$$

**77.** माना कि अनीष का वेतन ₹ $x$ है।

$$\text{घर के किराया} = x \times \frac{25}{100} = \frac{x}{4}$$

$$\text{खाद्य पर खर्च} = x \times \frac{5}{100} = \frac{x}{20}$$

$$\text{यात्रा पर खर्च} = x \times \frac{15}{100} = \frac{3x}{20}$$

$$\text{कपड़ों पर खर्च} = x \times \frac{10}{100} = \frac{x}{10}$$

$$\text{शेष राशि} = ₹ \ 22{,}500$$

प्रश्नानुसार,

$$x = \frac{x}{4} + \frac{x}{20} + \frac{3x}{20} + \frac{x}{10} + 22500$$

$$x - \frac{x}{4} - \frac{x}{20} - \frac{3x}{20} - \frac{x}{10} = 22500$$

$$\frac{20x - 5x - x - 3x - 2x}{20} = 22500$$

$$\frac{9x}{20} = 22500$$

$$\therefore \quad x = \frac{22500 \times 20}{9}$$

$$= 50000$$

अतः अनीष का वेतन ₹ 50,000 है।

**78.** एक घंटे में नल द्वारा टैंक का भरा गया भाग

$$= \frac{1}{12} - \frac{1}{20}$$

$$= \frac{5-3}{60} = \frac{1}{30}$$

अतः, टैंक 30 घंटे में भर जाएगा।

**79.** माना कि महिला के पास 50 पैसे वाले सिक्कों की संख्या $x$ है

$\therefore$ 25 पैसे के सिक्कों की संख्या

$$= 55 - x$$

$$\frac{x}{2} + \frac{55-x}{4} = 21.25$$

$$\Rightarrow \quad \frac{2x + 55 - x}{4} = 21.25$$

$$\Rightarrow \quad x + 55 = 21.25 \times 4$$
$$= 85$$

$$\Rightarrow \quad x = 85 - 55 = 30.$$

**80.** कुल संभावित परिणाम

$= n(S)$

= 52 पत्तों में से एक पत्ता निकालने के तरीकों की संख्या

$$= {}^{52}C_1 = 52$$

अनुकूल परिस्थितियों की संख्या

$= n(E)$

$= {}^{16}C_1 = 16$

$\therefore$ अभीष्ट प्रायिकता $= \dfrac{n(E)}{n(S)}$

$$= \frac{16}{52} = \frac{4}{13}$$

---

1701

## आर॰ गुप्ता® कृत

# सामान्य ज्ञान की पुस्तकें

# प्रारंभिक गणित/अंकीय योग्यता

## संख्या श्रेणी

## कुछ मुख्य श्रृंखलाएँ

**1. समानान्तर श्रेणी :** वह श्रेणी जिसमें दो लगातार पदों के बीच समान अंतर हो । समानान्तर श्रेणी कहते हैं । जैसे :

    (*i*)    1, 2, 3, 4, .....

    (*ii*)    2, 4, 6, 8, .....

    (*iii*)    5, 10, 15, 20, 25, .....

**2. गुणोत्तर श्रेणी :** वह शृंखला जिसमें दो लगातार संख्या के बीच समान अनुपात हों । जैसेः

    (*i*)    2, 6, 18, 54, 162, .....

$$\frac{2}{6} = \frac{6}{18} = \frac{54}{162} \Leftrightarrow \frac{1}{3} = \frac{1}{3} = \frac{1}{3}$$

    (*ii*)    3, 6, 12, 24, 48, .....

$$\frac{3}{6} = \frac{6}{12} = \frac{24}{48} \Leftrightarrow \frac{1}{2} = \frac{1}{2} = \frac{1}{2}$$

**3.** वह शृंखला जिसमें दो पदों के बीच अलग-अलग अंतर हो :

    (*i*)    8, 11, 16, 23, .....

        A. 34        B. 30        C. 32        D. 31

**हल : C:**   8 $\xrightarrow{+3}$ 11 $\xrightarrow{+5}$ 16 $\xrightarrow{+7}$ 23 $\xrightarrow{+9}$ $\boxed{32}$

अतः अलग पद 32 होगा ।

    (*ii*)    8, 25, 35, 40, .....

        A. 41        B. 30        C. 42        D. 40

**हल : C:**   8 $\xrightarrow{+4^2+1}$ 25 $\xrightarrow{+3^2+1}$ 35 $\xrightarrow{+2^2+1}$ 40 $\xrightarrow{+1^2+1}$ $\boxed{42}$

**4.** वह शृंखला जिसमें दो शृंखला सम्मिलित हों । जैसे :

    (*i*)    1, 3, 5, 9, 11, 13, .....

        A. 23        B. 15        C. 17        D. 21        E. 19

1

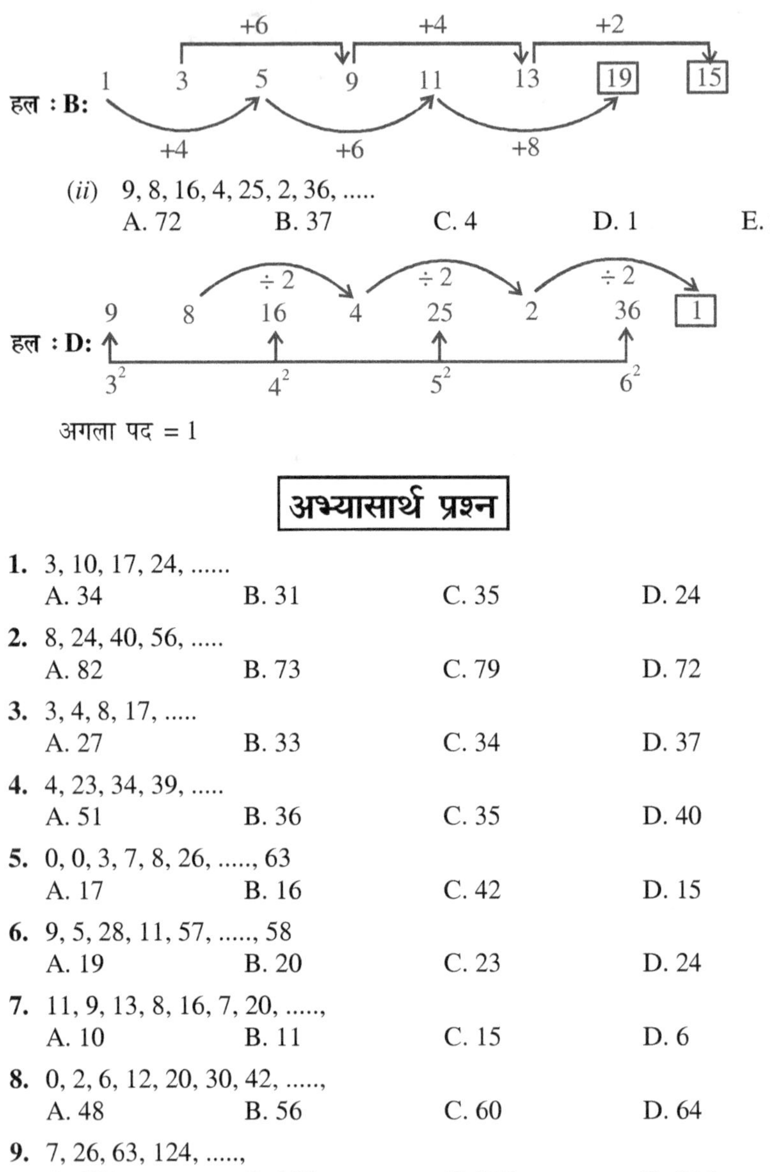

हल : **B:**

(*ii*)  9, 8, 16, 4, 25, 2, 36, .....
A. 72      B. 37      C. 4      D. 1      E. 2

हल : **D:**

अगला पद = 1

## अभ्यासार्थ प्रश्न

**1.** 3, 10, 17, 24, ......
A. 34      B. 31      C. 35      D. 24

**2.** 8, 24, 40, 56, .....
A. 82      B. 73      C. 79      D. 72

**3.** 3, 4, 8, 17, .....
A. 27      B. 33      C. 34      D. 37

**4.** 4, 23, 34, 39, .....
A. 51      B. 36      C. 35      D. 40

**5.** 0, 0, 3, 7, 8, 26, ....., 63
A. 17      B. 16      C. 42      D. 15

**6.** 9, 5, 28, 11, 57, ....., 58
A. 19      B. 20      C. 23      D. 24

**7.** 11, 9, 13, 8, 16, 7, 20, .....,
A. 10      B. 11      C. 15      D. 6

**8.** 0, 2, 6, 12, 20, 30, 42, .....,
A. 48      B. 56      C. 60      D. 64

**9.** 7, 26, 63, 124, .....,
A. 196      B. 200      C. 210      D. 215

**10.** 1, 3, 7, 13, 21, .....,
A. 27      B. 29      C. 25      D. 31

**11.** ....., 120, 40, 10, 2

    A. 240              B. 200              C. 60              D. 180

**12.** 1, 10, 19, 28, 37, 46, .....,

    A. 31               B. 32              C. 33              D. 55

**13.** 136, 55, 28, 19, 16, .....,

    A. 15               B. 14              C. 13              D. 12

**14.** 0, 3, 15, 35, 63, 99, .....,

    A. 143             B. 142            C. 140           D. 144

**15.** 1, 5, 13, 25, 41, .....,

    A. 61               B. 57              C. 51              D. 67

**निर्देश (प्र.सं. 16 से 25)**–*निम्नलिखित प्रत्येक प्रश्न में दी हुई प्रत्येक श्रेणी में एक संख्या गलत है। उस गलत संख्या को ज्ञात करके उसके स्थान पर नीचे दिए चार वैकल्पिक उत्तरों में से उस सही संख्या को चुनिए :*

**16.** 95, 86, 73, 62, 47, 30, 11

    A. 90               B. 75              C. 64              D. 35

**17.** 0, 9, 64, 169, 576, 1225

    A. 225             B. 360            C. 444           D. 556

**18.** 5, 10, 17, 26, 39, 50, 65

    A. 39               B. 36              C. 37              D. 42

**19.** 1, 4, 10, 22, 46, 95, 190

    A. 74               B. 25              C. 94              D. 101

**20.** 2, 9, 28, 65, 126, 216, 344

    A. 38               B. 217            C. 356           D. 66

**21.** 3, 4, 5, 9, 22.5, 67.5, 270, 945

    A. 236.25        B. 175.5        C. 62.5         D. 140

**22.** 7, 14, 56, 168, 336, 1344, 2688, 8064

    A. 3032         B. 5032         C. 4032         D. 2680

**23.** 229, 178, 97, 48, 24, 14, 13

    A. 175             B. 295            C. 23              D. 10

**24.** 11, 15, 17, 19, 23, 25

    A. 14               B. 18              C. 21              D. 13

**25.** 58, 57, 54, 50, 42, 33, 22

    A. 48               B. 49              C. 52              D. 30

## उत्तरमाला

| | | | | |
|---|---|---|---|---|
| **1.** B | **2.** D | **3.** B | **4.** D | **5.** D |
| **6.** C | **7.** D | **8.** B | **9.** D | **10.** D |
| **11.** A | **12.** D | **13.** A | **14.** A | **15.** A |
| **16.** B | **17.** A | **18.** C | **19.** C | **20.** B |
| **21.** A | **22.** C | **23.** C | **24.** D | **25.** B |

# साधारण भिन्न और दशमलव भिन्न

भिन्न, अंक ही हैं लेकिन उन्हें अलग ढंग से लिखा जाता है।

भिन्न में जो अंक ऊपर होता है उसे अंश कहते हैं और जो अंक नीचे होता है, उसे हर कहते हैं। $\frac{1}{4}$ में 1 अंश है और 4 हर है।

भिन्नें दो प्रकार की होती हैं—सम भिन्न और विषम भिन्न। सम भिन्नों में केवल अंश और हर होता है, जैसे $\frac{1}{4}$ और $\frac{1}{2}$ जबकि विषम भिन्नों में पूर्णांक भी होता है, जैसे $2\frac{1}{2}$ और $3\frac{3}{4}$ आदि। $2\frac{1}{2}$ में 2 पूर्णांक है और $3\frac{3}{4}$ में 3 पूर्णांक है। विषम भिन्न को सम भिन्न में बदलने के लिए पूर्णांक को हर से गुणा करते हैं और गुणनफल में अंश जोड़ देते हैं। गुणनफल + अंश = अंश हो जाता है और हर वही रहता है, जैसे $2\frac{1}{2}$ विषम भिन्न की सम भिन्न होगी $= 2 \times 2 + 1 =$ $\frac{5}{2}$। इसी प्रकार सम भिन्न में यदि अंश हर से अधिक हो तो उसे विषम भिन्न में बदला जाता है। ऐसा करने हेतु अंश में हर से भाग देते हैं। भागफल पूर्णांक बन जाता है, शेष अंश बन जाता है और हर वही रहता है। उदाहरण के लिए सम भिन्न $\frac{5}{2}$ में अंश हर से अधिक है, अतः इसे विषम भिन्न बनाया जा सकता है।

$$\frac{5}{2} = 5 \div 2 = \quad 2)\ \underline{\ 5\ }\ (2$$
$$\underline{\ 4\ }$$
$$1$$

∴ इसकी विषम भिन्न होगी $2\frac{1}{2}$

# मिश्रित प्रश्न

जोड़, घटाव, गुणा, भाग, कोष्ठक जैसे मिश्रित प्रश्नों को हल करने में सबसे पहले क्या करना है, उसके बाद क्या करना है, और उसके बाद क्या करना आदि तथा सबसे अन्त में क्या करना है। इसका निश्चित नियम BODMAS है। इस नियम को याद रखना चाहिए।

प्रश्नों को सरल करते समय सदैव BODMAS शब्द के प्रत्येक अक्षर के क्रम में क्रिया करें।

| | | | |
|---|---|---|---|
| B | = | (Brackets) कोष्ठक | $[\{(\overline{\quad})\}]$ |
| O | = | (Of) का | का |
| D | = | (Division) भाग | ÷ |
| M | = | (Multiplication) गुणा | × |
| A | = | (Addition) जोड़ | + |
| S | = | (Subtraction) घटाना | – |

'का' = यह गुणा का संकेत है।

'–' = इसे रेखा कोष्ठक या बन्धनी रेखा कहते हैं।

( ) = इसे छोटा कोष्ठक कहते हैं।

{ } = इसे मझला कोष्ठक कहते हैं।

[ ] = इसे बड़ा कोष्ठक कहते हैं।

पहले 'रेखा कोष्ठक' को, उसके बाद 'छोटे कोष्ठक' को फिर 'मझले कोष्ठक' को और सबसे बाद में 'बड़े कोष्ठक' को हल करते हैं।

यदि किसी कोष्ठक में बाईं ओर ऋण का चिन्ह '–' हो, तो उस कोष्ठक के भीतर वाले ऋण चिन्ह धन के चिन्ह में और धन के चिन्ह ऋण में बदल दिये जाते हैं।

यदि इस नियम का पालन नहीं किया जायेगा, तो हल गलत हो जायेगा।

अग्रलिखित कुछ उदाहरणों द्वारा इसको समझाया गया है।

**उदाहरण 1.** $6 + 5 \times 3 = ?$

इसमें + और × है।

नियम के अनुसार गुणा पहले होगा और जोड़ बाद में

इसलिए $\quad 6 + 5 \times 3$

$\quad\quad = 6 + 15 = 21$

जहाँ यदि इस नियम का पालन न करके पहले जोड़ और बाद में गुणा करेंगे तो उत्तर गलत हो जायेगा। देखिए:

$\quad\quad 6 + 5 \times 3$

$\quad\quad = 11 \times 3 = 33$

इसलिए नियम का पालन करना जरूरी है।

**उदाहरण 2.** $\dfrac{3}{4} \div \dfrac{1}{2} + \dfrac{1}{4} - \dfrac{1}{8} = ?$

नियमानुसार पहले ÷ करें, फिर + करें और उसके बाद − करें।

$$\frac{3}{4} \div \frac{1}{2} + \frac{1}{4} - \frac{1}{8}$$

$$\frac{3}{4} \times \frac{2}{1} + \frac{1}{4} - \frac{1}{8}$$

$$\frac{3}{2} + \frac{1}{4} - \frac{1}{8}$$

यहाँ + और − एक साथ करने पर भी कोई अन्तर नहीं पड़ेगा।

$$\therefore \quad \frac{3}{2} + \frac{1}{4} - \frac{1}{8}$$

$$\frac{12+2-1}{8} = \frac{13}{8} = 1\frac{5}{8}$$

**उदाहरण 3.** $\frac{1}{2}$ का $\frac{4}{3} \times 3\frac{1}{2} \div \frac{7}{4} - \frac{1}{2} = ?$

नियमानुसार पहले का, फिर ÷ फिर × और अन्त में − करें।

$$\frac{1}{2} \text{ का } \frac{4}{3} \times \frac{7}{2} \div \frac{7}{4} - \frac{1}{2}$$

$$= \frac{2}{3} \times \frac{7}{2} \div \frac{7}{4} - \frac{1}{2}$$

$$= \frac{2}{3} \times \frac{7}{2} \times \frac{4}{7} - \frac{1}{2}$$

$$= \frac{2}{3} \times 2 - \frac{1}{2} = \frac{4}{3} - \frac{1}{2}$$

$$= \frac{8-3}{6} = \frac{5}{6}$$

**उदाहरण 4.** सरल करें $3 - \left[ 1 + \left\{ 1 - \left( \frac{2}{5} + \frac{1}{5} \right) \right\} \right]$

नियमानुसार पहले ( ), फिर { } और उसके बाद में [ ] हल करें।

$$= 3 - \left[ 1 + \left\{ 1 - \left( \frac{2}{5} + \frac{1}{5} \right) \right\} \right] = 3 - \left[ 1 + \left\{ 1 - \left( \frac{2+1}{5} \right) \right\} \right]$$

$$= 3 - \left[ 1 + \left\{ 1 - \left( \frac{3}{5} \right) \right\} \right] = 3 - \left[ 1 + \left\{ \frac{5-3}{5} \right\} \right]$$

$$= 3 - \left[1 + \frac{2}{5}\right] = 3 - \left[\frac{5+2}{5}\right]$$

$$= \frac{3}{1} - \frac{7}{5} = \frac{15-7}{5}$$

$$= \frac{8}{5} = 1\frac{3}{5}$$

## अभ्यासार्थ प्रश्न

**1.** $16 \div 4 - 3\frac{1}{2}$

   A. $\frac{1}{2}$        B. $\frac{3}{4}$        C. $\frac{2}{3}$        D. $\frac{7}{2}$

**2.** $\frac{1}{2} + \frac{1}{5} \div \frac{1}{10} \times \frac{7}{8}$

   A. $\frac{5}{4}$        B. $\frac{9}{4}$        C. $\frac{3}{2}$        D. $\frac{5}{7}$

**3.** $7 + 7 - 7 \div 7$

   A. 11        B. 12        C. 1        D. 13

**4.** $16 \div \frac{8}{5} + 6 - 6$

   A. 10        B. 12        C. 8        D. 15

**5.** $\frac{1}{10} + \left(\frac{1}{15} + \frac{1}{3}\right) - \frac{6}{5}$ का $\frac{5}{24}$

   A. $\frac{1}{4}$        B. $\frac{2}{3}$        C. $\frac{6}{7}$        D. $\frac{1}{2}$

**6.** $.05 \div .125 = .....$

   A. 0.2        B. 0.4        C. 0.5        D. 0.6

**7.** $15 \times 1.2 \div 1.5$ का $.5 = .....$

   A. 0.5        B. 0.6        C. 0.2        D. 0.8

**8.** $.2 \div (.2 + .2) = .....$

   A. .2        B. .4        C. .5        D. .3

## उत्तरमाला

**1.** A      **2.** B      **3.** D      **4.** A      **5.** A

**6.** B      **7.** B      **8.** C

# महत्तम समापवर्तक और लघुत्तम समापवर्त्य

**महत्तम समापवर्तकः** दो या दो से अधिक संख्याओं का महत्तम समापवर्तक वह बड़ी से बड़ी संख्या होती है, जो उनमें से प्रत्येक संख्या को पूरा-पूरा विभाजित कर सकती हो।

**उदाहरण 1.** 108, 144 और 180 का महत्तम समावर्तक ज्ञात करो।

**हल :**
$$108 = 2 \times 2 \times 3 \times 3 \times 3$$
$$144 = 2 \times 2 \times 2 \times 2 \times 3 \times 3$$
$$180 = 2 \times 2 \times 3 \times 3 \times 5$$

इन तीनों संख्याओं के गुणनखण्डों में उभयनिष्ठ गुणनखण्ड हैं $2 \times 2 \times 3 \times 3 = 36$

अतः इन तीनों संख्याओं का महत्तम समापवर्तक 36 है।

**लघुत्तम समापवर्त्यः** दो या दो से अधिक संख्याओं का लघुत्तम समापवर्त्य वह छोटी से छोटी संख्या है जो उन दो या अधिक संख्याओं में से प्रत्येक संख्या से पूरी-पूरी विभाजित हो जाती है।

**उदाहरण 2.** 12, 16 और 30 का लघुत्तम समापवर्त्य ज्ञात करो।

**हलः**

| | | | |
|---|---|---|---|
| 2 | 12, | 16, | 30 |
| 2 | 6, | 8, | 15 |
| 3 | 3, | 4, | 15 |
| | 1, | 4, | 5 |

$= 2 \times 2 \times 3 \times 4 \times 5 = 240$

इस प्रकार 240 उपरोक्त तीनों संख्याओं (12, 16, 30) से पूरी-पूरी विभाजित हो जाएंगी।

**याद रखेंः** दो संख्याओं का गुणनफल उनके महत्तम समापवर्तक और लघुत्तम समापवर्त्य के गुणनफल के बराबर होता है।

दूसरे शब्दों में,

महत्तम समापवर्तक × लघुत्तम समापवर्त्य = दोनों संख्याओं का गुणनफल

**उदाहरण 3.** दो संख्याओं का महत्तम समापवर्तक 6 है और उनका लघुत्तम समापवर्त्य 252 है। दोनों में से एक संख्या 42 है, तो दूसरी संख्या ज्ञात करो।

**हल :** ([illegible] × [illegible]) / [illegible] = दूसरी संख्या

$= \frac{6 \times 252}{42} = 36$ (दूसरी संख्या)

**भिन्नों का महत्तम समापवर्तक और लघुत्तम समापवर्त्य याद रखेंः**

*(i)* दी गई भिन्नों का महत्तम समापवर्तक = $\frac{\text{अंशों का महत्तम समापवर्तक}}{\text{हरों का लघुत्तम समापवर्त्य}}$

*(ii)* दी गई भिन्नों का लघुत्तम समापवर्त्य = $\dfrac{\text{अंशों का लघुत्तम समापवर्त्य}}{\text{हरों का महत्तम समापवर्तक}}$

**उदाहरण 4.** $\dfrac{10}{21}, \dfrac{20}{67}$ और $\dfrac{55}{56}$ का महत्तम समापवर्तक ज्ञात करो।

**हल:** $\dfrac{10, 20 \text{ और } 55 \text{ का महत्तम समापवर्तक}}{21, 63 \text{ और } 56 \text{ का लघुत्तम समापवर्त्य}} = \dfrac{5}{304}$

## अभ्यासार्थ प्रश्न

1. निम्नलिखित में से कौन-सी संख्या 105 का गुणनखण्ड नहीं है?

    A. 3         B. 7         C. 9         D. 8

2. 63 और 42 का महत्तम समापवर्तक ..... है।

    A. 7         B. 14         C. 21         D. 6

3. 882, 396 और 1404 का महत्तम समापवर्तक ..... है।

    A. 15         B. 18         C. 21         D. 10

4. दो संख्याओं का गुणनफल 27 है। उनका महत्तम समापवर्तक 3 है, तो उनका लघुत्तम समापवर्त्य होगा .....

    A. 7         B. 8         C. 6         D. 9

5. ..... छोटी सी छोटी संख्या है, जिसमें से 5 घटा दिया जाये तो वह 4, 8 और 10 से पूरी पूरी विभाजित हो जाये

    A. 45         B. 35         C. 52         D. 48

6. चार अंकों की बड़ी से बड़ी संख्या ..... है, जो 2, 3, 4, 5, 6 और 7 से पूरी-पूरी विभाजित हो जाती है।

    A. 9960         B. 9660         C. 9670         D. 9950

7. दो संख्याओं का गुणनफल 54 है। उनका महत्तम समापवर्तक 3 हो, तो उनका लघुत्तम समापवर्त्य होगा .....

    A. 18         B. 28         C. 38         D. 13

8. $\dfrac{10}{21}, \dfrac{25}{27}$ और $\dfrac{35}{24}$ का महत्तम समापवर्तक ..... है

    A. $\dfrac{5}{1215}$      B. $\dfrac{5}{1512}$      C. $\dfrac{5}{1152}$      D. $\dfrac{5}{1521}$

9. पाँच घंटियां एक साथ बजना आरंभ हुई। यदि वे 2, 3, 4, 5 और 6 सेकेण्ड के अन्तराल से बजती हैं, तो एक घण्टे में ..... एक साथ बजेंगी?

    A. 55         B. 61         C. 64         D. 10

## उत्तरमाला

| | | | | |
|---|---|---|---|---|
| **1.** C | **2.** C | **3.** B | **4.** D | **5.** A |
| **6.** B | **7.** A | **8.** B | **9.** B | |

# वर्गमूल तथा घनमूल

## वर्गमूल

सामान्य संख्याओं के वर्गमूल निकालने की दो विधियां है–*(i)* गुणनखण्ड द्वारा, और *(ii)* भाग प्रणाली द्वारा

144 का वर्गमूल गुणनखण्ड प्रणाली द्वारा इस प्रकार निकाला जायेगा

$$\begin{array}{r|l} 2 & 144 \\ \hline 2 & 72 \\ \hline 2 & 36 \\ \hline 2 & 18 \\ \hline 3 & 9 \\ \hline & 3 \end{array}$$

$$\frac{2\times2\times2\times2\times3\times3}{2 \quad \times \quad 2 \quad \times \quad 3} = 12$$

अब इसे ही भाग प्रणाली द्वारा निम्न प्रकार से हल करेंगे—

$$\begin{array}{r|l} & 12 \\ 1 & \overline{144} \\ 1 & 1 \\ \hline 22 & 44 \\ & 44 \\ \hline & \times \end{array} = 12$$

*(i)* वर्गमूल निकालने के लिए संख्या को दाहिनी ओर से (इकाई के अंक से) दो-दो के जोड़ों (समूहों) में बांट लें।

*(ii)* दशमलव वाली संख्याओं का वर्गमूल निकालने के लिए, दशमलव बिन्दु से शुरू करके दाई ओर के अंकों के दो-दो के जोड़े बनायें और इस प्रकार दशमलव बिन्दु के बाई ओर के अंकों के दो-दो जोड़े बनायें।

*(iii)* यदि दशमलव के दाई ओर पूरे जोड़े न बनें और एक अंक बच जाये तो उसके दाई ओर एक शून्य लगाकर जोड़ा पूरा कर लें।

*(iv)* इसके बाद भाग की क्रिया शुरू करें और ज्यों ही दशमलव के दाई ओर का पहला जोड़ा नीचे उतारा जाये उत्तर में (भागफल में) दशमलव चिन्ह (.) लगा दें।

## घनमूल

किसी एक ही संख्या को परस्पर तीन बार गुणा करने पर जो गुणनफल प्राप्त होता है तो उस प्राप्त गुणनफल का घनमूल वह संख्या कहलाती है। इसे $\left(\sqrt[3]{\phantom{x}}\right)$ चिन्ह द्वारा प्रदर्शित करते हैं। जैसे $5 \times 5 \times 5 = 125$ होता है। अतः 125 का घनमूल 5 होगा अर्थात् $\sqrt[3]{125} = \sqrt[3]{5 \times 5 \times 5} = 5$

किसी भी संख्या का घनमूल गुणनविधि द्वारा ही निकालते हैं।

**उदाहरण 1.** 512 का घनमूल ज्ञात करो।

**हल :**

$$
\begin{array}{r|r}
2 & 512 \\ \hline
2 & 256 \\ \hline
2 & 128 \\ \hline
2 & 64 \\ \hline
2 & 32 \\ \hline
2 & 16 \\ \hline
2 & 8 \\ \hline
2 & 4 \\ \hline
 & 2
\end{array}
$$

$$\therefore \quad 512 = \underline{2 \times 2 \times 2} \times \underline{2 \times 2 \times 2} \times \underline{2 \times 2 \times 2}$$
$$= 8 \times 8 \times 8$$

$$\therefore \quad \sqrt[3]{512} = 8$$

**उदाहरण 2.** $\sqrt[3]{32 + \sqrt{1012 + 144}}$ का मान क्या होगा?

**हल :** $\because$

$$\sqrt{144} = \sqrt{12 \times 12} = 12$$
$$\sqrt{1024} = \sqrt{4 \times 4 \times 4 \times 4 \times 4} = 4 \times 4 \times 2 = 32$$

$$\therefore \quad \sqrt[3]{32 + \sqrt{1012 + \sqrt{144}}} = \sqrt[3]{32 + \sqrt{1024}}$$
$$\sqrt[3]{32 + 32} = \sqrt[3]{64}$$
$$\sqrt[3]{4 \times 4 \times 4} = 4$$

## अभ्यासार्थ प्रश्न

1. 0.0016 का वर्गमूल .......... है।

   A. 0.04  B. 0.05  C. 0.4  D. 0.004

2. .81 का वर्गमूल .......... होगा।

   A. .9  B. .09  C. .009  D. 9

3. $\sqrt{.000121}$ का मान .......... है।

    A. 0.011         B. 0.11         C. 0.091         D. 11

4. 0.008 का घनमूल .......... है।

    A. 0.02         B. 0.2         C. 0.002         D. 0.4

5. एक बाग में 5625 पेड़ हैं। प्रत्येक पंक्ति में उतने ही पेड़ हैं, जितनी कुल पंक्तियां हैं। तो पंक्तियां .......... हैं?

    A. 65         B. 70         C. 75         D. 80

6. 724 में .......... जोड़ दिया जाये कि वह पूर्ण घन बन जाये?

    A. 3         B. 4         C. 5         D. 6

7. 2196 में से .......... निकाल दिया जाये कि वह पूर्ण घन बन जाये?

    A. 1         B. 2         C. 3         D. 5

## उत्तरमाला

**1.** A       **2.** A       **3.** A       **4.** B       **5.** C

**6.** C       **7.** A

## औसत

औसत निकालने की विधि यह है कि पहले उन सब राशियों को जोड़ लें जिनका औसत निकालना हो; उसके बाद उस योगफल में उन राशियों की कुल संख्या से भाग दे दें। उदाहरण के लिए यदि आपको 8, 10, 12 और 14 का औसत निकालना है, तो पहले इन्हें जोड़ दें। $8 + 10 + 12 + 14$

$= 44$ जिनका औसत निकालना है, वे संख्याएं 4 हैं। अतः 44 में 4 से भाग दे दें। $44 \div 4 = \dfrac{44}{4}$

$= 11$ औसत आया।

इसलिए फार्मूला है :

(i) $\dfrac{\text{राशियों का योगफल}}{\text{राशियों की संख्या}} = $ औसत।

(ii) औसत × राशियों की संख्या = राशियों का योगफल।

(iii) $\dfrac{\text{राशियों का जोड़}}{\text{औसत}} = $ राशियों की संख्या।

**उदाहरण 1.** किसी कक्षा में 5 दिनों की दैनिक उपस्थिति 26, 23, 30, 29 और 17 थी। बताओ दैनिक औसत उपस्थिति क्या थी?

**हल :**     5 दिनों की कुल उपस्थिति $= 26 + 23 + 30 + 29 + 17 = 125$ थी।

$\therefore$  1 दिन की औसत उपस्थिति $= \dfrac{\text{राशियों का योगफल}}{\text{राशियों की संख्या}} = \dfrac{125}{5} = 25$

**उदाहरण 2.** एक दुकानदार 6 दिनों में 1950 रु. की बिक्री करता है। उसकी दैनिक औसत बिक्री कितनी है?

**हल :**  कुल बिक्री $=$ 1950 रु.

कुल दिन $=$ 6

$\therefore$  दैनिक औसत बिक्री $= \dfrac{1950}{6} = 325$ रु.

**उदाहरण 3.** 4 पार्सलों का औसत वजन 12.5 कि.ग्रा. है। उनमें से 3 पार्सलों का औसत वजन 12.6 कि.ग्रा., तौ चौथे पार्सल का वजन कितना है?

**हल :**  4 पार्सलों का औसत वजन $=$ 12.5 कि.ग्रा.

$\therefore$  चारों पार्सलों का कुल वजन $= 12.5 \times 4 = 50$ कि.ग्रा.

$\therefore$  तीनों पार्सलों का औसत वजन $=$ 12.6 कि.ग्रा.

$\therefore$  तीन पार्सलों का कुल वजन $= 12.6 \times 3 = 37.8$ कि.ग्रा.

$\therefore$  चौथे पार्सल का वजन $= 50$ कि.ग्रा. $- 37.8$ कि.ग्रा. $= 12.2$ कि.ग्रा.

## अभ्यासार्थ प्रश्न

1. एक विद्यार्थी गणित में 56, 75, 86 और 91 अंक प्राप्त करता है। गणित में उसके औसत अंक कितने हैं?

   A. 75　　　　　B. 77　　　　　C. 76　　　　　D. 80

2. यदि 12 लड़कों की औसत आयु 10 वर्ष है। उनमें से 11 लड़कों की औसत आयु 9 वर्ष हो, तो 12वें लड़के की आयु क्या है?

   A. 21 वर्ष　　　　B. 31 वर्ष　　　　C. 51 वर्ष　　　　D. 16 वर्ष

3. तीन संख्याओं का औसत 6 है। उनमें से 2 संख्याओं का औसत 7 है, तो तीसरी संख्या क्या होगी।

   A. 6　　　　　B. 5　　　　　C. 4　　　　　D. 3

4. राधा को विज्ञान में 76 अंक, गणित में 84 अंक और अंग्रेजी में 86 अंक मिले। उसे औसत कितने अंक मिले?

   A. 84　　　　　B. 76　　　　　C. 82　　　　　D. 52

5. 11 खिलाड़ियों की टीम का औसत वजन 35 कि.ग्रा. है। तो उन सब खिलाड़ियों का कुल वजन कितना है?

   A. 185 कि.ग्रा.　　　B. 285 कि.ग्रा.　　　C. 385 कि.ग्रा.　　　D. 485 कि.ग्रा.

**6.** एक मक्खन के डिब्बे में 2200 ग्राम मक्खन है। इस मक्खन से परिवार की मक्खन की जरूरत 20 दिन तक पूरी होती है। बताइये परिवार में मक्खन की औसत खपत कितनी है?

    A. 220 ग्रा.        B. 110 ग्रा.        C. 720 ग्रा.        D. 20 ग्रा.

**7.** 3 पार्सलों का औसत वजन 10 कि.ग्रा. है। उनमें से 2 पार्सलों का औसत वजन 8 कि.ग्रा. है। बताओ तीसरे पार्सल का वजन कितना है।

    A. 12 कि.ग्रा.        B. 14 कि.ग्रा.        C. 10 कि.ग्रा.        D. 16 कि.ग्रा.

**8.** तीन बक्सों का औसत वजन 578.4 कि.ग्रा. है। उनमें से एक बाक्स का वजन 500 कि.ग्रा. है। बताओ बाकी दोनों बक्सों का औसत वजन कितना है?

    A. 517.3 कि.ग्रा.        B. 660.6 कि.ग्रा.        C. 617.6 कि.ग्रा.        D. 610.5 कि.ग्रा.

## उत्तरमाला

| | | | | |
|---|---|---|---|---|
| 1. B | 2. A | 3. C | 4. C | 5. C |
| 6. B | 7. B | 8. C | | |

# अनुपात एवं समानुपात और साझा

**अनुपातः** अनुपात सदैव दो सजातीय राशियों में होता है। एक राशि का दूसरी सजातीय राशि में भाग देने पर अनुपात ज्ञात होता है या जब हम एक ही प्रकार की दो वस्तुओं की तुलना करते हैं और यह देखते हैं कि एक वस्तु, दूसरी वस्तु का कौन-सा भाग है तो उन दोनों के बीच पारस्परिक सम्बन्ध को अनुपात कहते हैं।

**उदाहरणः** किसी कक्षा में 24 लड़के और 16 लड़कियाँ हैं तो बताइये लड़कों और लड़कियों का क्या अनुपात होगा?

**हलः** $\dfrac{\text{लड़कों की संख्या}}{\text{लड़कियों की संख्या}} = \dfrac{24}{16} = \dfrac{3}{2}$

∴ लड़कों और लड़कियों की संख्या का अनुपात = 3 : 2 होगा।

**समानुपातः** जब दो अनुपात बराबर होते हैं तो उनकी बराबरी को समानुपात कहते हैं। जैसे $a : b = c : d$ हो तो इसका अर्थ यह है कि $\dfrac{a}{b}$ समानुपात में है $\dfrac{c}{d}$ के और इसे हम निम्न प्रकार से लिख सकते हैं।

$$a : b :: c : d$$

अतः $a : b :: c : d$ में $a, b, c$ तथा $d$ को क्रमशः प्रथम, द्वितीय, तृतीय और चतुर्थ अनुपाती कहते हैं। इस प्रकार समानुपात में चार पद होते हैं।

**नियमः** समानुपात $a : b :: c : d$ में $a \times b = b \times c \Rightarrow ad = bc$ होता है।

**साझाः** साझा दो प्रकार का होता है।

1. **साधारण साझाः** वह साझा जिसमें दो या दो से अधिक व्यापारी अपनी-अपनी पूंजी का इस्तेमाल एक समान अवधि के लिए करते हैं, इसे साधारण साझा कहते हैं।

2. **मिश्रित साझाः** वह साझा जिसमें दो या दो से अधिक व्यापारी अपनी-अपनी पूंजी का इस्तेमाल अलग-अलग अवधि के लिए करते हैं उसे मिश्रित साझा कहते हैं।

**महत्त्वपूर्ण नोटः** 1. साधारण साझे से सम्बन्धित प्रश्नों में व्यापार में हुए लाभ अथवा हानि को उनकी पूँजियों के अनुपात में विभाजित करते हैं।

2. मिश्रित साझे से सम्बन्धित प्रश्नों में व्यापार में हुए लाभ अथवा हानि को उनकी पूँजियों तथा समय के गुणनफलों के अनुपात में बाँटा जाता है।

**उदाहरण 1.** निम्नलिखित में से कौन-सा अनुपात बड़ा होगा?

$$7 : 3 \text{ या } 19 : 9$$

**हल :** $\quad 7 : 3 = \dfrac{7}{3}$ तथा $19 : 9 = \dfrac{19}{9}$

$\therefore \qquad \dfrac{7}{3} = \dfrac{7 \times 3}{3 \times 3}$ तथा $\dfrac{19}{9}$

$\therefore \qquad \dfrac{21}{9} > \dfrac{19}{9}$

अतः $7 : 3, 19 : 9$ से बड़ा है।

**उदाहरण 2.** यदि $5 : 3 :: 9 : x$ हो, तो $x$ का मान क्या होगा?

**हल :** समानुपात में दोनों बाहरी संख्याओं का गुणनफल मध्य की दोनों संख्याओं के गुणनफल के बराबर होता है।

$$5 \times x = 3 \times 9$$

$$x = \frac{3 \times 9}{5} = \frac{27}{5} = 5\frac{2}{5}$$

**उदाहरण 3.** A तथा B दो धातुओं के मिश्रण हैं। A में लोहा और ताँबा $7 : 3$ तथा B में यह $7 : 13$ के अनुपात में है। A और B को बराबर मात्रा में मिलाकर एक तीसरी धातु C बनायी जाती है। तो C में धातुओं का अनुपात क्या होगा?

**हल :** A में लोहे तथा ताँबे का अनुपात $= 7 : 3$

अनुपाती योग $= 7 + 3 = 10$

$\therefore$ A में लोहे तथा ताँबे की मात्रा क्रमशः $\dfrac{7}{10}$ तथा $\dfrac{3}{10}$ होगी।

इसी प्रकार धातु में लोहे तथा ताँबे की मात्रा क्रमशः $\dfrac{7}{20}$ तथा $\dfrac{13}{20}$ होगी।

प्रश्नानुसार,

A और B धातु की बराबर मात्रा मिलाने पर धातु C में लोहे तथा ताँबे की मात्रा क्रमशः

$$\frac{7}{10}+\frac{7}{20}=\frac{21}{10} \quad \text{तथा} \quad \frac{3}{10}+\frac{13}{20}=\frac{19}{20} \quad \text{होगी।}$$

$\therefore$ दोनों का धातु C में अनुपात $= \dfrac{21}{20}:\dfrac{19}{20} = 21:19$

**उदाहरण 4.** दूध और पानी के 80 लीटर मिश्रण में दोनों का अनुपात $3:5$ है। मिश्रण में कितना पानी और डाला जाये ताकि उनका अनुपात $1:2$ हो जाए?

**हल :** 80 लीटर मिश्रण में दूध और पानी का अनुपात $= 3:5$

$\therefore$ अनुपाती संख्याओं का योग $= 3+5 = 8$

$\therefore \quad$ मिश्रण में दूध की मात्रा $= \dfrac{3}{8}\times 80 = 30$ लीटर

तथा मिश्रण में पानी की मात्रा $= \dfrac{5}{8}\times 80 = 50$ लीटर

प्रश्नानुसार,

दूध की मात्रा : पानी की मात्रा $= 1:2$

$\qquad\qquad$ पानी की मात्रा $= 1:2$

$\therefore \qquad\qquad$ पानी की मात्रा $= \dfrac{30\times 2}{1} = 60$ लीटर

अतः मिश्रण में पानी की मात्रा 60 लीटर होनी चाहिए।

$\qquad$ मिश्रण में डाला गया पानी $= 60-50 = 10$ लीटर

**उदाहरण 5.** यदि 8 सेब और 5 आमों की कीमत वही है जो 6 सेब और 8 आम की कीमत है। तो एक सेब तथा एक आम की कीमत में क्या अनुपात होगा?

**हल :** $\because$ 8 सेब की कीमत $+$ 5 आम की कीमत $=$ 6 सेब की कीमत $+$ 8 आम की कीमत

$\therefore$ 8 सेब की कीमत $-$ 6 सेब की कीमत $=$ 8 आम की कीमत $-$ 5 आम की कीमत

$\therefore$ 2 सेब की कीमत $=$ 3 आम की कीमत

$\therefore \quad \dfrac{\text{सेब की कीमत}}{\text{आम की कीमत}} = \dfrac{3}{2}$

$\therefore$ सेब की कीमत : आम की कीमत $= 3:2$

**अभ्यासार्थ प्रश्न**

**1.** निम्न में से कौन सा अनुपात सबसे बड़ा है?

$\qquad\qquad 3:5,\ 5:7,\ 3:4$ तथा $2:3$

$\quad$ A. $3:5$ $\qquad\qquad$ B. $2:3$ $\qquad\qquad$ C. $3:4$ $\qquad\qquad$ D. $5:7$

**2.** यदि A : B = 3 : 4 तथा B : C = 5 : 6, तो A : B : C में अनुपात .......... होगा।

     A. 15 : 24 : 20      B. 15 : 30 : 20      C. 15 : 20 : 24      D. 20 : 15 : 24

**3.** 12 एवं 18 का विलोम अनुपात .......... होगा।

     A. 2 : 3      B. 3 : 2      C. 1 : 2      D. 2 : 1

**4.** दो संख्याओं का अनुपात 3 : 4 है। यदि दोनों संख्याओं का योग 490 हो तो वे संख्याएँ क्रमशः .......... होंगी।

     A. 250, 240      B. 120, 160      C. 210, 280      D. 280, 210

**5.** दो संख्याओं में 3 : 4 का अनुपात है। यदि उन संख्याओं के वर्गों का योग 625 हो तो बताइये वे संख्याएँ क्रमशः .......... होंगी।

     A. 16, 20      B. 15, 25      C. 15, 20      D. 20, 50

**6.** संजय ने 12000 रु. लगाकर एक व्यापार शुरू किया। 3 महीने बाद अजय ने भी 10000 रु. लगाकर साझा कर लिया। यदि वर्ष के अन्त में संजय को 6400 रु. लाभ के रूप में मिला हो तो अजय को रुपया .......... मिलेगा।

     A. 6000      B. 7000      C. 9000      D. 4000

**7.** A और B ने क्रमशः 45000 रु. और 54000 रु. लगाकर साझेदारी में व्यापार किया। 6 मास बाद A ने 10000 रु. और लगाए जबकि B ने 4000 रु. निकाल लिए। यदि व्यापार में वर्ष के अन्त में लाभ 5000 रु. हो तो B का हिस्सा .......... होगा।

     A. 2600 रु.      B. 2800 रु.      C. 3000 रु.      D. 2500 रु.

**8.** A, B, C और D साझेदार हैं। A कुल पूंजी का $\frac{1}{3}$ भाग, B $\frac{1}{4}$ भाग, C $\frac{1}{5}$ भाग और शेष पूँजी D लगाता है। यदि चारों को कुल लाभ 6000 रु. प्राप्त हुआ हो, तो D का लाभ .......... होगा।

     A. 1500 रु.      B. 1600 रु.      C. 1300 रु.      D. 1200 रु.

## उत्तरमाला

| | | | | |
|---|---|---|---|---|
| **1.** C | **2.** A | **3.** B | **4.** C | **5.** C |
| **6.** D | **7.** A | **8.** C | | |

## समय एवं काम

ऐकिक नियम के प्रश्नों में पहले इकाई वस्तु का मूल्य ज्ञात करके प्रश्न में दी गई संख्या का मूल्य निकालते हैं। उदाहरण के लिए प्रश्न है—

7 बकरियों की कीमत 630 रु. है, तो 20 बकरियों की कीमत क्या होगी?

ऐकिक नियम विधि से इस प्रश्न को हल करने में पहले एक बकरी की कीमत निकालनी होगी। उसके बाद 20 बकरियों की कीमत निकाली जायेगी।

ऐसे प्रश्नों को हल करते समय जो भाषा लिखी जाती है, उसमें जिस राशि या मद का उत्तर निकालना हो, उसे सबसे बाद में लिखा जाता है। जैसे—

**उदाहरण 1.** 7 बकरियों की कीमत 630 रु. है, तो 20 बकरियों की कीमत क्या होगी? इस प्रश्न में हमें कीमत निकालनी है (रु. में), अतः प्रश्न की भाषा लिखते समय रु. सबसे बाद में लिखेंगे।

**हल :** $\because$    7 बकरियों की कीमत $=$ 630 रु.

$\therefore$    1 बकरी (इकाई) की कीमत $= \dfrac{630}{7}$ रु.

$\therefore$    20 बकरियों की कीमत $= \dfrac{630}{7} \times 20 = 1800$ रु.

**उदाहरण 2.** 10 आदमी किसी काम को 30 दिनों में पूरा करते हैं। उसी काम को 15 आदमी कितने दिनों में पूरा करेंगे?

**हल :** इस प्रश्न में हमें दिन निकालने हैं। इसलिए इसे निम्न प्रकार हल करेंगे।

$\because$    10 आदमी एक काम को करते हैं $=$ 30 दिन में

$\therefore$    1 आदमी उस काम को करेगा $=$ $30 \times 10$ दिनों में

$\therefore$    15 आदमी उस काम को करेंगे $= \dfrac{10 \times 30}{15} = 20$ दिनों में

**नोटः** (*i*) यदि एक आदमी एक काम को 10 दिनों में करता है, तो उसका एक दिन का काम

होगा $= \dfrac{1}{10}$

(*ii*) यदि किसी आदमी का एक दिन का काम $\dfrac{1}{10}$ हो, तो वह पूरा काम 10 दिनों में करेगा।

(*iii*) ऐसे प्रश्नों में पहले एक दिन का काम निकाला जाता है।

(*iv*) यदि काम करने वाले आदमी बढ़ जायें, तो काम कम समय (कम दिनों) में पूरा होगा और यदि काम करने वाले आदमी कम हो जायें, तो काम अधिक समय (अधिक दिनों) में पूरा होगा।

**उदाहरण 3.** यदि 15 आदमी किसी काम को 24 दिन में करते हैं, तो कितने आदमी उसी काम को 18 दिन में पूरा करेंगे?

इस प्रश्न में हमें आदमी निकालने हैं, अतः इसे निम्न प्रकार हल करेंगे :

**हल :**    24 दिन में काम पूरा करते हैं $=$ 15 आदमी

$\therefore$        1 दिन में काम पूरा करेंगे $=$ $15 \times 24$ आदमी

$\therefore$        18 दिन में काम पूरा करेंगे $= \dfrac{15 \times 24}{18} = 20$ आदमी

**उदाहरण 4.** एक रेलगाड़ी 50 मिनट में 60 कि.मी. की दूरी तय करती है 210 कि.मी. की दूरी तय करने में उसे कितना समय लगेगा?

इस प्रश्न में हमें समय निकालना है। अतः हल इस प्रकार निकाला जाएगा।

**हल :** ∵    60 कि.मी. की दूरी तय करती है = 50 मिनट में

∴        1 कि.मी. की दूरी तय करेगी = $\dfrac{50}{60}$ मिनट में

∴        210 कि.मी. की दूरी तय करेगी = $\dfrac{50}{60} \times 210 = 175$ मिनट में

**उदाहरण 5.** 5 आदमी या 10 स्त्रियाँ एक काम को 6 दिन में पूरा करते हैं। बताओ 1 आदमी और 4 स्त्रियाँ उसी काम को कितने दिनों में पूरा करेंगे?

(*i*) इस प्रश्न में हमें दिन निकालना है।

(*ii*) इस प्रश्न में हमें आदमी और स्त्री के काम का अनुपात मालूम करके उन्हें आदमी या स्त्रियों में बदलकर प्रश्न निकालना होगा।

**हल :** ∵ 5 आदमी या 10 स्त्रियाँ एक काम को 1 दिन में पूरा करते हैं।

∴        5 आदमी = 10 स्त्रियों के

∴        1 आदमी = $\dfrac{10}{5} = 2$ स्त्रियों के

∴        1 आदमी और 4 स्त्रियाँ = 6 स्त्रियाँ

अब चूँकि 10 स्त्रियाँ पूरा करती हैं = 6 दिनों में

∴        1 स्त्री पूरा करेगी = 6 × 10 दिनों में

∴        6 स्त्रियाँ पूरा करेंगी = $\dfrac{6 \times 10}{6} = 10$ दिनों में

**उदाहरण 6.** एक कैम्प में 600 आदमियों के लिए 35 दिन का राशन था। 100 आदमी कैम्प में और आ जाते हैं, तो वह राशन कुल कितने दिन चलेगा?

**हल :** ∵     600 आदमियों के लिए राशन = 35 दिन का

∴        1 आदमी के लिए राशन = 600 × 35 दिन का

∴ 700 (600 + 100) आदमियों के लिए राशन = $\dfrac{600 \times 35}{700} = 30$ दिनों का

**उदाहरण 7.** एक कैम्प में 100 जवानों के लिए 10 दिन का राशन था। 5 दिन बाद 50 जवान कैम्प छोड़कर चले जाते हैं। बताओ बाकी जवानों के लिए बाकी राशन कितने दिन चलेगा?

**हल :** 100 जवानों के लिए 10 दिन का राशन था।

5 दिनों तक 100 जवानों ने राशन खाया।

उसके बाद राशन आधा यानी 5 दिन का रह गया।

जवान $100 - 50 = 50$ रह गये।

$\because$     शेष राशन 100 जवान खाते हैं $= 5$ दिन में

$\therefore$     शेष राशन 1 जवान खायेगा $= 100 \times 5$ दिनों में

$\therefore$     शेष राशन 50 जवान खायेंगे $= \dfrac{100 \times 5}{50} = 10$ दिनों में

**उदाहरण 8.** किसी सम्पत्ति के $\dfrac{2}{5}$ भाग का मूल्य 9000 रु. है, तो इस सम्पत्ति के $\dfrac{1}{3}$ भाग का मूल्य क्या होगा?

**हल :**    $\dfrac{2}{5}$ भाग का मूल्य $= 9000$ रु.

$\therefore$    पूरी सम्पत्ति का मूल्य $= 9000 \times \dfrac{5}{2}$ रु.

$\therefore$    $\dfrac{1}{3}$ भाग का मूल्य $= 9000 \times \dfrac{5}{2} \times \dfrac{1}{3} = 7500$ रु.

## अभ्यासार्थ प्रश्न

1. 20 आदमी एक काम को 39 दिनों में पूरा करते हैं। 26 आदमी उसी काम को कितने दिनों में पूरा करेंगे?

    A. 25 दिन       B. 30 दिन       C. 35 दिन       D. 40 दिन

2. 15 आदमी एक दीवार 14 दिन में बना सकते हैं। उसी दीवार को 6 दिन में बनाने के लिए कितने आदमी लगाने होंगे?

    A. 35       B. 25       C. 15       D. 20

3. 840 सैनिकों के पास 70 दिन का भोजन था। 10 दिन बाद 210 सैनिक और आ गये। अब शेष भोजन कितने दिन चलेगा?

    A. 40 दिन       B. 42 दिन       C. 48 दिन       D. 50 दिन

4. नल A एक टंकी को 10 मिनट में भर सकता है। नल B उसी टंकी को 15 मिनट में खाली कर सकता है। दोनों नल एक साथ खोल दिये जायें, तो टंकी कितनी देर में भर जायेगी?

    A. 20 मिनट       B. 25 मिनट       C. 30 मिनट       D. 10 मिनट

5. नल A एक टंकी को 10 मिनट में भर सकता है। नल B उसी टंकी को 15 मिनट में भर सकता है। दोनों नल एक साथ खोल दिये जाएं तो टंकी कितने समय में भर जायेगी?

    A. 4 मिनट       B. 5 मिनट       C. 6 मिनट       D. 7 मिनट

## उत्तरमाला

1. B    2. A    3. C    4. C    5. C

# गति, समय और दूरी

**याद रखें:**

*(i)* दूरी निकालने के लिए गति में समय से गुणा करें, अर्थात् दूरी = गति × समय

*(ii)* गति निकालने के लिए दूरी में समय से भाग दें, अर्थात् गति = $\dfrac{\text{दूरी}}{\text{समय}}$

*(iii)* समय निकालने के लिए दूरी में गति से भाग दें, अर्थात् समय = $\dfrac{\text{दूरी}}{\text{गति}}$

*(iv)* गाड़ी को खम्भा या वृक्ष पार करने में केवल अपनी लम्बाई पार करनी होती है।

*(v)* गाड़ी को पुल या प्लेटफार्म पार करने में अपनी लम्बाई और पुल या प्लेटफार्म की लम्बाई दोनों पार करनी होती हैं।

*(vi)* जब दो गाड़ियां एक ही दिशा में जा रही हों, तो उनकी आपेक्षिक गति (एक दूसरे को पार करने की गति) निकालने के लिए दोनों गाड़ियों की गति का अंतर निकाला जाता है।

*(vii)* जब दो गाड़ियां विपरीत दिशा में जा रही हों, तो उनकी आपेक्षिक गति (एक दूसरे को पार करने की गति) निकालने के लिए दोनों गाड़ियों की गति को जोड़ दिया जाता है।

**उदाहरण 1.** एक रेलगाड़ी 150 मीटर लम्बी है। वह एक खम्भे को 10 सेकेन्ड में पार कर जाती है। बताओ उस रेलगाड़ी की प्रति घण्टा गति (रफ्तार) क्या है?

**हल :** खम्भा पार करने का अर्थ है वह अपनी लम्बाई (अर्थात् 150 मीटर) पार करती है। इस प्रश्न में हमें गति निकालनी है। गति निकालने के लिए फार्मूला है :

$$\text{गति} = \frac{\text{दूरी}}{\text{समय}} \quad \text{या} \quad \frac{\text{दूरी}}{\text{समय}} = \text{गति}$$

$$\text{दूरी} = 150 \text{ मीटर} = \frac{150}{1000} \text{ कि.मी.}$$

$$\text{समय} = 10 \text{ सेकेण्ड} = \frac{10}{3600} \text{ घण्टा}$$

$$\therefore \quad \frac{\text{दूरी}}{\text{समय}} = \frac{150/1000}{10/3600} = \text{गति}$$

$$\frac{150}{1000} \times \frac{3600}{10} = 54 \text{ कि.मी. प्रति घण्टा}$$

**उदाहरण 2.** 150 मीटर लम्बी रेलगाड़ी 60 कि.मी. प्रति घण्टे की गति से जा रही है। उसे 150 मीटर लम्बे प्लेटफार्म को पार करने में कितना समय लगेगा?

**हल :** इस प्रश्न में हमें समय निकालना है।

$$\text{समय निकालने का फार्मूला} = \frac{\text{दूरी}}{\text{गति}} = \text{समय}$$

$$\text{दूरी} = 150 \text{ मी. रेलगाड़ी} + 150 \text{ मी. प्लेटफार्म} = 300 \text{ मी.} = \frac{300}{1000} \text{ कि.मी.}$$

$$\text{गति} = 60 \text{ कि.मी. प्रति घण्टे} = \frac{60}{3600} \text{ मी. प्रति घण्टे}$$

$$\therefore \quad \frac{\text{दूरी}}{\text{गति}} = \frac{300/1000}{60/3600}$$

$$= \frac{300}{1000} \times \frac{3600}{60} = 18 \text{ सेकेण्ड}$$

**उदाहरण 3.** 50 मीटर लम्बी रेलगाड़ी 36 कि.मी. प्रति घण्टे की गति से चल रही है। उसे एक वृक्ष को पार करने में कितना समय लगेगा?

**हल :** वृक्ष पार करने का अर्थ है वह अपनी लम्बाई (50 मीटर) पार करती है।

इस प्रश्न में समय निकालना है। समय निकालने का फार्मूला है:

$$\frac{\text{दूरी}}{\text{गति}} = \text{समय}$$

$$\text{दूरी} = \frac{50}{1000} \text{ कि.मी.}$$

$$\text{गति} = \frac{36}{3600}$$

$$\therefore \quad \text{दूरी} = \frac{50/1000}{36/3600} = \frac{50}{1000} \times \frac{3600}{36} = 5 \text{ सेकेण्ड}$$

**उदाहरण 4.** एक रेलगाड़ी 36 कि.मी. प्रति घण्टे की चाल से एक सिगनल को 6 सेकेण्ड में पार कर लेती है। गाड़ी की लम्बाई बताओ?

**हल :** $\because$ 3600 सेकेण्ड में = 36000 मी.

$$\therefore \quad 1 \text{ सेकेण्ड में} = \frac{36000}{3600} \text{ मी.}$$

$$\therefore \quad 6 \text{ सेकेण्ड में} = \frac{36000 \times 6}{3600} = 60 \text{ मीटर}$$

## अभ्यासार्थ प्रश्न

1. दिल्ली और बनारस के बीच की दूरी 900 कि.मी. है। एक गाड़ी दिल्ली से 50 कि.मी. प्रति घण्टे की गति से दूसरी बनारस से 40 कि.मी. प्रति घण्टे की गति से रवाना होती है। कितने घण्टे बाद दोनों गाड़ियां मिलेंगी?

   A. 10 घण्टे       B. 15 घंटे       C. 20 घंटे       D. 18 घंटे

2. दो व्यक्ति एक ही स्थान से एक दूसरे से उलटी दिशा में चलना शुरू करते हैं उनमें से एक की गति 3 कि.मी. प्रति घण्टा है और दूसरे की गति 4 कि.मी. प्रति घण्टा। उनके रवाना होने के 10 मिनट के बाद उन दोनों के बीच दूरी होगी?

   A. $1\frac{1}{6}$ कि.मी.       B. $1\frac{1}{7}$ कि.मी.       C. $2\frac{1}{6}$ कि.मी.       D. $2\frac{1}{7}$ कि.मी.

3. राम अपनी मोटरगाड़ी में 30 कि.मी. प्रति घण्टे की रफ्तार से जा रहा है। श्याम उसी मार्ग पर 50 कि.मी. प्रति घण्टे की रफ्तार से अपनी मोटर से जा रहा है। राम की मोटर गाड़ी श्याम की मोटरगाड़ी से 100 कि.मी. आगे है। बताओ कितने समय में श्याम की मोटरगाड़ी राम की मोटरगाड़ी से जा मिलेगी?

   A. 3 घंटे       B. 4 घंटे       C. 3.5 घंटे       D. 5 घंटे

4. एक विद्यार्थी अपने घर से 3 कि.मी. प्रति घण्टे की गति से चलकर स्कूल 10 मिनट देर से पहुंचता है। यदि वह 4 कि.मी. प्रति घण्टे की गति से चलता, तो वह 15 मिनट पहले स्कूल पहुचता है। घर से स्कूल कितनी दूर है?

   A. 3 कि.मी.       B. 5 कि.मी.       C. 6 कि.मी.       D. 7 कि.मी.

5. 160 मी. लम्बी रेलगाड़ी 50 कि.मी. प्रति घण्टे की गति से 100 मी. लम्बे प्लेटफार्म को कितने समय में पार कर लेगी?

   A. 15 सेकेण्ड       B. 18 सेकेण्ड       C. 21 सेकेण्ड       D. 25 सेकेण्ड

## उत्तरमाला

1. A       2. A       3. D       4. B       5. B

# प्रतिशत

1. प्रतिशत का अर्थ है—हर सौ पर। इसका चिन्ह है—%. 5% का अर्थ है—हर सौ पर 5.

2. प्रतिशत को भिन्न में बदलने के लिए उसे 100 से भाग कर दें। जैसे $20\% = \frac{20}{100} = \frac{1}{5}$

**3.** साधारण भिन्न को प्रतिशत में बदलने के लिए उसे 100 से गुणा कर दें। जैसे $\frac{1}{10} \times 100$

$= 10\%$

**उदाहरण 1.** 25% को साधारण भिन्न में बदलो।

**हल :** $\quad 25\% = \frac{25}{100} = \frac{1}{4}$

**उदाहरण 2.** 40 बच्चों की एक कक्षा में 10 लड़कियां हैं। बताओ कक्षा में कितने प्रतिशत लड़कियां हैं?

**हल :** 40 बच्चों में 10 लड़कियां हैं

$\therefore \quad$ 100 बच्चों में $\frac{10}{40} \times 100 = 25\%$

**उदाहरण 3.** राम को वार्षिक परीक्षा में 55% अंक मिले। यदि परीक्षा में सब अंक 600 थे, तो उसे कुल कितने अंक मिले?

**हल :** 55% अंक मिले अर्थात् $\frac{55}{100}$ अंक मिले

$\qquad$ कुल अंक $= 600$

$\qquad$ प्राप्त अंक $= \frac{55}{100}$

$\therefore \quad$ उसे मिले कुल अंक $= \frac{600 \times 55}{100} = 330$ अंक

**उदाहरण 4.** 40 रु. का 30% कितना है?

**हल :** 100 पर 30

$\therefore \qquad$ 1 पर $\frac{30}{100}$

$\therefore \qquad$ 40 पर $\frac{40 \times 30}{100} = 12$ रु.

**उदाहरण 5.** 80 रु. के 10% तथा 5% का योग कितना होगा?

**हल :** $(i) \quad$ 80 रु. का 10% $= \frac{10}{100} \times 80 = 8$ रु.

$\qquad (ii) \quad$ 80 रु. का 5% $= \frac{5}{100} \times 80 = 4$ रु.

$\qquad\qquad 8 + 4 = 12$ रु.

## प्रतिशत को दशमलव में बदलने की विधि

प्रतिशत का चिन्ह हटा दें और बाईं ओर दो अंकों के बाद दशमलव का चिन्ह लगा दें।

**उदाहरण :** 25% को दशमलव में बदलिये।

$$25\% = .25$$ (बाईं ओर दो अंकों के बाद दशमलव बिन्दु लगा दिया।)

**उदाहरण :** 1.5% को दशमलव में बदलिये।

$$1.5\% = 0.15$$ (बाईं ओर दो अंकों के बाद दशमलव बिन्दु लगा दिया। यहाँ एक शून्य लगाकर दो अंक पूरे करने पड़े।)

## दशमलव को प्रतिशत में बदलने की विधि

दशमलव बिन्दु के दाहिनी ओर दो अंक आगे बढ़ा दें और उसके बाद % का निशान लगा दें।

**उदाहरण 6.** .24 को प्रतिशत में बदलिये।

**हल :**   $$.24 = 24\%$$ (दशमलव बिन्दु के दाहिनी ओर दो अंक आगे बढ़ाने पर 24.0 बनेगा, अतः दशमलव बिन्दु (.) लगाने की जरूरत नहीं है।)

**उदाहरण 7.** .0043 को प्रतिशत में बदलिए।

**हल :**   $$.0043 = .43\%$$ (दशमलव बिन्दु को दाहिनी ओर दो अंक आगे बढ़ाने पर .43 बनेगा। उस पर % का निशान लगा दें।)

## अभ्यासार्थ प्रश्न

1. 300 रु. का 7% कितना होगा?

   A. 210 रु.  B. 21 रु.  C. 35 रु.  D. 30 रु.

2. किस संख्या का 25%, 12 है?

   A. 48  B. 35  C. 44  D. 54

3. 200 का कितने प्रतिशत 14 है?

   A. 5  B. 6  C. 7  D. 8

4. $\dfrac{2}{3}$ का कितने प्रतिशत $\dfrac{1}{3}$ है?

   A. 40%  B. 50%  C. 45%  D. 60%

5. एक परीक्षा में कुल 800 अंक थे। राम ने उस परीक्षा में 84% अंक प्राप्त किये। उसने कितने अंक प्राप्त किये?

   A. 600  B. 625  C. 672  D. 700

6. दीनानाथ अपनी मासिक आय का 80% खर्च कर देता है और हर महीने 100 रु. बचा लेता है। उसकी मासिक आय कितनी है?

A. 450 रु.          B. 500 रु.          C. 575 रु.          D. 600 रु.

**7.** एक स्कूल में 500 विद्यार्थी थे। उसमें से 300 विद्यार्थी पास हुए। बताओ कितने प्रतिशत विद्यार्थी पास हुए?

A. 60%          B. 70%          C. 80%          D. 55%

**8.** एक विमान में 340 यात्री बैठे हैं और विमान की 80% सीटें भर गई हैं। अभी कितने और यात्री विमान में आ सकते हैं?

A. 59          B. 63          C. 85          D. 71

## उत्तरमाला

**1.** B          **2.** A          **3.** C          **4.** B          **5.** C

**6.** B          **7.** A          **8.** C

## लाभ एवं हानि

लाभ और हानि शब्द साधारणतया व्यापार में इस्तेमाल किए जाते हैं। प्रत्येक व्यापार का उद्देश्य लाभ कमाना होता है। लाभ और हानि से सम्बन्धित सभी तरह के प्रश्नों को हल करने से पहले निम्नलिखित बातों का जानना आवश्यक है।

1. कोई वस्तु जिस मूल्य पर खरीदी जाती है उसे उस वस्तु का लागत मूल्य या क्रय मूल्य (Cost Price) कहते हैं। इसे क्रय मूल्य (C.P.) द्वारा भी निर्दिष्ट किया जाता है।

2. कोई वस्तु जिस मूल्य पर बेची जाती है उसे उस वस्तु का विक्रय मूल्य (Sale Price) कहते हैं। इसे विक्रय मूल्य (S.P.) द्वारा भी निर्दिष्ट किया जाता है।

3. यदि वस्तु का क्रय मूल्य (Cost Price), वस्तु के विक्रय मूल्य (Sale Price) से अधिक हो तो उस वस्तु पर हमेशा हानि होगी। अर्थात्

   हानि = क्रय मूल्य – विक्रय मूल्य

4. यदि किसी वस्तु का विक्रय मूल्य (Sale Price) वस्तु के क्रय मूल्य (Cost Price) से अधिक हो तो उस वस्तु पर हमेशा लाभ होगा। अर्थात्

   लाभ = विक्रय मूल्य – क्रय मूल्य

5. लाभ और हानि दो प्रकार से व्यक्त किए जाते हैं:

   (*i*) रुपयों में;          (*ii*) प्रतिशत में

**उदाहरण :** यदि किसी वस्तु का क्रय मूल्य 100 रु. तथा उसका विक्रय मूल्य 95 रु. हो तो वस्तु पर लाभ या हानि कितनी होगी?

**हल :** चूँकि वस्तु का क्रय मूल्य उसके विक्रय मूल्य से अधिक है इसलिए वस्तु पर हानि होगी। अर्थात्

हानि = क्रय मूल्य – विक्रय मूल्य = $100 - 95 = 5$ रु. हानि

उपरोक्त उदाहरण हमने वस्तु पर लाभ और हानि को रुपयों में समझाया है। अब हम लाभ हानि को प्रतिशत में व्यक्त करते हैं।

लाभ-हानि को प्रतिशत लाभ और प्रतिशत हानि में बदलने के लिए निम्नलिखित सूत्रों को याद रखें।

1.  लाभ $\% = \dfrac{\text{लाभ} \times 100}{\text{क्रय मूल्य}}$

2.  हानि $\% = \dfrac{\text{हानि} \times 100}{\text{क्रय मूल्य}}$

लाभ-हानि को प्रतिशत लाभ और हानि में बदलने के लिए नीचे कुछ उदाहरणों द्वारा समझाया गया है।

**उदाहरण 1.** यदि किसी वस्तु को 20 रु. में खरीद कर उसे 25 रु. में बेच दिया हो तो उस वस्तु पर कितने प्रतिशत लाभ या हानि होगी?

**हल :** चूँकि वस्तु का क्रय मूल्य वस्तु के विक्रय मूल्य से कम है इसलिए वस्तु पर लाभ होगा।

अर्थात् विक्रय मूल्य – क्रय मूल्य = $25 - 20 = 5$ रु.

$\therefore$ प्रतिशत लाभ $= \dfrac{5 \times 100}{20} = 25\%$

**उदाहरण 2.** एक किताब का अंकित मूल्य 64 रु. है। यदि उसे 48 रु. में बेचा जाता है तो कितने प्रतिशत हानि होगी?

**हल :**      किताब का क्रय मूल्य = 64 रु.

      तथा किताब का विक्रय मूल्य = 48 रु.

$\therefore$      हानि $\% = \dfrac{\text{हानि} \times 100}{\text{क्रय मूल्य}} = \dfrac{16 \times 100}{64} = 25\%$

**उदाहरण 3.** एक वस्तु को 1056 रु. में बेचने पर 12% की हानि होती है। यदि उसे 1440 रु. में बेचा जाए तो कितने प्रतिशत की लाभ या हानि होगी?

**हल : पहली स्थिति में–**

$$\text{विक्रय मूल्य} = \text{क्रय मूल्य} \left( 1 - \frac{\% \text{ हानि}}{100} \right)$$

$$1056 = \text{क्रय मूल्य} \left( 1 - \frac{12}{100} \right)$$

$$\text{क्रय मूल्य} = \frac{1056 \times 100}{88} = 1200 \text{ रु.}$$

अतः वस्तु का क्रय मूल्य 1200 रु. है।

**दूसरी स्थिति में–**

$$\text{विक्रय मूल्य} = 1440$$

$$\therefore \quad \text{लाभ} = \text{विक्रय मूल्य} - \text{क्रय मूल्य}$$

$$= 1440 - 1200 = 240$$

$$\therefore \quad \% \text{ लाभ} = \frac{\text{लाभ} \times 100}{\text{क्रय मूल्य}} = \frac{240 \times 100}{1200} = 20\%$$

**उदाहरण 4.** एक दुकानदार 20 कि.ग्रा. गेहूँ 3.10 रु. प्रति किलोग्राम तथा 18 कि.ग्रा. गेहूँ 3.50 रु. प्रति किलोग्राम की दर से खरीदता है। यदि वह दोनों प्रकार के गेहूँ को मिलाकर बने मिश्रण को 4 रु. प्रति किलोग्राम की दर से बेचे तो दुकानदार को कितने प्रतिशत लाभ होगा?

**हल :** 3.10 रु. प्रति किलोग्राम की दर से 20 किग्रा. गेहूँ का

$$\text{खरीद मूल्य} = 20 \times 3.10 = 62 \text{ रु.}$$

3.50 रु. प्रति किलोग्राम की दर से 18 कि.ग्रा. गेहूँ का

$$\text{खरीद मूल्य} = 18 \times 3.50 = 63 \text{ रु.}$$

$$\therefore \quad \text{कुल खरीद मूल्य} = 62 + 63 = 125 \text{ रु.}$$

$$\text{विक्रय मूल्य} = (20 + 18) \times 4 = 38 \times 4 = 152 \text{ रु.}$$

$$\therefore \quad \text{लाभ} = \text{विक्रय मूल्य} - \text{क्रय मूल्य}$$

$$= 152 - 125 = 27 \text{ रु.}$$

$$\therefore \quad \% \text{ लाभ} = \frac{27 \times 100}{125} = 21\frac{3}{5}\%$$

**उदाहरण 5.** एक दुकानदार 11 पेंसिलें 10 रु. में खरीदता है तथा 10 पेंसिलें 11 रु. में बेचता है तो उसको कितने प्रतिशत लाभ होता है?

**हल :** 11 पेंसिलों का क्रय मूल्य $= 10$ रु.

$$\therefore \quad 1 \text{ पेंसिल का क्रय मूल्य} = \frac{10}{11} \text{ रु.}$$

तथा 10 पेंसिलों का विक्रय मूल्य $= 11$ रु.

$$\therefore \quad 1 \text{ पेंसिल का विक्रय मूल्य} = \frac{11}{10} \text{ रु.}$$

$$\therefore \quad \text{लाभ} = \text{विक्रय मूल्य} - \text{क्रय मूल्य}$$

$$= \frac{11}{10} - \frac{10}{11} = \frac{21}{110} \text{ रु.}$$

$$\therefore \qquad \%\ \text{लाभ} \ = \ \frac{\text{लाभ} \times 100}{\text{क्रय मूल्य}} \ = \ \frac{\dfrac{21}{110}}{\dfrac{10}{11}} \times 100 = \frac{21 \times 11 \times 100}{110 \times 10}$$

$$= 21\%$$

**उदाहरण 6.** किसी वस्तु को 810 रु. में बेचने पर उतनी ही हानि होती है जितना कि वस्तु को 10% लाभ पर बेचने पर लाभ होता है। तो वस्तु का क्रय मूल्य निकालें।

**हल :** माना कि वस्तु को 810 रु. बेचने पर $x$ रु. की हानि होती है।

$$\text{वस्तु का क्रय मूल्य} \ = \ (810 + x)\ \text{रु.}$$

तथा 10% लाभ के कारण वस्तु पर लाभ $= (810 + x)$ रु. का 10%

$$= \left(\frac{810 + x}{100}\right) \text{रु.}$$

प्रश्नानुसार—

$$\text{वस्तु पर हानि} \ = \ \text{वस्तु का 10\% लाभ}$$

$$\therefore \qquad x \ = \ \frac{810 + x}{10}$$

$$10x \ = \ 810 + x$$

या $$\qquad 9x \ = \ 810$$

या $$\qquad x \ = \ \frac{810}{9} = 90 \ \text{रु.}$$

$$\therefore \qquad \text{वस्तु का क्रय मूल्य} \ = \ (810 + 90) = 900 \ \text{रु.}$$

## अभ्यासार्थ प्रश्न

**1.** यदि वस्तु को 25% हानि पर बेचा जाए तो उस वस्तु का विक्रय मूल्य उसके क्रय मूल्य से गुणा .......... होगा।

A. $\dfrac{2}{3}$      B. $\dfrac{3}{4}$      C. $\dfrac{4}{5}$      D. $\dfrac{3}{5}$

**2.** यदि किसी वस्तु को 21 रु. में बेचने पर 12% का लाभ होता है तो बताइये उस वस्तु का क्रय मूल्य .......... होगा।

A. 16 रु.      B. 17.50 रु.      C. 18.75 रु.      D. 19.10 रु.

**3.** यदि वस्तु को 3400 रु. में बेचने पर 15% हानि होती है तो बताइए उस वस्तु का क्रय मूल्य .......... होगा।

A. 4200 रु.          B. 4500 रु.          C. 4000 रु.          D. 7185 रु.

4. एक वस्तु को 38 रु. में बेचने पर 5% की हानि होती है। यदि इसे 42 रु. में बेचा जाए तो .......... प्रतिशत लाभ या हानि होगी।

A. 5% हानि          B. 5% लाभ          C. 7% लाभ          D. 6% हानि

5. यदि 10 पेनों का क्रय मूल्य, 9 पेनों के विक्रय मूल्य के बराबर हो तो .......... प्रतिशत लाभ होगा।

A. 30%          B. 35%          C. 40%          D. 25%

6. स्टॉक खत्म करने के लिए लगाई सेल में वस्तु का मूल्य 20% कम अंकित किया गया। यदि एक वस्तु का पहला मूल्य 150 रु. हो तो बताइये सेल में वस्तु का अंकित मूल्य . .......... होगा।

A. 120 रु.          B. 130 रु.          C. 140 रु.          D. 150 रु.

7. किसी आदमी को पुराना स्कूटर 2970 रु. में बेचने पर 10% हानि होती है। यदि वह उस पर 20% लाभ कमाना चाहे तो उसे स्कूटर .......... बेचना चाहिए।

A. 3850 रु.          B. 3900 रु.          C. 3960 रु.          D. 4000 रु.

## उत्तरमाला

1. B          2. C          3. C          4. B          5. D

6. A          7. C

# साधारण एवं चक्रवृद्धि ब्याज

**साधारण ब्याजः** उधार दी गई धनराशि का प्रयोग करने के बदले में जो धनराशि दी जाती है उसे ब्याज कहते हैं। इस प्रकार के ब्याज में ब्याज की गणना केवल उधार दी गई धनराशि पर ही करते हैं ब्याज को धनराशि में जोड़ा नहीं जाता है। उधार दी गई धनराशि को मूलधन तथा मूलधन और ब्याज के योग को मिश्रधन कहते हैं।

साधारण ब्याज से सम्बन्धित प्रश्नों को हल करने के लिए निम्नलिखित सूत्रों को याद रखियेः

1. साधारण ब्याज $= \dfrac{\text{मूलधन (धनराशि)} \times \text{समय} \times \text{दर}}{100}$

2. मूलधन (धनराशि) $= \dfrac{\text{साधारण ब्याज} \times 100}{\text{समय} \times \text{दर}}$

3. समय $= \dfrac{\text{साधारण ब्याज} \times 100}{\text{मूलधन (धनराशि)} \times \text{दर}}$

4. दर $\quad = \dfrac{\text{साधारण ब्याज} \times 100}{\text{मूलधन (धनराशि)} \times \text{समय}}$

5. मिश्रधन $\quad =$ मूलधन (धनराशि) + साधारण ब्याज

**चक्रवृद्धि ब्याज :** वह ब्याज जो उधार दी गई धनराशि के प्रयोग के बदले में समय पर न देकर उसे धनराशि में जोड़ दिया जाता है फिर धनराशि और ब्याज के प्राप्त योग पर ब्याज लगाया जाता है, उसे **चक्रवृद्धि ब्याज** कहते हैं।

चक्रवृद्धि ब्याज से सम्बन्धित प्रश्नों को हल करने के लिए निम्नलिखित सूत्रों को याद रखिए :

1. समस्त धन या मिश्रधन $\quad =$ मूलधन $\left(1 + \dfrac{\text{दर}}{100}\right)^{\text{समय}}$

2. चक्रवृद्धि ब्याज $\quad =$ मूलधन $\left[\left(1 + \dfrac{\text{दर}}{100}\right)^{\text{समय}} - 1\right]$

## अभ्यासार्थ प्रश्न

1. 450 रु. पर 6% वार्षिक ब्याज दर से 4 मास का ब्याज .......... होगा।

   A. 7 रु.        B. 8 रु.        C. 9 रु.        D. 10 रु.

2. .......... में 3600 रु. पर 6% वार्षिक दर से साधारण ब्याज 432 रु. होगा।

   A. 1 वर्ष        B. 2 वर्ष        C. 3 वर्ष        D. 4 वर्ष

3. 200 रु. का 2 वर्ष में 10% वार्षिक ब्याज की दर से चक्रवृद्धि ब्याज .......... होगा।

   A. 42 रु.        B. 45 रु.        C. 40 रु.        D. 50 रु.

4. 1500 रु. की धनराशि का 2 वर्ष में 5% वार्षिक दर से चक्रवृद्धि ब्याज और साधारण ब्याज के बीच अन्तर .......... होगा।

   A. 2.50 रु.        B. 2.75 रु.        C. 3 रु.        D. 3.75 रु.

5. यदि 5000 रु. पर 2 वर्ष का साधारण ब्याज 500 रु. हो तो समस्त धन अर्थात् मिश्रधन .......... होगा।

   A. 4500 रु.        B. 5000 रु.        C. 5500 रु.        D. 6000 रु.

6. यदि कोई राशि साधारण ब्याज से 15 वर्षों में दुगुनी हो जाती है तो यह तिगुनी ........ वर्षों में होगी।

   A. 30        B. 10        C. 40        D. 20

7. किस राशि का 5% दर से 5 वर्ष का साधारण ब्याज 80 रु. होगा?

   A. 250 रु.        B. 300 रु.        C. 350 रु.        D. 320 रु.

$$\boxed{\text{उत्तरमाला}}$$

**1.** C     **2.** B     **3.** A     **4.** D     **5.** C

**6.** A     **7.** D

# मिश्रित प्रश्न

**1.** 6155 में से कौन-सी संख्या घटा दी जाये कि शेष पूर्ण वर्ग बन जाये?

     A. 86      B. 71      C. 36      D. 54

**2.** एक कैप्टन 335260 सैनिकों को ठोस वर्ग में खड़ा करता है परन्तु 19 सैनिक बच जाते हैं। बताओ सामने की पंक्ति में कितने सैनिक हैं?

     A. 255      B. 379      C. 579      D. 609

**3.** 8000 का घनमूल क्या होगा?

     A. 200      B. 20      C. 30      D. 40

**4.** यदि $200 + \sqrt{?} = 800$ का 30% तो (?) चिन्ह पर मान होगा :

     A. 180      B. 40      C. 160      D. 1600

**5.** $\sqrt[3]{1325 + \sqrt{20 + \sqrt{256}}}$ का मान कितना होगा?

     A. 13      B. 21      C. 11      D. 25

**6.** यदि $\dfrac{\sqrt{?}}{26} = \dfrac{1}{\sqrt{1521}}$ तो (?) चिन्ह पर मान होगा :

     A. $\dfrac{16}{27}$      B. $\dfrac{4}{9}$      C. $\dfrac{2}{3}$      D. $\dfrac{9}{11}$

**7.** $\sqrt{42.25}$ का मान कितना होगा?

     A. 5.5      B. 5.6      C. 6.5      D. 6.25

**8.** $\sqrt[3]{.000008}$ का मान क्या होगा?

     A. .002      B. .02      C. .2      D. .0002

**9.** एक वर्गाकार खेत की भुजा 21 मीटर है। यदि एक-एक मीटर की दूरी पर पौधे लगाए जायें तो पौधों की कुल संख्या कितनी होगी?

     A. 441      B. 484      C. 499      D. 509

**10.** यदि $\sqrt{2 + \dfrac{2}{49}} = \dfrac{x}{21}$, तो $x$ का मान क्या होगा?

     A. 90      B. 30      C. 45      D. 60

**11.** 0.6241 का वर्गमूल क्या होगा?

A. .49                B. .51                C. .79                D. .71

**12.** $5\dfrac{19}{25}$ का वर्गमूल क्या होगा?

A. $3\dfrac{2}{5}$                B. $2\dfrac{2}{5}$                C. $2\dfrac{4}{5}$                D. $3\dfrac{1}{5}$

**13.** निम्नलिखित में से कौन-सी संख्या 105 का गुणनखण्ड नहीं है?

A. 3                B. 7                C. 9                D. 5

**14.** 63 और 42 का महत्तम समापवर्तक है–

A. 7                B. 9                C. 6                D. 21

**15.** 882, 396 और 1404 का महत्तम समापवर्तक है

A. 84                B. 18                C. 36                D. 9

**16.** 38, 26 और 14 लीटर दूध बोतलों में भरना है। एक बोतल में अधिक-से-अधिक कितना दूध डाला जाए कि प्रत्येक किस्म का दूध बोतलों में भरा जा सके।

A. 3 लीटर                B. 6 लीटर                C. 7 लीटर                D. 2 लीटर

**17.** दो संख्याओं का गुणनफल 27 है। उनका महत्तम समापवर्तक 3 है, तो उनका लघुत्तम समापवर्त्य क्या होगा?

A. 81                B. 54                C. 9                D. 6

**18.** वह छोटी-से-छोटी संख्या क्या है, जिसमें से 5 घटा दिया जाये तो वह 4, 8 और 10 से पूरी-पूरी विभाजित हो जाये?

A. 45                B. 40                C. 85                D. 50

**19.** चार अंकों की वह बड़ी-से-बड़ी संख्या क्या है जो 2, 3, 4, 5, 6 और 7 से पूरी-पूरी विभाजित हो जाती है?

A. 9729                B. 9760                C. 9579                D. 9660

**20.** दो संख्याओं का गुणनफल 54 है। उनका महत्तम समापवर्तक 3 है, तो उनका लघुत्तम समापवर्त्य क्या होगा?

A. 18                B. 21                C. 9                D. 24

**21.** $\dfrac{10}{21}, \dfrac{25}{27}$ और $\dfrac{35}{24}$ का महत्तम समापवर्तक है।

A. $\dfrac{5}{216}$                B. $\dfrac{5}{1080}$                C. $\dfrac{5}{1512}$                D. $\dfrac{5}{638}$

**22.** पांच घंटियां एक साथ बजना आरंभ हुई। यदि वे 2, 3, 4, 5 और 6 सेकेण्ड के अन्तराल से बजती हैं, तो एक घण्टे में कितनी बार एक साथ बजेंगी?

A. 59 बार                B. 60 बार                C. 61 बार                D. 62 बार

**23.** $\dfrac{7-3\times5+12}{12\times3+2-32}=?$

    A. $\dfrac{1}{3}$          B. $\dfrac{2}{3}$          C. $\dfrac{3}{4}$          D. $\dfrac{5}{6}$

**24.** $\dfrac{1.4\times3.6-1.2}{0.4\times1.2}=?$

    A. 8          B. 2          C. 4          D. 3

**25.** $5\dfrac{1}{4}+3\dfrac{1}{8}+2\dfrac{1}{4}-1\dfrac{1}{4}=?$

    A. $9\dfrac{5}{8}$          B. $3\dfrac{5}{8}$          C. $2\dfrac{5}{8}$          D. $1\dfrac{1}{8}$

**26.** $1\dfrac{1}{2}+\dfrac{5}{8}+\dfrac{3}{4}-\dfrac{1}{2}\times1\dfrac{1}{2}=?$

    A. $3\dfrac{1}{8}$          B. $27\dfrac{5}{8}$          C. $2\dfrac{1}{8}$          D. $20\dfrac{1}{3}$

**27.** $4\times1-\dfrac{1}{2}\times\dfrac{1}{2}+2=$

    A. $5\dfrac{3}{4}$          B. $4\dfrac{3}{4}$          C. $3\dfrac{3}{4}$          D. $6\dfrac{1}{4}$

**28.** $12+\dfrac{1}{2}+0.5\times\dfrac{5}{2}-2=?$

    A. $12\dfrac{3}{4}$          B. $11\dfrac{3}{4}$          C. $17\dfrac{4}{7}$          D. $19\dfrac{1}{7}$

**29.** $0.01+2\times1.02\div0.2-0.5=?$

    A. 8.68          B. 9.71          C. 9.66          D. 6.66

**30.** $14\times3.2-2\times2.1+0.8=?$

    A. 1.08          B. 2.18          C. 1.18          D. 2.08

**31.** $3\dfrac{1}{2}+2\dfrac{5}{7}\times\dfrac{7}{19}-\dfrac{1}{2}\div2=?$

    A. $2\dfrac{1}{3}$          B. $4\dfrac{1}{3}$          C. $4\dfrac{1}{4}$          D. $4\dfrac{1}{2}$

**32.** $5 \div \dfrac{3}{4} + \dfrac{2}{3} \times \dfrac{3}{4} - \dfrac{2}{3}$ का $\dfrac{13}{7} = ?$

    A. $4\dfrac{12}{11}$         B. $5\dfrac{13}{14}$         C. $5\dfrac{13}{17}$         D. $6\dfrac{13}{14}$

**33.** .......... का $11\dfrac{1}{9}\% = 12$

    A. 78         B. 106         C. 108         D. 110

**34.** 128 का .......... $\% = 16$

    A. $11\dfrac{1}{9}$         B. $12\dfrac{1}{2}$         C. $16\dfrac{2}{3}$         D. 25

**35.** 132 का $8\dfrac{1}{3}\% = ?$

    A. 14         B. 17         C. 16         D. 11

**36.** 3 मीटर का कितने $\%$ = 75 सेमी. होगा?

    A. 25         B. 20         C. 18         D. 15

**37.** 30 रु. का कितने $\%$ = 10 रु. होगा?

    A. $23\dfrac{1}{3}$         B. $33\dfrac{1}{3}$         C. $31\dfrac{1}{9}$         D. $21\dfrac{1}{9}$

**38.** 10% का 10% कितने $\%$ होगा?

    A. 7         B. 6         C. 1         D. 5

**39.** एक मिनट 12 सेकेण्ड, एक घण्टे का कितने $\%$ होगा?

    A. 1         B. 5         C. 8         D. 2

**40.** एक वस्तु का सूची मूल्य 250 रु. है। यदि दुकानदार नकद मूल्य देने पर ग्राहक को वस्तु पर 12% की छूट दे तो वस्तु का नकद मूल्य कितना होगा?

    A. 180 रु.         B. 220 रु.         C. 188 रु.         D. 190 रु.

**41.** किसी आयत के क्षेत्रफल का 75% का मान 15 वर्ग मीटर हो तो उस आयत का वास्तविक क्षेत्रफल कितना होगा?

    A. 20 वर्ग मीटर     B. 18 वर्ग मीटर     C. 16 वर्ग मीटर     D. 25 वर्ग मीटर

**42.** किसी शहर की जनसंख्या 50,000 से बढ़कर 52,000 हो जाती हो तो बताइये कितने प्रतिशत की वृद्धि होगी।

    A. 3%         B. 6%         C. 4%         D. 5%

**43.** मिट्टी के तेल का भाव 10% बढ़ जाने के कारण किसी गृहिणी को तेल की खपत कितने प्रतिशत कम कर देनी चाहिए ताकि उसका खर्च बिल्कुल न बढ़े?

A. $11\frac{1}{9}\%$     B. $16\frac{2}{3}\%$     C. 20%     D. $9\frac{1}{11}\%$

**44.** एक विद्यार्थी को पास होने के लिए 40% अंक चाहिए। यदि वह 220 अंक प्राप्त करता हो और 20 अंकों से फेल हो जाता हो तो बताइये परीक्षा के कुल अंक कितने होंगे?

A. 540     B. 700     C. 600     D. 800

**45.** यदि किसी वस्तु के विक्रय मूल्य में 25% की कमी कर दी जाये तो उसकी सेल 30% बढ़ जाती है। तो बताइये सेल से प्राप्त नकद धन में क्या प्रभाव पड़ेगा?

A. 2.5% कमी     B. 2.5% वृद्धि     C. 4.5% कमी     D. 4.5% वृद्धि

**46.** किसी विद्यालय में 97% विद्यार्थी उपस्थित थे और 18 विद्यार्थी अनुपस्थित थे तो बताइये विद्यालय में कुल विद्यार्थियों की संख्या कितनी थी?

A. 500     B. 600     C. 580     D. 1540

**47.** स्टैंडर्ड सोने में 22 भाग सोना तथा 2 भाग धातु है। यदि एक वस्तु जो स्टैंडर्ड सोने की बनी है उसमें सोने की प्रतिशत मात्रा कितनी होगी?

A. $91\frac{2}{3}\%$     B. $81\frac{2}{3}\%$     C. $99\frac{1}{3}\%$     D. $91\frac{1}{3}\%$

**48.** एक वस्तु की सूची मूल्य 240 रु. है। यदि दुकानदार ग्राहक को नकद मूल्य देने पर 12% की छूट देता हो तो वस्तु का नकद मूल्य क्या होगा?

A. 210.20 रु.     B. 211.20 रु.     C. 215.20 रु.     D. 218.80 रु.

**49.** एक नगर की जनसंख्या पहले वर्ष 10% तथा दूसरे वर्ष 5% बढ़ती है। यदि प्रारम्भिक जनसंख्या 40,000 हो तो दो वर्ष बाद नगर की जनसंख्या क्या होगी?

A. 56300     B. 46200     C. 44200     D. 46800

**50.** यदि किसी वर्ग की प्रत्येक भुजा 50% बढ़ा दी जाए तो उनके क्षेत्रफल में कितने प्रतिशत वृद्धि हो जाएगी?

A. 125%     B. 115%     C. 140%     D. 130%

**51.** एक वस्तु नकद मूल्य देने पर 12% छूट पर उपलब्ध है। यदि ग्राहक ने उस वस्तु को 440 रु. में खरीदा हो तो बताइये वस्तु का सूची मूल्य कितना होगा?

A. 480 रु.     B. 550 रु.     C. 500 रु.     D. 560 रु.

**52.** एक पुस्तक का सूची मूल्य 12.50 रु. है। यदि इसे 10% छूट पर बेचा जाए तो पुस्तक का विक्रय मूल्य कितना होगा?

A. 15.40 रु.     B. 11.25 रु.     C. 11.75 रु.     D. 12.30 रु.

**53.** एक विद्यार्थी को पास होने के लिए 33% अंकों की आवश्यकता है। यदि परीक्षा के कुल अंक 300 में से एक विद्यार्थी ने 65 अंक प्राप्त किये हों तो बताइये वह कितने अंकों से फेल होगा?

A. 34     B. 28     C. 31     D. 32

**54.** किस धनराशि पर 4% वार्षिक ब्याज की दर से 5 वर्ष का साधारण ब्याज 64 रु. होगा?

    A. 220 रु.      B. 280 रु.      C. 320 रु.      D. 300 रु.

**55.** यदि 600 रु. की राशि पर $2\frac{1}{2}$ वर्ष का साधारण ब्याज 30 रु. हो तो ब्याज की वार्षिक दर क्या होगी?

    A. 1%      B. 2%      C. 4%      D. 8%

**56.** 450 रु. पर 6% वार्षिक ब्याज दर से 4 मास का ब्याज कितना होगा?

    A. 9 रु.      B. 8 रु.      C. 6 रु.      D. 5 रु.

**57.** कोई राशि साधारण ब्याज पर 5 वर्षों में दोगुनी हो जाती हो तो वही राशि कितने वर्षों में तीन गुनी हो जाएगी?

    A. 8      B. 10      C. 14      D. 6

**58.** कितने समय में 3600 रु. पर 6% वार्षिक दर से साधारण ब्याज 432 रु. होगा?

    A. 1 वर्ष      B. 2 वर्ष      C. $1\frac{1}{2}$ वर्ष      D. $2\frac{1}{4}$ वर्ष

**59.** किस राशि पर 3% वार्षिक ब्याज की दर से 2 वर्ष का ब्याज 36 रु. होगा?

    A. 500 रु.      B. 575 रु.      C. 590 रु.      D. 600 रु.

**60.** कितने समय में $5\frac{1}{2}$% वार्षिक ब्याज की दर से 5000 रु. का मिश्रधन 6100 रु. हो जाएगा?

    A. 4 वर्ष      B. 3 वर्ष      C. $3\frac{1}{3}$ वर्ष      D. $4\frac{1}{3}$ वर्ष

## उत्तरमाला

| | | | | |
|---|---|---|---|---|
| 1. B | 2. C | 3. B | 4. D | 5. C |
| 6. B | 7. C | 8. B | 9. B | 10. B |
| 11. C | 12. B | 13. C | 14. D | 15. B |
| 16. D | 17. C | 18. A | 19. D | 20. A |
| 21. C | 22. C | 23. B | 24. A | 25. A |
| 26. C | 27. A | 28. B | 29. B | 30. A |
| 31. C | 32. B | 33. C | 34. B | 35. D |
| 36. A | 37. B | 38. C | 39. D | 40. B |
| 41. A | 42. C | 43. D | 44. C | 45. A |
| 46. B | 47. A | 48. B | 49. B | 50. A |
| 51. C | 52. B | 53. A | 54. C | 55. B |
| 56. A | 57. B | 58. B | 59. D | 60. A |

# कुछ चुने हुए प्रश्नों के व्यारव्यात्मक उत्तर ______

**2.** 19 सैनिक बच जाते हैं, अतः

$$\text{पंक्तियों में सैनिकों की संख्या} = 335260 - 19 = 335241$$

अतः प्रत्येक पंक्ति में सैनिकों की संख्या $= \sqrt{335241} = 579.$

**5.** $\sqrt[3]{1325 + \sqrt{20 + \sqrt{256}}}$

$$= \sqrt[3]{1325 + \sqrt{20 + 16}}$$

$$= \sqrt[3]{1325 + \sqrt{36}}$$

$$= \sqrt[3]{1331}$$

$$= \sqrt[3]{11 \times 11 \times 11}$$

$$= 11$$

**10.** दिया है, $\sqrt{2 + \dfrac{2}{49}} = \dfrac{x}{21}$

$$\Rightarrow \quad \sqrt{\dfrac{98 + 2}{49}} = \dfrac{x}{21}$$

$$\Rightarrow \quad \dfrac{10}{7} = \dfrac{x}{21}$$

$$\Rightarrow \quad x = \dfrac{21 \times 10}{7} = 30$$

**16.** 38, 26 एवं 14 का महत्तम समापवर्तक,

$$38 = 2 \times 19$$
$$36 = 2 \times 18$$
$$14 = 2 \times 7$$

म.स. $= 2$

अतः प्रत्यक बोतल में अधिक से अधिक दूध $= 2$ ली.

**19.** चार अंकों की बड़ी से बड़ी संख्या $= 9999$

2, 3, 4, 5, 6, 7 का लघुत्तम समापवर्त्य $= 420$

अतः 420 से 9999 में भाग देने पर

$$420)\ 9999\ (23$$
$$840$$
$$1599$$
$$1260$$
$$339$$

अतः अभीष्ट संख्या = 9999 – 339 = 9660

**29.** $0.01 + 2 \times 1.02 \div 0.2 - 0.5$

$$= 0.01 + \frac{2.04}{0.2} - 0.5$$
$$= 0.01 + 10.2 - 0.5$$
$$= 9.71$$

**38.** 10% का 10% कितने % होगा?

$$= \frac{10}{100} \times \frac{10}{100} = \frac{1}{100} = 1\%$$

**39.** 1 मिनट 12 सेकेण्ड = 72 सेकेण्ड

1 घंटा = 3600 सेकेण्ड

$$\text{अभीष्ट } \% = \frac{72 \times 100}{3600} = 2\%$$

**41.** माना आयत का क्षेत्रफल वर्ग = $x$ मी.

प्रश्न से $\qquad x \times 75\% = 15$

$$x = \frac{15 \times 100}{75} = 20 \text{ वर्ग मी.}$$

**50.** माना वर्ग की भुजा = $x$ सेमी.

तब क्षेत्रफल = $x^2$ वर्ग सेमी.

पुनः 50% वृद्धि के कारण

$$\text{वर्ग की भुजा} = x\left(1 + \frac{50}{100}\right) = \frac{3x}{2}$$

$$\text{क्षेत्रफल} = \frac{9x^2}{4} \Rightarrow \text{कमी} = \frac{5x^2}{4}$$

$$\% \text{ कमी} = \frac{\frac{5x^2}{4}}{x^2} \times 100 = 125\%$$

**53.** माना कि विद्यार्थी $x$ अंकों से फेल होगा।

$\therefore$ परीक्षा में पास अंक $= (65 + x)$ होंगे।

परन्तु परीक्षा के पास अंक $=$ परीक्षा के कुल अंकों का 33%

$= 300$ का $= 300 \times \dfrac{33}{100} = 99$

$\therefore 65 + x = 99 \Rightarrow x = 99 - 65 = 34$

अतः विद्यार्थी 34 अंकों से फेल होगा।

**57.** माना   राशि $= x$ रु., मिश्रधन $= 2x$ रु.

साधारण ब्याज $= x$ रु.

माना   दर $= r\%$

$\therefore \qquad x = \dfrac{x \times r \times 5}{100}$

$\qquad\qquad r = 20\%$

पुनः   राशि $= x$ रु., मिश्रधन $= 3x$ रु.

साधारण ब्याज $= 2x$ रु.

$\therefore \qquad 2x = \dfrac{x \times 20 \times t}{100} \qquad \therefore \quad t = 10$ वर्ष

---

# हिन्दी भाषा

## वाक्य-क्रम व्यवस्थापन

**निर्देशः** *नीचे चार वाक्य दिए गए हैं जिन्हें 1, 2, 3, 4 क्रम दिया गया है। इन वाक्यों को उचित क्रमानुसार व्यवस्थित कर दिए गए विकल्पों में से उचित क्रम वाले विकल्प को चुनकर उत्तर चिह्नित करें।*

**1.**
1. जब मरण शय्या पर अंतिम सांस गिन रहा था
2. कि गरीब परिवार में जन्म लेकर वैभव के जिस शिखर पर आप पहुंचे हैं वहाँ तक कोई महान भाग्यशाली व्यक्ति ही पहुँच पाता है
3. मैंने सुना है कि अमेरिका का धन-कुबेर रथचाइल्ड
4. उस समय उसके एक मित्र ने उससे कहा

   A. 1, 2, 3, 4       B. 2, 3, 1, 4
   C. 3, 1 4, 2       D. 4, 1, 3, 2

**2.**
1. तो मैं जानना चाहता हूँ
2. प्रभु कृपा से आपकी हर इच्छा पूरी हुई है और आज जबकि आप
3. कि आप अपने मन में कोई अधूरी इच्छा लेकर तो यहां से नहीं जा रहे हैं
4. इस संसार से विदा हो रहे हैं

   A. 2, 4, 1, 3       B. 1, 4, 2, 3
   C. 3, 2, 1, 4       D. 4, 2, 1, 3

**3.**
1. कि केवल एक इच्छा मैं अपने मन में लेकर जा रहा हूँ
2. और मैं सौ अरब डालर का स्वामी बनकर इस संसार से विदा लेता
3. कि अपने दस अरब डालर पर एक बिंदी लग जाती
4. अरे ! इच्छाएं पूर्ण होने की बात, इसके बारे में इतना ही कहना चाहता हूँ

   A. 3, 2, 4, 1       B. 1, 3, 4, 2
   C. 1, 4, 3, 2       D. 4, 1, 3, 2

**4.**
1. और माया से मोड़कर
2. सूरज की ओर कर देता है
3. गुरु का महत्व इसलिए बताया गया है कि वह शिष्य का मुख छाया से मोड़कर
4. दिव्य ज्योति की ओर ले आता है पर यह कोई समर्थ गुरु ही कर पाता है

   A. 3, 4, 1, 2       B. 3, 2, 1, 4
   C. 2, 4, 3, 1       D. 1, 2, 3, 4

**5.**
1. ललक रहती है, परंतु प्रतिस्पर्धा में
2. परस्पर सहयोग की भावना में ईर्ष्या रहित भावना से स्वयं आगे
3. यदि मैं न बढ़ सकूं तो दूसरा भी न बढ़े की भावना प्रबल रूप से प्रधान होती है
4. बढ़ने और दूसरों को आगे बढ़ाने की

   A. 2, 4, 1, 3       B. 1, 2, 3, 4
   C. 3, 1, 2, 4       D. 4, 1, 2, 3

1

**6.**
1. ऊपर से आरोपित व्यवहार की भांति प्राणहीन निषेधों का संकायमात्र बन कर रह गई है
2. जो बौद्धिक विचारधारा के रूप में
3. अहिंसा को आचार-सूत्र बना देने से अहिंसा भी एक शास्त्र बन गई है
4. मनोविलास का साधन बनकर

A. 2, 4, 1, 3      B. 4, 2, 1, 3
C. 3, 2, 4, 1      D. 1, 2, 4, 3

**7.**
1. जिससे उसकी अद्वितीय औद्योगिक प्रगति
2. बाहर के देशों से मंगाना पड़ता है
3. केवल एशिया के लिए ही नहीं संपूर्ण विश्व के लिए अजीब चुनौती बन गई है
4. सभी जानते हैं कि जापान में कच्चा माल नहीं मिलता जो इस भूकंप बहुल देश में

A. 1, 3, 4, 2      B. 2, 4, 3, 1
C. 1, 4, 3, 2      D. 4, 2, 1, 3

**8.**
1. प्रायः जप-सुमिरन के समय हमारा अपना मन ही होता है
2. जो कहीं-का-कहीं चक्कर लगाता रहता है पर होठों पर नाम जप चलता रहता है
3. न बनने में सबसे बड़ी बाधा
4. नाम व मंत्र के चिनगारी

A. 1, 3, 4, 2      B. 2, 4, 3, 1
C. 1, 4, 3, 2      D. 4, 2, 1, 3

**9.**
1. अगर मुझमें लिखने की ताकत होती
2. लोग मृत्यु के नाम से घबराते हैं परंतु मृत्यु के अनुसंधानी प्रसिद्ध प्राणी-शास्त्री

3. तो विस्तारपूर्वक संसार को बतला देता कि मृत्यु स्वयं कितनी सरल और सुखद होती है
4. डॉ. विलियम ने अपने अंतिम क्षणों में कहा

A. 1, 3, 4, 2      B. 2, 4, 1, 3
C. 4, 1, 2, 3      D. 3, 4, 2, 1

**10.**
1. सामाजिक जीवन को सौन्दर्यमय बनाकर उसे आनंद से परिपूरित करें
2. जनता की इच्छाओं और आकांक्षाओं को प्रतिफलित होने दें और
3. उन्हें प्रोत्साहित करेंगे कि वे अपनी कलाकृतियों में
4. जो कलाकार नाटक, संगीत, नृत्य और चित्रकारी में लगे हैं, हम उन्हें एकत्र करेंगे और

A. 1, 2, 3, 4      B. 4, 3, 2, 1
C. 3, 2, 4, 1      D. 4, 1, 3, 2

**11.**
1. रोता व छाती पीटता हुआ आया
2. पर वह बेसुध दहाड़ें मार-मार कर रो रहा था हाय! मेरी करोड़ों की सम्पत्ति जल गई
3. लोगों की भीड़ उसे घेरे हुए थी
4. स्वामी रामतीर्थ बाजार में घूम रहे थे कि अचानक सामने से एक व्यक्ति

A. 4, 3, 2, 1      B. 3, 2, 1, 4
C. 4, 2, 3, 1      D. 4, 1, 3, 2

**12.**
1. यह निजी प्रशासन की अपेक्षा सरकारी प्रशासन पर अधिक ध्यान के लिए एक स्पष्ट अनुरोध है कि वह सरकार के द्वारा लिए गए/लिए जाने वाले सभी निर्णयों के रिकॉर्ड को तैयार स्थिति में रखें

2. यह सरकारी प्रशासन के राजनीतिक वातावरण से उत्पन्न विशेषता है दूसरी ओर निजी प्रशासन इस प्रकार के दबावों से मुक्त होता है

3. यह एक रिकॉर्ड रखने तथा बढ़े हुए कागज-कार्य के विषय में सरकारी निर्णय की देरी को स्पष्ट करता है

4. जैसे सरकार को आवश्यक रूप से अपने कार्यों के औचित्य को संसदीय समिति के समक्ष सिद्ध करना होता है, यह सरकारी कार्यकताओं को लक्ष्य प्राप्ति के स्थान पर नियमबद्धता को अधिक ध्यान में रखने पर जोर देता है

A. 1, 3, 4, 2      B. 2, 1, 3, 4
C. 1, 2, 4, 3      D. 3, 1, 4, 2

13. 1. मूल रूप में ऐसा लगा कि सरकार अस्त-व्यस्तताओं में सुधार करने के लिए विविध घातकी व्यूह का सहारा लेगी

2. वास्तव में यह इनके अन्तिम के साथ सर्वाधिक उल्टे सीधे (उबड़-खाबड़) मार्गों से गुजरा है नियंत्रित आयात के लिए निर्धारित निःशुल्क (मुक्त) विदेशी मुद्रा घटाने के सूचित निर्णय में परिणत हुआ

3. भारत की भुगतान सन्तुलन अच्छी हो गई है। इन असन्तुलनों को सुधारने का कार्य उस सरकार का था, जिसके पास कार्य को हाथ में लेने के लिए सहमति नहीं थी

4. इसने बजटीय घाटा को कम करने के लिए कहा, जो आवश्यक सामग्री में वृद्धि तथा अनावश्यक आयात पर रोक लगाने का आश्वासन प्रदान कर सके

14. 1. उद्घाटन करते हुए राजेन्द्र बाबू ने भारत को

2. अपनी सेनाएँ विघटित कर दें, तो इससे संसार को एक नया रास्ता मिल सकता है

3. यह सुझाव दिया था कि यह देश

4. आण्विक अस्त्रों के विरोध में दिल्ली में जो सार्वभौम समारोह हुआ था, उसका

A. 2, 4, 3, 1      B. 3, 1, 2, 4
C. 4, 1, 3, 2      D. 1, 3, 4, 2

15. 1. और नवयुग की चेतना लेकर निबन्ध के

2. एवं विचारात्मक कोटियों में रखे जा सकते हैं, जो इनके व्यक्तित्व की छाप लिए हुए हैं

3. आचार्य हजारी प्रसाद द्विवेदी प्राचीन सांस्कृतिक परम्परा का गम्भीर ज्ञान

4. क्षेत्र में अवतरित हुए तथा इनके निबंध भावात्मक

A. 4, 2, 3, 1      B. 1, 3, 4, 2
C. 2, 4, 1, 3      D. 3, 1, 4, 2

16. 1. साहित्यिक मूल्यांकन प्रस्तुत करेंगे तो

2. सामयिक आवश्यकता-रागात्मक एकता से दूर जा सकेंगे

3. साहित्य के मूल उद्देश्य तथा

4. जाति, देश और काल की सीमाओं में बँधे रहकर यदि हम

A. 3, 2, 1, 4      B. 4, 1, 3, 2
C. 4, 2, 3, 1      D. 1, 3, 2, 4

17. 1. वह अपना मनोरंजन संगीत और अभिनय जैसे

2. सच्ची बात तो यह है कि किसी भी युग का प्राणी ऐसा नीरस

3. आनन्ददायक साधनों के द्वारा नहीं करता

4. और हृदयहीन नहीं होता कि

A. 2, 1, 3, 4      B. 1, 3, 4, 2

C. 2, 4, 1, 3      D. 3, 4, 2, 1

**18.** 1. बहुत दिनों की इच्छा अभी तक पूरी नहीं हुई

2. ठीक जिसके चरित में नायकत्व प्रधान हो

3. कि एक जीवन-चरित लिखूँ,

4. चरितनायक नहीं मिल रहा था,

A. 1, 3, 4, 2      B. 1, 4, 3, 2

C. 3, 1, 4, 2      D. 3, 4, 1, 2

**19.** 1. स्वप्न में देखा, आकाश की नीली लता में सूर्य, चन्द्र और ताराओं के फूल

2. पृथ्वी की लता पर पर्वतों के फूल

3. हाथ जोड़े खिले हुए एक अज्ञात शक्ति की समीर से हिल रहे हैं,

4. हाथ जोड़े आकाश को नमस्कार कर रहे हैं

A. 2, 3, 1, 4      B. 3, 1, 2, 4

C. 2, 4, 1, 3      D. 1, 3, 2, 4

**20.** 1. समुदाय से चलता है तब उसे समाज कहते हैं,

2. तब उसे जीवन कहते हैं

3. प्राणों से चलता है

4. मनुष्य पाँव से चलता है तब उसे यात्रा कहते हैं,

A. 2, 3, 4, 1      B. 1, 3, 4, 2

C. 4, 3, 2, 1      D. 4, 1, 2, 3

**21.** 1. अनायास ही मानव-जीवन की सर्वोपयोगी वस्तुओं को प्राप्त कर सकते हैं

2. सरस साधन काव्य ही है, जिसका

3. संक्षेप में कहा जा सकता है कि चारों पदार्थों की प्राप्ति का सुलभ तथा

4. अनुशीलन करने पर अल्पबुद्धि वाले प्राणी भी

A. 3, 2, 4, 1      B. 4, 3, 2, 1

C. 1, 2, 4, 3      D. 3, 2, 1, 4

**22.** 1. हमारे दिमाग को इतना भोथरा,

2. सुकुमार दुनिया हमारी पथराई आँखों के सामने आकर भी नहीं आ पाती

3. बना दिया है कि संस्कृति की

4. गत अस्सी वर्षों के राजनीतिक-आर्थिक संघर्षों ने

A. 4, 3, 2, 1      B. 1, 4, 2, 3

C. 1, 2, 3, 4      D. 4, 1, 3, 2

**23.** 1. जहाँ एक ओर हास्य-कविता की लोकप्रियता बढ़ी है

2. कि उसमें घटिया और भोंडी बातों के समावेश से सूक्ष्म और परिष्कृत हास्य का स्तर गिर गया है

3. मनोविनोद की क्षमता से युक्त और कवि-सम्मेलनों के आश्रय में विकसित होने के कारण

4. वहीं एक हानि यह भी हुई है

A. 1, 3, 2, 4      B. 2, 4, 3, 1

C. 3, 1, 4, 2      D. 4, 1, 2, 3

**24.** 1. समाज सुधार के वर्तमान आंदोलनों के बीच जिस प्रकार सच्ची अनुभूति

2. द्वारा प्रेरित साहसी और स्वार्थी भी बहुत मिलते हैं

3. से प्रेरित उच्च आशय और गम्भीर पुरुष

4. पाए जाते हैं उसी प्रकार तुच्छ मनोवृत्तियाँ

A. 1, 2, 4, 3      B. 3, 2, 1, 4

C. 3, 1, 2, 4      D. 1, 3, 4, 2

**25.** 1. करना कि हमारा सामाजिक जीवन

2. हमारा उद्देश्य होगा, जीवन के हर सांस्कृतिक पहलू का इस प्रकार विकास

3. पुनर्गठित हो और वह सौन्दर्य एवं आनन्द को पूर्ण रूप से प्राप्त कर सके

4. स्वतंत्रता, समता और मानवता के आधार पर

   A. 4, 2, 1, 3       B. 2, 1, 4, 3

   C. 2, 1, 3, 4       D. 4, 2, 3, 1

26. 1. अर्थ देने वाले भाग

2. सार्वभौम रचनात्मकता को पहचानने वाले कला समीक्षक कहलाते हैं

3. मिथकीय आवरणों को हटा उसे तथ्यानुयायी

4. मनोवैज्ञानिक कहलाते हैं और आवरणों की

   A. 1, 2, 4, 3       B. 3, 2, 4, 1

   C. 3, 1, 4, 2       D. 1, 3, 4, 2

27. 1. प्रकृति स्वयं उस शक्ति का निर्माण करती है, जो

2. नाना प्रकार के दाहक और पाचक रसों के रूप में

3. वैसे देखा जाए तो उदर के भीतर कोई अग्नि की ज्वाला नहीं है, किन्तु

4. नाना भाँति के खाद्य पदार्थों अर्थात् भोज्य को पचा सकती है

   A. 2, 1, 4, 3       B. 3, 2, 1, 4

   C. 1, 2, 4, 3       D. 3, 1, 2, 4

28. 1. सन्त लोग चिल्लाकर थक गए कि

2. म्यान के मोलभाव से बाजार गर्म है

3. मगर तलवार बंद ही रह गई

4. 'मोल करो तलवार का पड़ा रहने दो म्यान'

   A. 1, 3, 4, 2       B. 1, 4, 2, 3

   C. 1, 4, 3, 2       D. 4, 1, 3, 2

29. 1. धर्म और उदारता के उच्च

2. ही एक ऐसा दिव्य आनंद भरा रहता है कि

3. कर्मों के विधान में

4. कर्त्ता को वे कर्म के ही फलस्वरूप लगते हैं

   A. 3, 2, 1, 4       B. 1, 3, 2, 4

   C. 1, 4, 3, 2       D. 3, 4, 2, 1

30. 1. सूर्य भगवान की अविश्राम तप्त किरणें, लू की सन्नाटा

2. शुष्क होते हुए मंद प्रवाह धरणी तल पर की अविरल शून्यता, विचित्र प्रभाव उत्पन्न करती है

3. निदाध कुसुमावतीपूरित वृक्षों का मुरझाना, नदी का

4. मारते हुए झपट, तेजपूरित उष्णता

   A. 3, 2, 1, 4       B. 3, 2, 4, 1

   C. 1, 4, 3, 2       D. 1, 4, 2, 3

## उत्तरमाला

| 1 | 2 | 3 | 4 | 5 | 6 | 7 | 8 | 9 | 10 |
|---|---|---|---|---|---|---|---|---|----|
| C | A | D | B | A | C | D | C | B | B |

| 11 | 12 | 13 | 14 | 15 | 16 | 17 | 18 | 19 | 20 |
|----|----|----|----|----|----|----|----|----|----|
| D | A | B | C | D | B | C | A | D | C |

| 21 | 22 | 23 | 24 | 25 | 26 | 27 | 28 | 29 | 30 |
|----|----|----|----|----|----|----|----|----|----|
| A | D | C | D | B | C | D | C | B | C |

# शुद्ध वाक्य की पहचान



**निर्देशः** *निम्नलिखित में शुद्ध वाक्य का चयन कीजिए।*

1. A. हेम नरेश की पुस्तक दी
   B. हेम ने नरेश को पुस्तक दी
   C. हेम नरेश का पुस्तक देगा
   D. हेम ने नरेश का पुस्तक दिया

2. A. मन्त्री ड्राइवर से कार चलवाता है
   B. मन्त्री ड्राइवर की कार चलवाता है
   C. मन्त्री ड्राइवर के लिए कार चलवाता है
   D. मन्त्री ड्राइवर पर कार चलवाता है

3. A. जीवन और साहित्य का धोर सम्बन्ध है
   B. जीवन और साहित्य का निकट सम्बन्ध है
   C. जीवन और साहित्य का घनिष्ठ सम्बन्ध है
   D. जीवन और साहित्य का गहरा सम्बन्ध है

4. A. सूर्य पश्चिम को अस्त होता है
   B. मुझे विद्यालय जाना है
   C. मैं तो आप के ऊपर निर्भर हूँ
   D. लड़ाई में लोगों ने खूब कमाया

5. A. यह अध्यापक बहुत श्रेष्ठ पढ़ाता है
   B. आज गोपाल उसके अपने काम से शहर गया
   C. यह गाय बहुत प्यासी है
   D. मानव ईश्वर की सबसे उत्कृष्टतम कृति है

6. A. रमेश के अन्दर बहुत विद्वता है
   B. रमा विदुषी महिला है
   C. सभी श्रेणियों के लोग वहाँ उपस्थित थे
   D. धन्यवाद देता हूँ मैं उन्हें

7. A. आवश्यकता आविष्कार की जननी है
   B. आविष्कार की जननी आवश्यकता है
   C. आविष्कार आवश्यकता की जननी है
   D. जननी है आविष्कार की आवश्यकता

8. A. मैं आपसे कुछ नहीं कह सकता हूँ
   B. कुछ हीं कह सकता हूँ मैं आपसे
   C. आपसे मैं कुछ नहीं कह सकता हूँ
   D. आपको मैं कुछ नहीं कह सकता हूँ

9. A. गंगा का उद्गम स्थल गंगोत्री में है
   B. गंगा का उद्गम स्थल गंगोत्री पर है
   C. गंगा का उद्गम स्थल गंगोत्री से है
   D. गंगा का उद्गम स्थल गंगोत्री है

10. A. मुझे आज की बैठक का समाचार नहीं था
    B. मैंने अभी लखनऊ जाना है
    C. पाप को डरो, पानी से नहीं
    D. एक कप चाय मुझे भी देना

11. A. विष्णु के अनेकों नाम हैं
    B. कन्या पराया धन होती है
    C. वह पढ़ता-पढ़ता सो गया
    D. मैं रोज गाने की कसरत करता हूँ

12. A. आज हमारी सौभाग्यवती कन्या का विवाह है
    B. उसने गीत की दो-चार लड़ियाँ ही सुनाई

C. देखो, कहीं उसकी नींद न खुल जाए

D. यह कार्य आप पर निर्भर करता है

13. A. मैं बता तुझको दूँगा

B. मैं तुम्हें बता दूँगा

C. मैं तुझको बता दूँगा

D. सभी वाक्य सही हैं

14. A. पेड़ पर कोयलें बोल रही थीं

B. पेड़ पर कोयल बोल रही थी

C. पेड़ों पर कोयल थी

D. सभी वाक्य सही हैं

15. A. मुझे बहुत दुःख हुआ

B. मुझे दुःखी हुआ

C. मुझे ज्यादा दुःख हुआ

D. सभी वाक्य सही हैं

16. A. वह एकदम उत्तीर्ण हो गया

B. वह उत्तीर्ण हो गया

C. वह एकदम पास हो गया

D. सभी वाक्य सही हैं

17. A. एक गीतों की पुस्तक ला दो

B. गीतों की एक पुस्तक ला दो

C. पुस्तक एक गीतों की ला दो

D. पुस्तक गीतों की एक ला दो

18. A. बन्दर को काटकर चाकू से फल खिला दो

B. चाकू से बन्दर को काटकर फल खिला दो

C. चाकू से फल काटकर बन्दर को खिला दो

D. फल काटकर चाकू से बन्दर को खिला दो

19. A. बाघ और बकरी एक घाट पर पानी पीती हैं

B. बाघ और बकरी एक घाट पर पानी पीते हैं

C. यह मेरा पुस्तक है

D. सीता ने रोटी खाया

20. A. मैं गाने की कसरत कर रहा हूँ

B. मैं गाने का अभ्यास कर रहा हूँ

C. मैं गाने का शौक कर रहा हूँ

D. मैं गाने का व्यायाम कर रहा हूँ

21. A. उसकी अवस्था चालीस वर्ष की है

B. उसकी आयु चालीस वर्ष की है

C. उसका बात मत करो

D. आपका पत्र सधन्यवाद मिला

22. A. मैं जाते-जाते रुक गया

B. मैं जा रहा था पर रुक गया

C. मैं जा रहा था और रुक गया

D. अचानक जाते-जाते रुक गया

23. A. उसे जाने दो, रोको मत

B. रोको मत, उसे जाने दो

C. मत रोको, उसे जाने दो

D. उसे जाने ही दो, रोको नहीं

24. A. रात दस बजे गाड़ी आएगी

B. दस बजे रात में गाड़ी आएगी

C. रात में दस बजे गाड़ी आएगी

D. गाड़ी रात में दस बजे आएगी

25. A. रामचन्द्रजी को दशरथ ने चौदह वर्ष का वनवास दिया

B. दशरथ ने राम को चौदह वर्षों के लिए वनवास दिया

C. चौदह वर्षों का वनवास दशरथ ने राम को दिया

D. दशरथ ने राम को चौदह वर्षों का वनवास दिया

**26.** A. सम्भवतः कल तक वर्षा हो जाएगी
  B. सम्भवतः कल तक अवश्य वर्षा हो जाएगी
  C. कल तक निश्चित रूप से वर्षा होने की संभावना है
  D. सम्भावना है कि कल तक निश्चय ही वर्षा होगी

**27.** A. हिन्दी के विकास के मुख्य तीन काल हैं, केवल
  B. हिन्दी के विकास के तीन ही मुख्य काल हैं
  C. तीन मुख्य काल हिन्दी के विकास के हैं
  D. हिन्दी के विकास के तीन काल मुख्य हैं

**28.** छात्र द्वारा अवकाश के प्रार्थना-पत्र के अन्त में लिखा जाना चाहिए
  A. आपका शिष्य
  B. आपका आज्ञाकारी शिष्य
  C. आपका छात्र
  D. आपका स्नेही

**29.** A. जो जैसा कभी बोता है वैसा काटता है
  B. वह जैसा कभी बोएगा है वैसा काटेगा
  C. जो जैसा बोएगा वैसा ही काटेगा
  D. जिसने जब जैसा बोया उसने तब वैसा काटा

**30.** A. मेरे को घर जाना चाहिए
  B. मैंने घर जाना चाहिए
  C. मुझे घर जाना चाहिए
  D. मुझको घर को जाना चाहिए

**31.** प्रत्येक व्यक्ति कविता नहीं कर सकते
  A. प्रत्येक व्यक्ति कविता कर सकते हैं
  B. प्रत्येक व्यक्ति कविता नहीं कर सकते हैं
  C. प्रत्येक व्यक्ति कविता नहीं कर सकता
  D. हर व्यक्ति कविता कर सकते हैं

**32.** A. हमारे यहाँ तरुण नवयुवकों को काम सिखाया जाता है
  B. पंडित जी की मृत्यु का हमें खेद है
  C. यही नहीं, बल्कि वे वहाँ से चले भी आए
  D. मुझसे यह काम सम्भव नहीं हो सकता

**33.** A. वहाँ भारी-भरकम भीड़ जमा थी
  B. जो धन का भूखा है, वह साधु नहीं है
  C. मुझे इस अधिवेशन का समाचार नहीं मिला था
  D. मेरी कविता मुद्रित हो रही है

**34.** A. देश सदा महात्मा गांधी का ऋणी रहेगा
  B. महात्मा गांधी का देश सदा ऋणी रहेगा
  C. महात्मा गांधी का सदा देश ऋणी रहेगा
  D. देश महात्मा गांधी का सदा ऋणी रहेगा

**35.** A. परिवर्तन का यह अर्थ नहीं कि कदापि अतीत की सर्वथा उपेक्षा की जाए
  B. परिवर्तन का अर्थ यह कदापि नहीं कि अतीत की सर्वथा उपेक्षा की जाए
  C. परिवर्तन का अर्थ यह कदापि नहीं कि अतीत की सर्वथा अपेक्षा की जाए
  D. परिवर्तन का यह अर्थ कदापि नहीं कि अतीत की सर्वथा उपेक्षा की जाए

**36.** A. जानते हैं किसी को कि इस बात को सताया न जाए
  B. जानते हैं इस बात को किसी को सताया न जाए
  C. इस बात को जानते हैं किसी को कि सताया नहीं जाए
  D. इस बात को जानते हैं कि किसी को सताया न जाए

**37.** A. सीटी की आवाज जिधर से आ रही थी मैं उधर ही दौड़ पड़ा

B. बस सीटी की आवाज जिधर से आ रही थी मैं उधर ही दौड़ पड़ा

C. सीटी की आवाज जिधर से आ रही थी बस उधर ही मैं दौड़ पड़ा

D. जिधर से सीटी की आवाज आ रही थी मैं उधर ही दौड़ पड़ा

**38.** A. अधिकारियों ने कागजात का निरीक्षण किया

B. अधिकारियों ने कागजात का परीक्षण किया

C. अधिकारियों ने कागजात की जाँच की

D. अधिकारियों ने कागजात का अन्वेषण किया

**39.** A. भारत में अनेकों जातियाँ हैं

B. भारत में अनेक जातियाँ हैं

C. भारत में अनेकों जाति हैं

D. भारत में अनेक जाति हैं

**40.** A. वह दण्ड देने योग्य है

B. वह दण्ड के योग्य है

C. वह दण्ड लेने योग्य है

D. वह दण्ड पाने योग्य है

**41.** A. फल बच्चे को काटकर खिलाओ

B. बच्चे को काटकर फल खिलाओ

C. बच्चे को फल काटकर खिलाओ

D. काटकर फल बच्चे को खिलाओ

**42.** A. उसे अनुत्तीर्ण होने की आशा है

B. उसे अनुत्तीर्ण होने की आशंका है

C. उसे अनुत्तीर्ण होने का शक है

D. उसे अनुत्तीर्ण होने का संशय है

**43.** A. कल पाठ पढ़कर आइए

B. पाठ पढ़कर कल आएं

C. पाठ पढ़कर आइए कल

D. कल पाठ पढ़कर आइए

**44.** A. जो मिठाई पसन्द हों आप खा लो

B. जो मिठाई पसन्द हो तुम खा लो

C. जो मिठाइयाँ पसन्द हों तुम खा लो

D. जो मिठाइयाँ पसन्द हों उन्हें आप खाइए

**45.** A. हम बचपन मं वहाँ जाएंगे

B. हम बचपन में वहाँ जाते रहे हैं

C. मैं बचपन से वहाँ जाता रहा हूँ

D. मैं बचपन में वहाँ जाऊँगा

## उत्तरमाला

| 1 | 2 | 3 | 4 | 5 | 6 | 7 | 8 | 9 | 10 |
|---|---|---|---|---|---|---|---|---|---|
| B | A | C | B | C | B | A | A | D | D |

| 11 | 12 | 13 | 14 | 15 | 16 | 17 | 18 | 19 | 20 |
|---|---|---|---|---|---|---|---|---|---|
| B | C | C | B | A | B | B | C | B | B |

| 21 | 22 | 23 | 24 | 25 | 26 | 27 | 28 | 29 | 30 |
|---|---|---|---|---|---|---|---|---|---|
| A | A | B | A | D | A | A | B | C | C |

| 31 | 32 | 33 | 34 | 35 | 36 | 37 | 38 | 39 | 40 |
|---|---|---|---|---|---|---|---|---|---|
| C | D | D | A | D | D | D | C | B | B |

| 41 | 42 | 43 | 44 | 45 |
|---|---|---|---|---|
| C | B | B | D | C |

# रिक्त स्थानों के लिए उचित शब्द का चयन



**निर्देशः** *निम्नलिखित वाक्यों में रिक्त स्थान की पूर्ति के लिए दिए हुए शब्दों में से सबसे उपयुक्त शब्द चुनिए और अपनी उत्तर पुस्तिका में सही उत्तर अंकित कीजिए।*

1. अदालतों में न्याय पाना बड़ा ...... हो गया है।
   A. खर्चीला      B. सरल
   C. कठिन        D. असम्भव

2. समाचार पत्रों में भी अब ...... समाचार कम छपते हैं।
   A. धार्मिक        B. जनहित के
   C. अपराधियों के   D. अमीरों के

3. अब नेताओं की सभा में उनके...... की ही भीड़ अधिक होती है।
   A. बन्धुओं       B. साथियों
   C. चमचों        D. बुजुर्गों

4. मंदिरों में पुजारी केवल..... ही देखते हैं।
   A. चढ़ावा        B. फूलमाला
   C. भक्ति         D. कपड़े

5. शिक्षा संस्थाओं में अध्यापकों का ध्यान प्रायः अपने ...... पर ही रहता है।
   A. छात्रों        B. विषय
   C. वेतन         D. सौन्दर्य

6. न जाने आज गाय का ...... दूध क्यों फट गया।
   A. कुछ          B. बहुत
   C. सारा         D. थोड़ा

7. कितने मन के ...... ढहे तब खड़ी हुई यह मधुशाला।
   A. शहर          B. गाँव
   C. भूखंड        D. महल

8. सखि पतंगा तो ...... ही है दीपक भी जलता है।
   A. मरता         B. जीता
   C. जलता        D. उड़ता

9. कश्मीर की समस्या अब शीघ्र ...... योग्य हो गई है।
   A. विचारने       B. समाधान
   C. सुधारने       D. हटाने

10. संस्कृत एक ...... भाषा के रूप में मानी जाती है।
    A. देव          B. मृत
    C. प्राचीन       D. श्रेष्ठ

11. राष्ट्रपति ने लोक सभा ...... कर दी।
    A. भँग          B. खत्म
    C. समाप्त       D. स्थगित

12. देश की ...... बनाए रखना हमारा प्रथम दायित्व है।
    A. व्यवस्था       B. एकता
    C. सरकार        D. आजादी

13. धैर्यवान व्यक्ति विपत्ति में भी ...... नहीं होता।
    A. दुःखी         B. चलायमान
    C. अधीर         D. विचलित

**14.** दीन-दुःखी की सहायता करना ही मानव का ...... होना चाहिए।

    A. कर्म            B. धर्म

    C. फर्ज           D. आभूषण

**15.** लोकतंत्र की सफलता के लिए जनता को ...... होना चाहिए।

    A. शिक्षित       B. अनुशासित

    C. जागृत        D. सभ्य

**16.** सभी धर्मों में ...... धर्म श्रेष्ठ है।

    A. मानव        B. हिन्दू

    C. विश्व बंधुत्व     D. भातृत्व

**17.** ...सबका भला चाहने वाला होता है

    A. नेता          B. संत

    C. समाज-सेवी     D. गुरु

**18.** हाथ से लिखी पुस्तक को ...कहते हैं।

    A. हस्तलिखित     B. हस्तलेखन

    C. पाण्डुलिपि     D. आलेख

**19.** वस्तुतः ...... मनुष्य वही है जो मानवता का आदर करता है।

    A. सच्चा        B. सम्पूर्ण

    C. चरित्रवान     D. यथार्थ

**20.** आणविक भट्टियाँ असीमित शक्ति का ...... हैं।

    A. साधन        B. स्रोत

    C. उपकरण     D. माध्यम

**21.** जैसे-जैसे अंधेरा ...... हमें आगे बढ़ने में कठिनाई होने लगी।

    A. निकलता गया   B. चढ़ता गया

    C. फैलता गया     D. आता गया

**22.** आपका उपकार जीवन ...... याद होगा।

    A. तक          B. से लेकर

    C. भर          D. के अन्दर

**23.** आप गेंद को जितनी ताकत से जमीन पर दे मारेंगे वह उतनी ही ऊँची ...... ।

    A. झपटेगी       B. आयेगी

    C. निकलेगी     D. उछलेगी

**24.** आज मानव पूजास्थलों का अपनी राजनीतिक स्वार्थ-सिद्धि के लिए ...... कर रहा है।

    A. सदुपयोग     B. सुप्रयोग

    C. बल प्रयोग     D. दुरुपयोग

**25.** मदिरापान मानव के विवेक को ...... कर देता है।

    A. उन्नत        B. जागृत

    C. कुंठित       D. उत्कृष्ठ

**26.** जिन लोगों की करनी-कथनी में अंतर है, वे जीवन में कभी ...... नहीं पाते।

    A. यश          B. सम्मान

    C. महत्व        D. उन्नति

**27.** जुआ खेलना सबसे बड़ा ...... है।

    A. पाप          B. दुर्व्यसन

    C. लत          D. अपराध

**28.** स्वाभिमान मनुष्य का अमूल्य ...... है।

    A. संपत्ति       B. पूंजी

    C. कोष         D. धन

**29.** अंधे को क्या चाहिए ...... ।

    A. रोटी-कपड़ा     B. मकान

    C. दो आँखें     D. दो रोटियाँ

**30.** चाटुकारिता आज के मानव की सफलता का सबसे घटिया ...... है।

    A. अस्त्र        B. शस्त्र

    C. बल          D. साधन

**31.** गीता भक्ति, ...... और कर्म का संदेश देती है।

A. भोग      B. ज्ञान
C. वियोग      D. संयोग

**32.** ...... मृत्यु से बढ़कर है।
A. कीर्ति      B. अपकीर्ति
C. मोह      D. अहंकार

**33.** माता-पिता की सेवा करना मानव का ...... है।
A. श्रम      B. भ्रम
C. धर्म      D. कर्म

**34.** हमारी शिक्षा प्रणाली में खेलों की स्थिति ...... है।
A. स्मरणीय      B. शोचनीय
C. विचारणीय      D. अकथनीय

**35.** आजकल के राजनेता अपने कर्त्तव्यों से ...... हैं।
A. उदास      B. विमुख
C. पीड़ित      D. संलिप्त

**36.** कई दिन वहां रहने पर मुझे साध्वी की ...... के बारे में बहुत कुछ मालूम हो गया।
A. परिचर्या      B. दिनचर्या
C. परिचर्चा      D. परिक्रमा

**37.** प्रातःकाल उसके आश्रम से निरन्तर आती हुई तुलसीदास के भजनों की स्वर लहरी मेरी सोई हुई आत्मा को ...... कर देती थी।
A. विचलित      B. चंचल
C. उदास      D. जागृत्

**38.** कितने दिनों से मैं रेल-पेल व भागमभाग से ...... वातावरण से दूर जाने की बात सोच रहा था।
A. अचेत      B. संलग्न
C. दूषित      D. प्रभावित

**39.** इस युग में भविष्य के प्रति ...... बनी रहती है।
A. आशा      B. हताशा
C. आशंका      D. निश्चिन्तता

**40.** हमें जल्दी निर्णय लेने से रोकती रहती है फिर भी भीड़ से दूर निकलने की बलवती ...... किसके मन में रह-रह कर नहीं जाग उठती है?
A. लालसा      B. तृष्णा
C. इच्छा      D. उत्सुकता

## उत्तरमाला

| 1 | 2 | 3 | 4 | 5 | 6 | 7 | 8 | 9 | 10 |
|---|---|---|---|---|---|---|---|---|----|
| C | B | C | A | C | C | D | C | B | C |

| 11 | 12 | 13 | 14 | 15 | 16 | 17 | 18 | 19 | 20 |
|----|----|----|----|----|----|----|----|----|----|
| A | B | D | B | A | A | B | B | A | D |

| 21 | 22 | 23 | 24 | 25 | 26 | 27 | 28 | 29 | 30 |
|----|----|----|----|----|----|----|----|----|----|
| C | C | D | D | C | B | B | D | C | D |

| 31 | 32 | 33 | 34 | 35 | 36 | 37 | 38 | 39 | 40 |
|----|----|----|----|----|----|----|----|----|----|
| B | B | C | B | B | B | D | D | C | C |

# समानार्थक शब्द



**परिचय :**

हिंदी भाषा में भी अन्य भाषाओं की तरह शब्दों का संसार अर्थ व प्रयोग की दृष्टि से अत्यन्त विलक्षण है। देखने व सुनने में सदृश होते हुए भी उनका अर्थ बिल्कुल ही भिन्न होता है।

**निर्देशः** *निम्नलिखित शब्दों के आगे चार-चार शब्द दिए गए हैं। इनमें से उचित समानार्थक पर्याय चुनकर चिह्नित करें।*

1. वक्त्र
   - A. कपोल
   - B. सिर
   - C. मुख
   - D. नेत्र

2. ब्रह्मा
   - A. देवता
   - B. प्राचीन
   - C. विधाता
   - D. अनादि

3. सरस्वती
   - A. वाणी
   - B. विद्या
   - C. बुद्धि
   - D. सरोवर

4. समीर
   - A. अग्नि
   - B. पानी
   - C. हवा
   - D. ठंडा

5. दिन
   - A. घाम
   - B. दिवस
   - C. प्रकाश
   - D. सफेद

6. मोक्ष
   - A. निर्वाण
   - B. मूँछ
   - C. प्रस्थान
   - D. स्वर्ग

7. गंगा
   - A. नदी
   - B. धारा
   - C. मंदाकिनी
   - D. सूर्यपुत्री

8. सूर्य
   - A. मार्त्तण्ड
   - B. देवता
   - C. किरण
   - D. प्रकाश

9. लक्ष्मी
   - A. पद्मा
   - B. सुन्दरी
   - C. बड़ी
   - D. माता

10. वृक्ष
    - A. आम
    - B. पादप
    - C. बाग
    - D. घास

11. वलय
    - A. वृक्ष की छाल
    - B. मृग छाल
    - C. घेरा
    - D. आवरण

12. सम्पुट
    - A. मिश्रण
    - B. बंधी हुई अंजलि
    - C. पिटारी
    - D. मन्जूषा

13. प्रभंजन
    - A. अंजन
    - B. तोड़-फोड़
    - C. खण्ड-खण्ड
    - D. तेज वायु

14. पुष्कल
    - A. जायफल
    - B. पुण्यफल
    - C. बहुत-सा
    - D. हरा-भरा

15. प्रत्यागमन
    - A. परिक्रमा करना
    - B. प्रतिरोध करना
    - C. बार-बार आना
    - D. वापस आना

16. परिवाद
    - A. विवाद
    - B. सम्वाद
    - C. निन्दा
    - D. परिवारवाद

17. शबनम
    A. शीत  B. ओस
    C. पाला  D. कोहरा

18. नैसर्गिक
    A. प्राकृतिक  B. स्वर्गिक
    C. पारस्परिक  D. स्वर्णिम

19. अस्मिता
    A. आत्म प्रशंसा  B. अहंता
    C. स्वार्थ  D. स्वाभिमान

20. अतीत
    A. आने वाला  B. बीता हुआ
    C. आगम  D. आरम्भ

21. प्रष्टव्य
    A. पाने योग्य  B. पूजने योग्य
    C. देखने योग्य  D. पूछने योग्य

22. आजीवन
    A. जीवन-भर  B. मरण तक
    C. असीम  D. आज-कल

23. आन्दोलन
    A. आरोहण  B. उद्वेलन
    C. अभियान  D. उच्छलन

24. अनुज्ञा
    A. अजा  B. अवज्ञा
    C. प्रज्ञा  D. अनुमति

25. तूणीर
    A. असंग  B. निषंग
    C. उत्संग  D. निःसंग

26. फिजूल खर्ची
    A. अव्यय  B. मितव्यय
    C. परिव्यय  D. अपव्यय

27. कमल
    A. पारिजात  B. रजनी
    C. विभावरी  D. भामिनी

28. कलानिधि
    A. नीर  B. हिमांशु
    C. अम्बु  D. आगार

29. तुंग
    A. उन्नत  B. प्रचण्ड
    C. नारियल  D. पुन्नाग

**निर्देश :** *नीचे प्रत्येक शब्द समूह में चार-चार शब्द दिए गए हैं। इनमें से तीन के अर्थ समान हैं। एक शब्द बेमेल है। बेमेल शब्द का चयन करें।*

30. A. अमृत  B. पीयूष
    C. सुधा  D. लोचन

31. A. समझ  B. बुद्धि
    C. सोम  D. अक्ल

32. A. जानशीन  B. राजगद्दी
    C. तख्त  D. सिंहासन

33. A. आत्मजा  B. सुता
    C. सूनू  D. मेदिनी

34. A. अमर  B. अमर्त्य
    C. वेदना  D. दिव्य

35. A. शकुन  B. सरित
    C. शकुन्त  D. पतंग

36. A. मेरू  B. आर्या
    C. उमा  D. रुद्राणी

37. A. भूसुर  B. महीसुर
    C. विप्र  D. भूरि

38. A. तड़ाग  B. पुष्करिणी
    C. सर  D. मयंक

39. A. अक्षि  B. कृशानु
    C. रोहिताश्र  D. वायुसखा

40. A. अंधा  B. प्रारब्ध
    C. भाग्य  D. नसीब

41. A. क्रोध  B. नयन
    C. चक्षु  D. नेत्र

| | | |
|---|---|---|
| **42.** A. व्योम | B. नभ | |
| C. अम्बर | D. नरभि | |
| **43.** A. इन्द्र | B. सुरेश | |
| C. धनाधिप | D. सुरेन्द्र | |
| **44.** A. सरस्वती | B. वाचा | |
| C. धनद | D. शारदा | |
| **45.** A. आतुरता | B. आकुलता | |
| C. भार्या | D. उत्सुकता | |
| **46.** A. सारंग | B. शिखी | |
| C. विशिख | D. मयूर | |
| **47.** A. तुरंग | B. मृगेन्द्र | |
| C. मृगराज | D. व्याघ्र | |
| **48.** A. पावक | B. अनिल | |
| C. अनल | D. कृशानु | |
| **49.** A. गौतमी | B. अहिल्या | |
| C. व्योम | D. दुर्गा | |
| **50.** A. गोपाल | | |
| B. श्रीकृष्ण | | |
| C. अथर्ववेद का ब्राह्मण | | |
| D. ग्वाला | | |

| | | |
|---|---|---|
| **51.** A. सुमन | B. कुसुम | |
| C. चमन | D. पुष्प | |
| **52.** A. गुलामी | B. गुलशन | |
| C. दासत्व | D. परतंत्रता | |
| **53.** A. सीमा | B. सागर | |
| C. पारावार | D. जलधि | |
| **54.** A. दोष | B. परिवाद | |
| C. निन्दा | D. बुराई | |
| **55.** A. अन्याय | B. धांधली | |
| C. परायण | D. अन्धेर | |
| **56.** A. तख्त | B. राजगद्दी | |
| C. सिंहासन | D. जानशीन | |
| **57.** A. वित्त | B. धन | |
| C. विरति | D. भत्ता | |
| **58.** A. आभूषण | B. नागर | |
| C. जेवर | D. अलंकार | |
| **59.** A. सौरभ | B. जलज | |
| C. पंकज | D. कंज | |
| **60.** A. सज्जन | B. सत्कार | |
| C. सद्भावना | D. सजीव | |

## उत्तरमाला

| 1 | 2 | 3 | 4 | 5 | 6 | 7 | 8 | 9 | 10 |
|---|---|---|---|---|---|---|---|---|---|
| C | C | A | C | B | A | C | A | A | B |

| 11 | 12 | 13 | 14 | 15 | 16 | 17 | 18 | 19 | 20 |
|---|---|---|---|---|---|---|---|---|---|
| C | B | D | C | D | C | B | A | B | B |

| 21 | 22 | 23 | 24 | 25 | 26 | 27 | 28 | 29 | 30 |
|---|---|---|---|---|---|---|---|---|---|
| D | A | C | D | B | D | A | B | A | D |

| 31 | 32 | 33 | 34 | 35 | 36 | 37 | 38 | 39 | 40 |
|---|---|---|---|---|---|---|---|---|---|
| C | A | D | C | B | A | D | D | A | A |

| 41 | 42 | 43 | 44 | 45 | 46 | 47 | 48 | 49 | 50 |
|---|---|---|---|---|---|---|---|---|---|
| A | D | C | C | C | C | A | B | C | D |

| 51 | 52 | 53 | 54 | 55 | 56 | 57 | 58 | 59 | 60 |
|---|---|---|---|---|---|---|---|---|---|
| C | B | A | B | C | D | C | B | D | D |

# अनेक शब्दों के लिए एक शब्द

**परिचयः**

अनेक शब्दों के लिए एक सार्थक शब्द के प्रयोग से कथन अत्यन्त प्रभावशाली व रोचक हो जाता है। वाक्यों में ऐसे शब्दों का प्रयोग करने से जहाँ बहुत सारी बातों को बहुत कम वाक्यों के द्वारा व्यक्त किया जा सकता है वहीं दूसरी ओर जगह और समय की भी बचत होती है अर्थात् ऐसे शब्दों के प्रयोग को गागर में सागर भरने की बात कही जाए तो कोई अतिशयोक्ति नहीं होगी। अनेक शब्दों के लिए एक शब्द का निर्माण समास बनाकर अथवा उपसर्ग या प्रत्यय जोड़कर किया जाता है। संक्षेपण की कला को विकसित करने में इसका विशेष महत्व है।

**निर्देश :** *नीचे दिए गए प्रत्येक वाक्यांश के लिए एक शब्द दीजिए इसके लिए चार-चार विकल्प दिए गए हैं। उचित विकल्प का चुनाव कीजिए।*

1. जो लौकिक न हो
   A. पारलौकिक      B. इहलौकिक
   C. अलौकिक        D. ऐहिक

2. वह स्थान जहाँ पृथ्वी और आकाश मिलते हुए से दिखाई पड़ते हैं
   A. क्षितिज         B. सरसिज
   C. अन्तरिक्ष       D. नीहारिका

3. जो पुरुषों के अनुरूप हो
   A. पुरुषोचित       B. पौरुषेय
   C. पौरुष          D. पुरुष

4. जो ऊपर से मिलाया गया हो
   A. प्रक्षिप्त        B. विक्षिप्त
   C. संक्षिप्त        D. विलुप्त

5. किसी कथा के अन्तर्गत आने वाली कोई अन्य कथा
   A. दृष्टांत         B. अन्तर्कथा
   C. अंतःकथा        D. अंतर्दृष्टांत

6. गुरु के समीप रहने वाला विद्यार्थी
   A. अंतेवासी        B. बटुक
   C. ब्रह्मचारी       D. शिष्य

7. हाथी की पीठ पर रखी जाने वाली चौकी
   A. मचान          B. हौदा
   C. तख्त           D. गद्दी

8. फाल्गुन की पूर्णिमा को होने वाला हिंदुओं का प्रसिद्ध त्यौहार
   A. गुरु पूर्णिमा     B. वसंतोत्सव
   C. दीपावली        D. होली

9. यज्ञ में आहुति देने वाला
   A. पुरोहित         B. हवि
   C. होता           D. समिधा

10. फेंककर चलाया जाने वाला हथियार
    A. वाण           B. शस्त्र
    C. अस्त्र          D. वर्म

11. काम से जी चुराने वाला
    A. कामचोर        B. बेकार
    C. आलसी          D. निकम्मा

12. किसी बात को करने का निश्चय
    A. विकल्प         B. संकल्प
    C. कल्प           D. अत्यल्प

13. जिस बीमारी का ठीक होना सम्भव न हो
    A. असाध्य         B. विकट
    C. भयानक         D. घातक

**14.** जिस पर विजय प्राप्त कर ली गई हो
   A. आक्रान्त       B. अजेय
   C. विजित        D. पराजित

**15.** सूर्य के उदय होने का स्थान
   A. उदयाचल      B. सूर्यादय
   C. प्रभात स्थान    D. गंधमादन

**16.** जो कहा न जा सके
   A. अकथित       B. अकथनीय
   C. अकथ्य        D. नामुमकिन

**17.** जिसे बहुत बातें करनी आती हों
   A. वाचाल        B. गम्भीर
   C. समालोचक     D. मुनि

**18.** जो स्त्री के वशीभूत हो
   A. स्त्रीदास       B. गुलाम
   C. स्त्रैण         D. प्रेमी

**19.** जो समान न हो
   A. बराबर        B. जटिल
   C. अविषम      D. विषम

**20.** जिसे पढ़ना-लिखना आता हो
   A. अल्पज्ञानी     B. शिक्षित
   C. बुद्धिजीवी      D. साक्षर

**21.** जो खाना मुफ्त में मिलता हो
   A. भण्डार        B. लंगर
   C. खुराक        D. राशन

**22.** जो अपने कर्तव्य को न जानता हो
   A. अनजान      B. अज्ञानी
   C. किंकर्त्तव्यविमूढ़ D. कर्तव्यहीन

**23.** जो कानून के अनुकूल न हो
   A. अवैध         B. जघन्य
   C. अवध्य        D. आवेग

**24.** कामना पूरी होने का विश्वास
   A. प्रत्याशा       B. दुराशा
   C. विभावना     D. सम्भावना

**25.** परंपरा से प्राप्त होने वाला
   A. लकीर का फकीर
   B. रूढ़ि
   C. प्राचीनकालीन
   D. परंपरागत

**26.** जिसे किसी से लगाव न हो
   A. नश्वर         B. लिप्सु
   C. निर्लिप्त       D. अलगाववादी

**27.** जो कुछ जानने की इच्छा रखता हो
   A. जिज्ञासु       B. जननी
   C. जानकी       D. नीतिज्ञ

**28.** जो बात लोगों से सुनी गई हो
   A. अश्रुति        B. सर्वप्रिय
   C. लोकोक्ति      D. किंवदन्ती

**29.** सबके समानाधिकार पर विश्वास
   A. अधिकारी      B. समाजवाद
   C. प्रगतिवाद     D. अधिकारवाद

**30.** रजोगुण वाला
   A. तामसिक       B. राजसिक
   C. वाचिक        D. सात्विक

**31.** जो आयु में बड़ा हो
   A. गुरु          B. अग्रज
   C. वरिष्ठ        D. सहोदर

**32.** जिस तर्क का कोई जवाब न हो
   A. जोरदार       B. तीखा
   C. सटीक         D. अकाट्य

**33.** जो दूसरों की सहायता की अपेक्षा न करे
   A. आत्मनिर्भर     B. पुरुषार्थ
   C. आत्मविश्वासी   D. स्वाभिमानी

**34.** मर्म का स्पर्श करने या प्रभाव डालने का भाव
   A. मर्मस्पर्शिता    B. मर्मस्पृशी
   C. मर्मान्वेषी      D. मर्मान्वेषण

**35.** जो आँख के समक्ष न हो
   A. अनदेखा       B. परोक्ष
   C. अपरोक्ष       D. अज्ञात

**36.** जिसका इन्द्रियों से अनुमान न हो सके
   A. जितेन्द्रिय       B. अतीन्द्रिय
   C. कालजयी       D. सर्वजयी

**37.** जो किसी नियम का पालन न करे
   A. अभद्र       B. दुष्ट
   C. अनुशासनहीन   D. उच्छृंखल

**38.** जिसको माता-पिता का आश्रय न मिला हो
   A. पराश्रित       B. निराश्रित
   C. अनाथ       D. अकिंचन

**39.** जिस स्त्री का पति जीवित होता है
   A. कामिनी       B. सुभगा
   C. सधवा       D. मधवा

**40.** अनुचित व्यय करने वाला
   A. अतिव्ययी       B. मितव्ययी
   C. दुर्व्ययी       D. अपव्ययी

**41.** जिसके पास कुछ न हो
   A. निर्धन       B. त्यागी
   C. अकिंचन       D. संन्यासी

**42.** जिस पर अभियोग लगाया गया हो
   A. प्रतिवादी       B. अभियोगी
   C. अभियुक्त       D. याची

**43.** मोक्ष प्राप्त करने की इच्छा रखने वाला
   A. मोक्षेसु       B. ममुक्ष

**C. मुमुक्ष       D. मुमुक्षु**

**44.** जिसकी पत्नी मर गई है
   A. विदुर       B. विधवा
   C. विधुर       D. विधाता

**45.** जो किसी धर्म या व्यक्ति में आस्था न रखे
   A. निशान्त       B. धर्मनिरपेक्ष
   C. धर्मभीरू       D. नास्तिक

**46.** किए गए अहसानों को जानने, समझने व मानने वाला
   A. सुविज्ञ       B. कृतज्ञ
   C. कृतघ्न       D. विज्ञ

**47.** वह वस्तु जो छूने लायक न हो
   A. त्याज्य       B. अखाद्य
   C. अदृश्य       D. अस्पृश्य

**48.** एक ही माँ की कोख से जन्मा
   A. सहोदर       B. अग्रज
   C. अनुज       D. साथी

**49.** जो बिना वेतन कार्य करता हो
   A. निःशुल्क       B. अवैतनिक
   C. वैतनिक       D. इनमें से कोई नहीं

**50.** जिसकी स्त्री मर गई हो
   A. पुश्चल       B. जरठ
   C. विधुर       D. विसृत

## उत्तरमाला

| 1 | 2 | 3 | 4 | 5 | 6 | 7 | 8 | 9 | 10 |
|---|---|---|---|---|---|---|---|---|---|
| C | A | A | A | B | A | B | D | C | C |
| 11 | 12 | 13 | 14 | 15 | 16 | 17 | 18 | 19 | 20 |
| A | B | A | C | A | B | A | C | D | D |
| 21 | 22 | 23 | 24 | 25 | 26 | 27 | 28 | 29 | 30 |
| B | A | A | A | D | C | A | D | B | A |
| 31 | 32 | 33 | 34 | 35 | 36 | 37 | 38 | 39 | 40 |
| B | D | C | A | B | B | D | C | C | D |
| 41 | 42 | 43 | 44 | 45 | 46 | 47 | 48 | 49 | 50 |
| C | C | D | C | D | B | D | A | B | C |

# अनेकार्थी शाब्द

**परिचयः**

अनेकार्थी शब्द वे शब्द कहे जाते हैं जिनके अनेक अर्थ होते हैं। हिन्दी भाषा में कई ऐसे शब्द हैं जिनके पूरे अर्थ शब्दकोश देख कर ही जाने जा सकते हैं। सूरदास के पदों में से उनके दृष्टकूटों में प्रयुक्त शब्द अपने अनेकार्थी होने के कारण प्रहेलिका बन जाते हैं किन्तु वे कौतूहलकारी भी हैं। पर्यायवाची शब्द तथा अनेकार्थी शब्दों में अन्तर यह होता है कि एक वस्तु को जब अनेक नामों से पुकारा जाता है तो उसे पर्यायवाची कहा जाता है जैसे—मयंक, शशि, कलाधर, हिमांशु, उडुपति आदि चन्द्रमा के लिए प्रयुक्त हुए हैं, इसलिए ये चन्द्रमा के पर्यायवाची शब्द हैं जबकि अनेकार्थी शब्द उस शब्द को कहा जाता है जब एक ही शब्द अनेक वस्तुओं के लिए अलग-अलग प्रयोग में आता है जैसे द्विजराज, कनक, सारंग आदि। यहाँ द्विजराज का अर्थ ब्राह्मण, चन्द्रमा, गरुड़ आदि है।

अनेकार्थी शब्द जहाँ हमारे ज्ञान में वृद्धि करते हैं वहीं किसी कविता अथवा कथन का आशय समझने में सहायक भी होते हैं। कवियों की पैनी दृष्टि तथा उक्ति को हृदयंगम करने के लिए अनेकार्थी शब्दों का विशेष महत्त्व माना जाता है। हिन्दी भाषा में अनेकार्थी शब्दों का प्रयोग लघु छन्दों, दोहा, सोरठा आदि में विशेष रूप से किया गया है।

**निर्देश :** *इन प्रश्नों में प्रत्येक में चार शब्द दिए गए हैं जिनमें से तीन अनेकार्थी शब्द की श्रेणी में आते हैं। जो शब्द इस श्रेणी में नहीं आता है, वही आपका उत्तर है।*

1. अंक
   - A. गोद
   - B. नाटक का विभाजन
   - C. संख्या
   - D. गणित

2. अर्थ
   - A. पाप
   - B. धन
   - C. आशय
   - D. प्रयोजन

3. आश्रय
   - A. आधार
   - B. मैदान
   - C. सहायता
   - D. तरकश

4. खग
   - A. मन
   - B. तीर
   - C. पक्षी
   - D. आकाश

5. चपला
   - A. लक्ष्मी
   - B. चंचल
   - C. पुष्प
   - D. तड़ित

6. नाग
   - A. साँप
   - B. पर्वत
   - C. जवाहर
   - D. बादल

7. पुर
   - A. गाँव
   - B. घर
   - C. किला
   - D. नगर

8. बक
   - A. बगुला
   - B. ढोंगी
   - C. आँधी
   - D. ठग

9. मृग
   A. कस्तूरी    B. मुर्गा
   C. हरिण    D. चन्द्रमा का कलंक

10. मूल
   A. वंश    B. जड़
   C. औषध    D. पूँजी

11. अक्षर
   A. आत्मा    B. वर्ण
   C. अक्षत    D. स्थिर

12. अक्रूर
   A. मित्र    B. शत्रु
   C. कृष्ण के चाचा    D. विनम्र

13. अचल
   A. पहाड़    B. स्थिर
   C. अटल    D. चंचल

14. अपेक्षा
   A. आशा    B. निराशा
   C. आवश्यकता    D. इच्छा

15. अमूल्य
   A. अनमोल    B. जन
   C. दूध    D. अमर

16. अर्क
   A. सर्प    B. बुध
   C. ताँबा    D. सत्व

17. अधर
   A. अंतरिक्ष
   B. निचला होंठ
   C. धरती और आसमान के मध्य
   D. अब्धि

18. कनक
   A. सोना    B. गेहूँ
   C. धतूरा    D. कमल

19. वर्ण
   A. अक्षर    B. स्वर
   C. जाति    D. रंग

20. शिखी
   A. मोर    B. पर्वत
   C. क्षत्रित    D. अग्नि

21. सारंग
   A. सर्प    B. सिंह
   C. भौंरा    D. वादक

22. अंक
   A. चिह्न    B. लेख
   C. अक्षर    D. प्रकृति

23. अंकुर
   A. आँख    B. कोंपल
   C. गरुड़    D. रक्त

24. अंग
   A. शरीर    B. भेद
   C. गोद    D. प्रकृति

25. अंगज
   A. पुत्र    B. पसीना
   C. जल    D. कामदेव

26. अक्ष
   A. सोहागा    B. शरीर
   C. बछेड़ा    D. गरुड़

27. अज
   A. साँप    B. बकरा
   C. शिव    D. शक्ति

28. अनन्त
   A. असीम    B. शेषनाग
   C. बादल    D. अभ्रक

29. अनी
   A. माया    B. माथा
   C. झुण्ड    D. नाव

**30.** अन्वय
A. संयोग   B. मेल
C. अभ्रक   D. खानदान

**31.** अपेक्षा
A. इच्छा   B. आश्रय
C. अतिथि   D. अनुरोध

**32.** अक्षर
A. सत्य   B. मोक्ष
C. जल   D. आँवला

**33.** अतिथि
A. अभ्यागत   B. मुनि
C. अपरिचित   D. जल

**34.** अधिष्ठान
A. नगर   B. जनपद
C. सहारा   D. नाव

**35.** अन्न
A. अनाज   B. चाँद
C. पृथ्वी   D. प्राण

**36.** अयन
A. सत्य   B. स्थान
C. आश्रम   D. अंश

**37.** अर्क
A. सूर्य   B. रविवार
C. अन्न   D. घोंसला

**38.** अर्थ
A. अभिप्राय   B. काम
C. धन   D. रस

**39.** अर्ह
A. योग्य   B. तुच्छ
C. इन्द्र   D. सोना

**40.** हेम
A. हिम   B. सोना
C. नाग   D. शेर

**41.** अवग्रह
A. अनावृष्टि   B. वेद
C. संधिविच्छेद   D. नीच

**42.** अहि
A. सर्प   B. अग्नि
C. पृथ्वी   D. सूर्य

**43.** अलि
A. कोयल   B. फूल
C. बिच्छू   D. सखी

**44.** अरुण
A. सूर्य   B. कमल
C. अफीम   D. सिंदूर

**45.** अशोक
A. एक वृक्ष का नाम
B. पारा
C. एक सम्राट का नाम
D. अपशकुन

**46.** आकर
A. खजाना   B. भेद
C. श्रेष्ठ   D. गाँव

**47.** आगा
A. अग्र भाग   B. ललाट
C. आँचल   D. कौवा

**48.** आड़
A. ओट   B. वन
C. धूनी   D. बिच्छू का डंक

**49.** आत्मा
A. चित्त   B. बुद्धि
C. कोख   D. अग्नि

**50.** आराम
A. बाग   B. सुख
C. हैरान   D. विश्राम

**51.** आशंसा
A. वासना     B. आशा
C. संदेह     D. प्रशंसा

**52.** आम
A. साधारण     B. आम का फल
C. प्रसिद्ध     D. आदत

**53.** इन्द्र
A. सूर्य     B. बिजली
C. हाथी     D. रात

**54.** इड़ा
A. पृथ्वी     B. गाय
C. वाणी     D. खजाना

**55.** ईश
A. मालिक     B. आगन्तुक
C. राजा     D. शिव

**56.** कंक
A. सफेद चील
B. बकुला
C. यमराज
D. युधिष्ठिर का एक नाम

**57.** कम्
A. जल     B. चाँदी
C. अग्नि     D. मस्तक

**58.** कंचन
A. सोना     B. नाव
C. धतूरा     D. सुन्दर

**59.** कंटक
A. काँटा     B. रोग
C. रोमांच     D. कवच

**60.** कंद
A. बिना रेशे की गूदेदार जड़
B. चीनी
C. मिश्री
D. घास

## उत्तरमाला

| 1 | 2 | 3 | 4 | 5 | 6 | 7 | 8 | 9 | 10 |
|---|---|---|---|---|---|---|---|---|----|
| D | A | D | A | C | D | A | C | B | C |

| 11 | 12 | 13 | 14 | 15 | 16 | 17 | 18 | 19 | 20 |
|----|----|----|----|----|----|----|----|----|----|
| D | B | D | B | A | B | D | D | B | C |

| 21 | 22 | 23 | 24 | 25 | 26 | 27 | 28 | 29 | 30 |
|----|----|----|----|----|----|----|----|----|----|
| D | D | C | C | C | B | A | C | A | C |

| 31 | 32 | 33 | 34 | 35 | 36 | 37 | 38 | 39 | 40 |
|----|----|----|----|----|----|----|----|----|----|
| C | D | D | D | B | A | D | B | B | D |

| 41 | 42 | 43 | 44 | 45 | 46 | 47 | 48 | 49 | 50 |
|----|----|----|----|----|----|----|----|----|----|
| D | B | B | B | D | D | D | B | C | C |

| 51 | 52 | 53 | 54 | 55 | 56 | 57 | 58 | 59 | 60 |
|----|----|----|----|----|----|----|----|----|----|
| A | D | C | D | B | A | B | B | B | D |

# पर्यायवाची शब्द

**परिचय :**

पर्यायवाची शब्द प्रत्येक भाषा के शब्द भण्डार को सूचित करते हैं। कविता अथवा गद्य लेखन में ही नहीं वरन् साधारण बोलचाल में भी एक वस्तु के लिए अथवा एक भाव के लिए प्रसंगानुकूल विविध शब्दों का प्रयोग कथन को जोरदार तथा प्रभावशाली बनाता है। हिंदी एक सशक्त तथा जीवंत भाषा है जिसमें पर्यायवाची शब्दों की विपुलता पायी जाती है। यह भाषा एक विशाल भूखण्ड की भाषा होने के साथ-साथ राजकाज की भी भाषा है। अपनी जननी संस्कृत से इसे अक्षय शब्द भण्डार की उपलब्धि हुई है। इसके अतिरिक्त प्राकृत, पाली, अपभ्रंश, फारसी, तुर्की, अंग्रेजी तथा दक्षिण भारत की भाषाओं से भी इसने यथा अपेक्षित शब्द ग्रहण किए हैं जिसके कारण इस भाषा की शब्द सामर्थ्य काफी बढ़ गई है।

**निर्देश :** *नीचे दिए गए चार विकल्पों में से सही पर्यायवाची शब्द ज्ञात कीजिए।*

1. अनन्त
   - A. विष्णु
   - B. अतिशय
   - C. असंख्य
   - D. आकाश

2. आडम्बर
   - A. ढोंग
   - B. तम्बू
   - C. दर्प
   - D. आवाज

3. कपाल
   - A. अदृष्ट
   - B. खप्पर
   - C. भाग्य
   - D. माथा

4. छंद
   - A. आवरण
   - B. पद
   - C. बंधन
   - D. आचरण

5. ऐश्वर्य
   - A. बड़ाई
   - B. विलास
   - C. सुख
   - D. सम्पदा

6. खर
   - A. रावण
   - B. कुंठित
   - C. गधा
   - D. मूर्ख

7. पक्षी
   - A. नीरज
   - B. नभ
   - C. विहग
   - D. सरसिज

8. कमल
   - A. कुसुम
   - B. पुष्प
   - C. प्रसून
   - D. पुंडरीक

9. चतुरानन
   - A. ब्रह्मा
   - B. इन्द्र
   - C. विष्णु
   - D. देवता

10. जल
    - A. घटा
    - B. नीर
    - C. दिनकर
    - D. सुधाकर

11. अमृत
    - A. सुधा
    - B. कौमुदी
    - C. मन्मथ
    - D. सुधाकर

12. इच्छा
    - A. अमिय
    - B. हर्ष
    - C. आकांक्षा
    - D. रश्मि

13. उद्यान
    - A. धाम
    - B. कुसुमाकर
    - C. आलय
    - D. वाटिका

14. अन्त्य
    - A. समाप्त
    - B. अन्तिम
    - C. नीच
    - D. कुलीन

**15.** घर
   A. सदन        B. उपवन
   C. पंचशर      D. हुताशन

**16.** व्योम
   A. आकाश      B. किरण
   C. अग्नि        D. ब्रह्मा

**17.** कानन
   A. मधुकर      B. पुष्प
   C. विहिप       D. वन

**18.** दास
   A. पादप       B. तात
   C. भृत्य        D. श्रमिक

**निर्देश :** *निम्नलिखित प्रत्येक प्रश्न में पर्यायवाची शब्द के सर्वाधिक उपयुक्त युग्म को चुनिए।*

**19.** अंतरिक्ष
   A. पृथ्वी, आकाश   B. व्योम, आकाश
   C. सुरपथ, सिद्धपथ   D. अनन्त, गगन

**20.** अम्बुज
   A. कमल, शंख     B. कमला, ब्रह्मा
   C. बज्र, बेंत       D. मीन, जलकुंभी

**21.** खल
   A. विश्वासघाती, निर्लज्ज
   B. नीच, दुर्जन
   C. दुष्ट, धोखेबाज
   D. खली, खरल

**22.** तृण
   A. तुच्छ, अल्प    B. घास, पत्ता
   C. तिनका, घास    D. लता, द्रुम

**23.** क्षुद्र
   A. कंजूस, कृपण   B. निर्धन, दरिद्र
   C. अल्प, मामूली   D. नीच, अधम

**24.** उग्र
   A. तीव्र, रौद्र     B. प्रचण्ड, क्रोधी
   C. उत्कट, घोर     D. शिव, सूर्य

**25.** वटोही
   A. वटमार, एकाकी
   B. असहाय, दुर्गम
   C. पथिक, राहगीर
   D. पाथेय, मेघ

**26.** विरद
   A. यश, ख्याति    B. बीज, मूल
   C. वृक्ष, पौधा     D. विरही, वियोगी

**27.** यातु
   A. पथिक, कष्ट   B. काल, हवा
   C. यातना, हिंसा   D. राक्षस, निशाचर

**28.** विभु
   A. सर्वव्यापक, नित्य
   B. ब्रह्म, आत्मा
   C. महान, ईश्वर
   D. चिरस्थायी, दृढ़

**निर्देश :** *निम्नलिखित विकल्पों में से कौन-सा दिए गए शब्द का सही पर्यायवाची नहीं है?*

**29.** देवता
   A. सुर         B. असुर
   C. अमर       D. निर्जर

**30.** तारा
   A. अम्बु       B. तारक
   C. नक्षत्र      D. नखत

**31.** बेटा
   A. पुत्र        B. सुत
   C. आत्मज     D. अग्रज

**32.** मनुष्य
   A. नर         B. महीपाल
   C. मनुज       D. मानव

**33.** गणेश
   A. गणपति     B. गौरीसुत
   C. मतंग       D. गजानन

**34.** अनुरोध
   A. आग्रह      B. विनती
   C. निवेदन     D. याचना

35. द्विज
   A. केश      B. दाँत
   C. ब्राह्मण      D. दो

36. हवा
   A. अनल      B. अनिल
   C. वायु      D. पवन

37. अंकुश
   A. प्रतिबन्ध      B. रोक
   C. अखुआ      D. दबाव

38. अकृत
   A. ईश्वर      B. परमात्मा
   C. अन्तर्यामी      D. उपेक्षित

39. अक्षि
   A. धुरी      B. चक्षु
   C. लोचन      D. नेत्र

40. अगाध
   A. गहना      B. गहन
   C. अथाह      D. गम्भीर

41. अवधि
   A. अचल      B. पृथ्वी
   C. इला      D. धरती

42. राजा
   A. क्षपाकर      B. नृप
   C. नरेश      D. भूपति

43. पहाड़
   A. पर्वत      B. भूधर
   C. भूप      D. गिरि

44. सूर्य
   A. रवि      B. इन्दु
   C. दिनेश      D. भास्कर

45. पंकज
   A. अम्बुज      B. जलज
   C. जलद      D. सरोज

46. सोना
   A. हेम      B. हिरण्ये
   C. रमणीक      D. हाटक

47. अग्नि
   A. अनल      B. धूमकेतु
   C. अम्बक      D. कृशानु

48. नाहर
   A. केशरी      B. वनराज
   C. मृग      D. सिंह

49. जिस विकल्प में पर्यायवाची शब्द नहीं है, उसे चुनिए
   A. आग—अनिल    B. पद्य—जलज
   C. फूल—पुष्प    D. पेड़—विटप

50. जिस विकल्प में पर्यायवाची शब्द नहीं है उसे चुनिए
   A. पृथ्वी—मही    B. रात—राकेश
   C. रास्ता—मार्ग    D. बर्फ—हिम

## उत्तरमाला

| 1 | 2 | 3 | 4 | 5 | 6 | 7 | 8 | 9 | 10 |
|---|---|---|---|---|---|---|---|---|----|
| C | A | D | B | D | C | C | D | A | B |

| 11 | 12 | 13 | 14 | 15 | 16 | 17 | 18 | 19 | 20 |
|----|----|----|----|----|----|----|----|----|----|
| A | C | D | C | A | A | D | C | B | A |

| 21 | 22 | 23 | 24 | 25 | 26 | 27 | 28 | 29 | 30 |
|----|----|----|----|----|----|----|----|----|----|
| B | C | D | D | C | A | D | A | B | A |

| 31 | 32 | 33 | 34 | 35 | 36 | 37 | 38 | 39 | 40 |
|----|----|----|----|----|----|----|----|----|----|
| D | B | C | D | A | A | C | D | A | A |

| 41 | 42 | 43 | 44 | 45 | 46 | 47 | 48 | 49 | 50 |
|----|----|----|----|----|----|----|----|----|----|
| A | A | C | B | C | C | C | C | A | B |

# विलोम शब्द



विलोम शब्द को विपरीतार्थक, विलोमार्थी अथवा विरोधी शब्द कहा जाता है जो किसी शब्द के ठीक विपरीत अर्थ प्रकट करते है। अंग्रेजी में जिन शब्दों को एण्टानिम्स कहा जाता है, हिंदी में वही शब्द विलोमार्थी अथवा प्रतिकूल अर्थ के बोधक कहे जाते हैं। अतएव विलोमार्थी शब्दों को यदि हम परिभाषाबद्ध करना चाहें तो कह सकते हैं कि—''किसी एक शब्द के ठीक विपरीत अर्थ प्रकट करने वाले शब्द विलोम कहे जाते हैं।'' इन शब्दों को विपर्याय के रूप में भी जाना जाता है।

**निर्देशः** *नीचे दिए गए शब्दों के विलोम के लिए चार-चार विकल्प दिए गए हैं। उनमें से उचित विकल्प का चयन कीजिए।*

1. कृपण
   A. अधम
   B. दानी
   C. कृतघ्न
   D. कनिष्ठ

2. क्षणिक
   A. शाश्वत
   B. संक्षेप
   C. विरह
   D. क्षुद्र

3. स्वदेश
   A. गाँव
   B. नगर
   C. परदेश
   D. स्वर्ग

4. स्तुति
   A. सेवक
   B. निवेदन
   C. प्रार्थना
   D. निन्दा

5. सर्दी
   A. गर्मी
   B. धूप
   C. उष्ण
   D. शीतल

6. शान्त
   A. लघु
   B. चंचल
   C. डरपोक
   D. बहादुर

7. भीगा
   A. सूखा
   B. नरम
   C. उष्ण
   D. गरम

8. कुसुम
   A. वज्र
   B. नारी
   C. खिन्न
   D. ठंडा

9. तम
   A. सम
   B. कृश
   C. नम
   D. प्रकाश

10. नख
    A. शिख
    B. अनित्य
    C. श्याम
    D. निन्दा

11. भौतिक
    A. पाश्चात्य
    B. दैविक
    C. दैहिक
    D. आध्यात्मिक

12. अवनि
    A. आकाश
    B. अम्बर
    C. गगन
    D. आसमान

13. कर्कशा
    A. कोमल
    B. निर्मल
    C. विह्वल
    D. व्याकुल

14. अवनत
    A. बढ़ना
    B. उत्कर्ष
    C. ऊँचा
    D. उन्नत

**15.** अति

| | |
|---|---|
| A. न्यून | B. कम |
| C. अल्प | D. नगण्य |

**16.** अद्भुत

| | |
|---|---|
| A. सामान्य | B. लौकिक |
| C. संसारी | D. सुगम |

**17.** दरिद्र

| | |
|---|---|
| A. सम्पन्न | B. समृद्धशाली |
| C. भूपति | D. श्रीपति |

**18.** ब्रह्म

| | |
|---|---|
| A. जीव | B. माया |
| C. जगत | D. अज्ञान |

**19.** बहिरंग

| | |
|---|---|
| A. अंतरंग | B. रंगारंग |
| C. जलतरंग | D. रामरंग |

**20.** दिवस

| | |
|---|---|
| A. विभावरी | B. अरविन्द |
| C. प्रवाहिणी | D. विचक्षण |

**21.** निर्मल

| | |
|---|---|
| A. पवित्र | B. शुद्ध |
| C. मलिन | D. मृदु |

**22.** उद्यम

| | |
|---|---|
| A. प्रवीण | B. आलस्य |
| C. नीरज | D. नृप |

**23.** अग्नि

| | |
|---|---|
| A. पवन | B. समीर |
| C. जल | D. जलधि |

**24.** अग्र

| | |
|---|---|
| A. पश्च | B. शांत |
| C. मध्यम | D. अधम |

**25.** अच्युत

| | |
|---|---|
| A. अधम | B. पतित |
| C. द्रवित | D. च्युत |

**26.** कटु

| | |
|---|---|
| A. मधुर | B. पटु |
| C. मृदु | D. मीठा |

**27.** नीरस

| | |
|---|---|
| A. रसीला | B. सरस |
| C. विरस | D. अरस |

**28.** ओजस्विनी

| | |
|---|---|
| A. तेजस्विनी | B. निर्जस्वी |
| C. तपस्विनी | D. तपस्वी |

**29.** अर्पण

| | |
|---|---|
| A. ग्रहण | B. तर्पण |
| C. समर्पण | D. प्रत्यर्पण |

**30.** सामिष

| | |
|---|---|
| A. निरामिष | B. वैष्णव |
| C. शाकाहारी | D. मांसरहित |

## उत्तरमाला

| 1 | 2 | 3 | 4 | 5 | 6 | 7 | 8 | 9 | 10 |
|---|---|---|---|---|---|---|---|---|---|
| B | A | C | D | A | B | A | A | D | A |

| 11 | 12 | 13 | 14 | 15 | 16 | 17 | 18 | 19 | 20 |
|---|---|---|---|---|---|---|---|---|---|
| D | B | A | D | C | A | B | A | A | A |

| 21 | 22 | 23 | 24 | 25 | 26 | 27 | 28 | 29 | 30 |
|---|---|---|---|---|---|---|---|---|---|
| C | B | C | A | D | A | B | D | A | A |

# उपसर्ग एवं प्रत्यय

**परिचय :**

**उपसर्ग**—एक ऐसी भाषिक इकाई है जिसका भाषा में स्वतंत्र प्रयोग प्रायः नहीं होता किंतु इन्हें शब्दों के आरम्भ में जोड़कर नया शब्द बनाया जाता है। हिन्दी में तीन प्रकार के उपसर्गों का प्रयोग किया जाता है जो इस प्रकार हैं—

**तत्सम उपसर्ग :** ऐसे उपसर्ग जो संस्कृत से यथावत् ले लिए गए हैं उन्हें तत्सम उपसर्ग कहा जाता है। जैसे–अति, उत्, अधि, अप, आ, उप, दुः, निः, परा, परि, प्र, प्रति, बहु, वि, स, सु आदि।

**तद्भव उपसर्ग :** वे उपसर्ग जो संस्कृत के उपसर्गों तथा ध्वनियों से कुछ परिवर्तित होकर आए हैं तथा जिनका हिन्दी में स्वतंत्र प्रयोग नहीं होता किन्तु शब्द रचना के लिए उनका प्रयोग किया जाता है। उदाहरण के लिए अ, औ, क, दु, नि, पर, स आदि।

**विदेशी उपसर्ग :** जो उपसर्ग भाषाओं से लिए गए हैं तथा हिन्दी ने उन्हें स्वीकार कर लिया है उन्हें विदेशी उपसर्ग कहा जाता है। हिन्दी में प्रयुक्त होने वाले उपसर्ग ज्यादातर अरबी तथा फारसी से लिए गए हैं जैसे–अल, दर, ब, बा, बे, ला आदि।

**परिचय :**

**प्रत्यय**–प्रत्यय ऐसी भाषिक इकाई है जिसका प्रयोग स्वतंत्र रूप से नहीं किया जाता वरन् इसे किसी अन्य भाषिक इकाई के साथ जोड़कर किया जाता है। प्रत्यय चार प्रकार के होते हैं—

**तत्सम :** अनीय, आ, आलु, इ, इमा, इष्ठ, ई, ए, जीवी, तः, ता।

**तद्भव :** आइन, आई, आहट, आलू, एरा, नी आदि।

**देशज :** अंक, अक्कड़, अड़, आटा, पन आदि।

**विदेशी :** आना, इयत, खीर, मन्द आदि।

**निर्देश :** *नीचे एक शब्द दिया गया है। दिए गए विकल्प से आपको शब्द में प्रयुक्त उपसर्ग ज्ञात करना है।*

1. विज्ञान
   - A. विज्ञ
   - B. चिर
   - C. वि
   - D. अन

2. चिरायु
   - A. चि
   - B. चिर
   - C. यु
   - D. आयु

3. अवनत
   - A. नत
   - B. अ
   - C. अव
   - D. अवन

4. अत्याचार
   - A. अ
   - B. अत्या
   - C. अति
   - D. चार

5. अध्यात्म
   - A. अध्य
   - B. अधि
   - C. आत्म
   - D. अ

**निर्देश :** *निम्नलिखित शब्दों में प्रत्यय लगाने से बनने वाले सही विकल्प को चुनिए।*

**6.** शरीर + इक
   A. शारीरक        B. शारिरीक
   C. शारीरिक        D. शरीरिक

**7.** वर + इष्ठ
   A. वरीष्ठ         B. वरेष्ठ
   C. वरिष्ट         D. वरिष्ठ

**8.** बहन + ओई
   A. बहनौई        B. बहनोई
   C. बहनुई        D. बहनौयी

**9.** आध्यात्मक + इक
   A. आध्यात्मिक    B. अध्यात्मिक
   C. अधिआत्मिक    D. अध्यात्मक

**10.** लड़का + पन
   A. लड़कापन      B. लड़पन
   C. लड़कपन      D. लड़कापन

**निर्देश :** *नीचे एक शब्द दिया गया है। दिए गए विकल्प से आपको शब्द में प्रयुक्त प्रत्यय ज्ञात करना है।*

**11.** पागलपन
   A. पागल        B. पा
   C. पन          D. इनमें से कोई नहीं

**12.** सावधानी
   A. ई           B. इ
   C. धानी        D. साव

**13.** धुंधला
   A. धुं         B. धुंध
   C. ला         D. इनमें से कोई नहीं

**14.** प्रत्यय रहित शब्द है
   A. पराभव       B. कवित्व
   C. कुख्यात      D. लघुत्व

**निर्देश :** *तत्सम शब्द का चुनाव कीजिए।*

**15.** A. अँगरखा      B. अंगरक्षक
   C. अंगरच्छक     D. अंरक्षक

**16.** A. अँधेरा      B. अंधाधुंध
   C. अंधकार     D. अंधड़

**17.** A. आँवला      B. आँवलक
   C. आमलक     D. अँवला

**18.** A. आश्चर्य      B. आम
   C. इज्जत      D. अचरज

**19.** A. आलस्य      B. उबटन
   C. अमोल      D. ऊँट

**20.** A. पुस्तक      B. अंगूठी
   C. आमोल      D. अचरज

**निर्देश :** *निम्नलिखित में से कौन-सा शब्द नीचे दिए गए तद्भव का सही तत्सम शब्द है?*

**21.** नमक
   A. लावण्य      B. नौन
   C. लवण       D. लौन

**22.** सतसई
   A. सप्तपदी      B. षट्शती
   C. सप्तशती     D. सत्यशती

**23.** तुरन्त
   A. त्वरित       B. त्वरन्त
   C. तुवरन्त      D. तवरन्त

**24.** साखी
   A. सखी        B. साक्षी
   C. साक्ष्य       D. शाखा

**25.** तिगुना
   A. तीन गुना     B. तिन गुणा
   C. त्रयगुण     D. त्रिगुण

**निर्देश :** *नीचे लिखे प्रत्येक वर्ग में दिए गए विकल्पों में से तद्भव शब्द का चयन कीजिए।*

**26.** A. कान       B. नासिका
   C. परीक्षण     D. कटक

**27.** A. पीड़ा       B. केरा
   C. पर्याप्त     D. शिल्प

28.   A. पक्षी      B. नृत्य
      C. अँधेरा    D. पश्य

29.   A. बालिका   B. बेत
      C. आज्ञा     D. सिद्धि

30.   A. रक्षा      B. तमंचा
      C. विरोध     D. शान्ति

**निर्देशः** *निम्नलिखित में से कौन-सा शब्द नीचे दिए गए तत्सम शब्द का सही तद्भव शब्द है?*

31.  शिष्य
      A. शिशु      B. शिक्षु

      C. सिक्ख    D. शिष

32.  वणिक
      A. वाणी      B. बनिया
      C. वाणिज्य   D. बाण

33.  चतुष्कोण
      A. चौकोर    B. चौपट
      C. चौराहा    D. चौखट

34.  इक्षु
      A. इच्छुक    B. इच्छा
      C. इष्ट      D. ईख

## उत्तरमाला

| 1 | 2 | 3 | 4 | 5 | 6 | 7 | 8 | 9 | 10 |
|---|---|---|---|---|---|---|---|---|----|
| C | B | C | C | B | C | D | B | A | C |

| 11 | 12 | 13 | 14 | 15 | 16 | 17 | 18 | 19 | 20 |
|----|----|----|----|----|----|----|----|----|----|
| C | A | C | C | B | C | C | A | A | A |

| 21 | 22 | 23 | 24 | 25 | 26 | 27 | 28 | 29 | 30 |
|----|----|----|----|----|----|----|----|----|----|
| C | C | A | B | D | A | A | C | C | A |

| 31 | 32 | 33 | 34 |
|----|----|----|----|
| C | B | A | D |

# मुहावरे एवं लोकोक्तियां

**परिचय :**

**मुहावरा :** मुहावरा अरबी शब्द है तथा संस्कृत और हिन्दी में इसका सही पर्याय नहीं मिलता। प्रयुक्तता, वाग्रीति, वाग्धारा और भाषा सम्प्रदाय को हम मुहावरे का पर्याय मान सकते हैं किन्तु इन शब्दों में 'मुहावरे' जैसी प्रभावोत्पादकता नहीं है। हिन्दी में मुहावरे की जगह वाग्धारा चलाने का प्रयास किया गया था, किन्तु हिन्दी जगत में वह ग्राह्य नहीं हुआ तथा मुहावरा, मुहावरा ही बना रहा।

**परिचय :**

**लोकोक्ति :** लोकोक्ति शब्द लोक तथा उक्ति दो शब्दों के मेल से बना है। इसका अर्थ होता है कोई ऐसा पूर्ण या अपूर्ण वाक्य जिसमें कोई अनुभव, सारकथन अथवा कोई कथा छिपी होती है। जैसे–'का बरखा जब कृषि सुखाने' इसका अर्थ है कि यदि कोई काम समय पर नहीं हुआ तो असमय में उसके होने का कोई महत्व नहीं रह जाता।

***निर्देश :*** *नीचे मुहावरे दिए गए है। प्रत्येक मुहावरे का अर्थ बताने के लिए चार विकल्प दिए गए हैं। इनमें एक अर्थ सही है। आपको इसी का चयन करना है।*

1. अंगारे उगलना
   A. आग लगाना
   B. क्रोध में कठोर वचन बोलना
   C. आग बुझाना
   D. जले हुए कोयले को इकट्ठा करना

2. इधर की दुनिया उधर करना
   A. जिद पर अड़े रहना
   B. असम्भव को सम्भव करना
   C. दहेज कम करना
   D. धनी व्यक्ति का निर्धन होना

3. ऊँचा-नीचा सुनाना
   A. प्रेरक प्रसंग सुनाना
   B. उपदेश देना
   C. भला बुरा कहना
   D. प्रवचन करना

4. काला नाग
   A. विषधर सर्प
   B. खोटा या घातक व्यक्ति
   C. तीव्र बुद्धि वाला व्यक्ति
   D. काला धन रखने वाला व्यक्ति

5. ठन-ठन गोपाल
   A. बना ठना नवयुवक
   B. खोखला
   C. धनवान
   D. शक्तिशाली

6. अंग-अंग ढीला होना
   A. परेशान होना
   B. शिथिल गात होना
   C. पिटाई होना
   D. बीमार होना

7. अंधे के हाथ बटेर लगना
   A. किसी वस्तु का अनायास मिलना
   B. अपात्र को बहुत बड़ी सफलता मिलना

C. अप्राप्य को प्राप्त करना
D. मुसीबत पर मुसीबत आना

8. घी का लड्डू टेढ़ा भी भला
   A. गुणी व्यक्ति की आलोचना
   B. उपयोगी वस्तु का रूप-रंग नहीं देखा जाता
   C. घी का लड्डू स्वादिष्ट होता है
   D. घी का लड्डू महंगा होता है

9. कोढ़ में खाज
   A. परवाह नहीं करना
   B. बराबर समझना
   C. एक दुःख पर दूसरा दुःख होना
   D. निपट मूर्ख

10. गुल खिलाना
    A. मौज करना
    B. बहुत गुस्सा आना
    C. व्यवधान पड़ना
    D. कोई बखेड़ा खड़ा करना

11. नाक का बाल होना
    A. बहुत कष्ट झेलना
    B. किसी का प्रिय व्यक्ति होना
    C. अपमान होना
    D. अनुभवी होना

12. सिक्का जमाना
    A. झूठे आश्वासन देना
    B. बहुत सम्मान देना
    C. सही व्यवहार करना
    D. प्रभाव स्थापित करना

13. पर निकलना
    A. अभिमान करना
    B. व्यर्थ इतराना
    C. बड़ा हो जाना
    D. शीघ्रता से काम करना

14. दूध का धुला होना
    A. निर्दोष होना    B. स्वस्थ होना
    C. शाकाहारी होना   D. स्वच्छ होना

15. दाँत खट्टे करना
    A. हराना           B. दाँत दुखना
    C. चखना            D. दाँत कमजोर होना

16. ओखली में सिर देना
    A. सोच-समझकर कार्य करना
    B. जानबूझ कर मुसीबत मोल लेना
    C. बिना सोचे कार्य करना
    D. अनजाने गड्ढे में गिरना

17. घोड़े बेच कर सोना
    A. दुःखी होकर सोना
    B. अकेले सोना
    C. खुश होकर सोना
    D. निश्चिंत होकर सोना

18. मुँह धो रखना
    A. आशा न रखना    B. आशा करना
    C. इज्जत लेना      D. कुछ खा लेना

19. हाथोंहाथ
    A. सहयोग करना
    B. खूब पीटना
    C. किसी काम को शीघ्र कर देना
    D. खतरा मोल लेना

20. सिर आँखों पर होना
    A. सहर्ष स्वीकार करना
    B. शोख करना
    C. अच्छा बुरा सबको एक समझना
    D. बुरा हाल होना

**निर्देशः** प्रत्येक पंक्ति में एक लोकोक्ति दी गई है। उसके अर्थ स्वरूप चार विकल्प दिए गए हैं। इनमें से एक विकल्प सही है। आपको उसी का चयन करना है।

**21.** अन्धा बाँटे रेवड़ी फिर-फिर अपनों को देय
A. उच्च पद पाकर अपने ही लोगों को लाभान्वित करना
B. न्याय की अवहेलना करके स्वजनों को लाभान्वित करना
C. अन्धा आदमी स्वजनों का ख्याल रखता है
D. स्वार्थी व्यक्ति पक्षपात करता है

**22.** अकल बड़ी कि भैंस
A. शारीरिक बल की अपेक्षा बौद्धिक बल श्रेष्ठ होता है
B. अक्ल अमूर्त और भैंस मूर्त रूप हैं
C. भैंस शारीरिक दृष्टि से बड़ी होती है
D. भैंस बुद्धिमान होती है

**23.** होनहार विरवान के होत चीकने पात
A. चिकने पत्तों वाला पौधा सुन्दर लगता है
B. बागवानी का शौक अच्छी बात है
C. होनहार बालक के लक्षण बचपन में ही प्रकट होने लगते हैं
D. चिकने पत्तों से पता लगता है कि यह पौधा वृक्ष बन जाएगा

**24.** सच्चे का बोलबाला, झूठे का मुँह काला
A. झूठ बोलना पाप है
B. झूठ बोलने वाला अपमानित होता है
C. असत्य बोलने वालों पर व्यंग्य
D. सत्य की सर्वत्र विजय होती है

**25.** शेर भूखा रह जाए, पर घास नहीं खाता
A. श्रेष्ठ व्यक्ति संकट में भी मर्यादा नहीं तोड़ता है
B. शेर केवल मांसाहारी होता है
C. शेर स्वयं शिकार होता है
D. स्वावलम्बी व्यक्ति किसी का सहारा नहीं तकता

**26.** हथेली पर सरसों नहीं जमती
A. सरसों के लिए जमीन चाहिए हथेली नहीं
B. हर काम में मनमानी नहीं चल सकती
C. काम के लिए समय चाहिए, जब चाहो, तभी काम नहीं हो सकता
D. सफलता समय पर आती है

**27.** आग लगे पर पानी कहाँ
A. कलह में कभी सुख नहीं होता
B. मुसीबत आने पर सहज नहीं टलती
C. वक्त पर अभीष्ट वस्तु नहीं मिलती
D. इनमें से कोई नहीं

**28.** घर में नहीं दाने, अम्मा चली भुनाने
A. झूठा आडम्बर
B. अधिक दिखावा करना
C. डींगें हाँकना
D. मुश्किल से गुजारा करना

**29.** ऊँची दुकान फीका पकवान
A. ऊँचे पर बनी दुकान के पकवान मीठे नहीं होते
B. ऊँची दुकान महँगी होती है
C. दिखावटी वस्तु में गुणवत्ता कम होती है
D. दिखावट में आकर्षण अधिक रहता है

**30.** न ऊधो का लेन, न माधो का देन
A. दूसरे के झंझट में दखल देना
B. किसी झंझट में न पड़ना
C. किसी से उधार न लेना
D. नगद लेन-देन करना

**31.** तीन लोक से मथुरा न्यारी
A. मथुरा सबसे श्रेष्ठ तीर्थ है
B. मथुरा नगर विशिष्ट है
C. सबसे श्रेष्ठ व सुन्दर
D. सबसे निराला

32. अधजल गगरी, छलकत जाए
    A. निर्धन द्वारा अधिक खर्च करना
    B. अज्ञानी द्वारा उपदेश देना
    C. अल्पज्ञानी द्वारा अधिक प्रदर्शन करना
    D. गगरी को पूरा भरना ही श्रेष्ठ

33. अपनी करनी, पार उतरनी
    A. स्वयं के प्रयास से सफलता मिलती है
    B. अपने कर्मों का फल भोगना
    C. अपने साधन से ही नदी पार करनी चाहिए
    D. अपने का हित करना

34. आये थे हरि भजन को ओटन लगे कपास
    A. अच्छे कार्य न करके बुरे कार्य करना
    B. पूजा-पाठ छोड़कर व्यापार करना
    C. साधारण मनुष्य बनकर रहना
    D. उच्च लक्ष्य छोड़कर साधारण कार्य में शक्ति लगाना

35. आगे नाथ न पीछे पगहा
    A. पूर्ण स्वतन्त्र
    B. अपने मन की करना
    C. बन्धन रहित होना
    D. इधर-उधर भागना

36. जस दूल्हा तसि बनी बराता
    A. अच्छा दूल्हा और अच्छे साथी
    B. अच्छा दूल्हा और खराब बाराती
    C. सभी लोगों का अच्छा होना
    D. जैसे व्यक्ति वैसे साथी

37. कहे से कुम्हार गधे पर नहीं चढ़ता
    A. सरलता से न मानना
    B. हठी व्यक्ति समझाने से नहीं मानता
    C. किसी की न सुनना
    D. भय दिखाने से ही काम बनता है

38. अधजल गगरी छलकत जाए
    A. सीमित ज्ञान पर घमण्ड करना
    B. आधी गगरी भरना
    C. मूर्खता के कार्य करना
    D. किसी कार्य को ठीक से न करना

39. ऊँट चढ़े पर कुत्ता काटे
    A. अपना काम निकालना
    B. कोई काम पूरा न हो पाना
    C. दुस्साहस करके पछताना
    D. विपत्ति सब जगह पीछा करती है

40. तन पर नहीं लत्ता, पान खायें अलबत्ता का अर्थ है
    A. बुरी आदत में पड़ना
    B. झूठा दिखावा करना
    C. रौब डालना
    D. रईस मिजाज होना

## उत्तरमाला

| 1 | 2 | 3 | 4 | 5 | 6 | 7 | 8 | 9 | 10 |
|---|---|---|---|---|---|---|---|---|---|
| B | B | C | B | B | B | A | B | C | D |

| 11 | 12 | 13 | 14 | 15 | 16 | 17 | 18 | 19 | 20 |
|---|---|---|---|---|---|---|---|---|---|
| B | D | B | A | A | B | D | A | C | A |

| 21 | 22 | 23 | 24 | 25 | 26 | 27 | 28 | 29 | 30 |
|---|---|---|---|---|---|---|---|---|---|
| D | A | C | D | A | C | C | A | C | B |

| 31 | 32 | 33 | 34 | 35 | 36 | 37 | 38 | 39 | 40 |
|---|---|---|---|---|---|---|---|---|---|
| D | C | A | D | C | D | B | A | D | B |

# वर्तनी



**निर्देश (प्र.सं. 1 से 70 तक):** नीचे के प्रश्नों में एक शब्द की चार अलग-अलग वर्तनियां दी हुई हैं। इनमें से सही वर्तनी छाँटकर उस पर निशान लगाइयेः

1. A. जयोत्स्ना     B. ज्योत्सना
   C. जोत्सना     D. ज्योत्सना

2. A. कवयित्री     B. कवियित्री
   C. कवियत्री     D. कवित्री

3. A. उत्ज्वल     B. उज्जवल
   C. ऊज्जवल     D. उज्ज्वल

4. A. छः     B. छह
   C. छह्     D. छै

5. A. जिजीविषा     B. जिजीवषा
   C. जजीवषा     D. जिजिवीषा

6. A. दृश्य     B. द्रश्य
   C. दृष्य     D. द्रिश्य

7. A. इतिहासिक     B. ऐतिहासिक
   C. ऐतिहासीक     D. ऐतीहासिक

8. A. वाङ्मय     B. वाँङ्मय
   C. वांगमय     D. वांगमय

9. A. सौहार्द्र     B. सैहार्द
   C. सैहार्द     D. सौहार्द

10. A. आर्शीवाद     B. आशिर्वाद
    C. आशीर्वाद     D. आर्शिवाद

11. A. भूगोलिक     B. भूगौलिक
    C. भोगौलिक     D. भौगोलिक

12. A. सन्कीर्णता     B. सन्कीरणता
    C. संकीणता     D. संकीर्णता

13. A. परचन्ड     B. प्रचण्ड
    C. प्रचान्ड     D. परचण्ड

14. A. तार्क्रिक     B. तार्किक
    C. ताक्रिक     D. ताक्रिक

15. A. इर्षा     B. ईर्षा
    C. इर्ष्या     D. ईर्ष्या

16. A. पूज्यनीय     B. पुजनीय
    C. पूजनीय     D. पुज्यनीय

17. A. अधम्र     B. अध्रम
    C. अधर्म     D. अध्रृम

18. A. अधिकृत     B. अधिक्रित
    C. अधिक्रित     D. अधिर्कित

19. A. अनुकृम     B. अनुक्रम
    C. अनुकर्म     D. अनुकम्र

20. A. अनवेषण     B. अन्वेषण
    C. अन्वेछण     D. अन्वेशण

21. A. अभिशेक     B. अभिषेख
    C. अभिषेक     D. अभीषेक

22. A. इच्छुक     B. इक्षुक
    C. इक्छुक     D. इच्छिक

23. A. इन्दिय     B. इन्द्रिय
    C. इन्दिय     D. इन्द्रिय

24. A. उतकण्ठा     B. उत्कण्ठा
    C. उत्क्णठा     D. उत्कन्ठा

| | | | | | |
|---|---|---|---|---|---|
| **25.** | A. उमृिला | B. उम्रिला | **40.** | A. त्रिमूर्ती | B. त्रिमुर्ति |
| | C. उमिर्ला | D. उर्मिला | | C. त्रिमूर्ति | D. त्रृमूर्ति |
| **26.** | A. रिषि | B. ऋषि | **41.** | A. दक्छ | B. दक्च्छ |
| | C. क्रिषि | D. ऋश्रि | | C. दक्ष | D. दज्ञ |
| **27.** | A. एकागृ | B. एकाग्र | **42.** | A. द्रर्पन | B. दर्पन |
| | C. एकार्ग | D. एक्राग्र | | C. दपर्ण | D. दर्पण |
| **28.** | A. ओजश्वि | B. ओजस्वी | **43.** | A. दामपत्य | B. दम्पत्य |
| | C. ओजश्वी | D. ओजष्वी | | C. दाम्पत्य | D. दाम्पत |
| **29.** | A. औशधी | B. औषधी | **44.** | A. दीप्पित | B. दीपति |
| | C. औषधि | D. औष्थि | | C. दीप्ति | D. दीप्ती |
| **30.** | A. करम | B. क्राम | **45.** | A. दीर्घायु | B. दीरघायु |
| | C. कम्र | D. कर्म | | C. दीघार्यु | D. दीर्घिायु |
| **31.** | A. ग्रिहीत | B. ग्रहीत | **46.** | A. दुर्निती | B. दुनीर्ति |
| | C. गृहीत | D. गर्हित | | C. दुरनीति | D. दुर्नीति |
| **32.** | A. कृतज्ञ | B. क्रतज्ञ | **47.** | A. दुर्दषा | B. दुहशा |
| | C. क्रितज्ञ | D. क्रितग्य | | C. दुर्दशा | D. दुद्रशा |
| **33.** | A. चतुदर्श | B. चर्तुदश | **48.** | A. दुर्योधन | B. दुयोर्धन |
| | C. चतुर्दश | D. चतुद्रश | | C. दूरयोधन | D. द्रयोधन |
| **34.** | A. जर्जर | B. जरर्जर | **49.** | A. दुरबुद्धि | B. दुर्बधि |
| | C. जज्रर | D. जरजर | | C. दुबुद्धि | D. दुर्बुद्धि |
| **35.** | A. जघ्नय | B. जघ्रय | **50.** | A. धनुष्विद्या | B. धनुर्विद्या |
| | C. जघ्न्य | D. जघन्य | | C. धर्नुविद्या | D. धनुर्वेद्या |
| **36.** | A. जेष्ठ | B. ज्येश्ठ | **51.** | A. धर्म | B. ध्रर्म |
| | C. ज्येष्ठ | D. ज्येस्ठ | | C. ध्रर्म | D. धम्र |
| **37.** | A. तपस्वनी | B. तपस्विनी | **52.** | A. ध्रुव | B. ध्रुब्र |
| | C. तपिस्वनी | D. तपिस्विनी | | C. ध्रुव | D. धुर्व |
| **38.** | A. तादातमय | B. तदात्य | **53.** | A. नम्रदेश्वर | B. नम्रदेश्वर |
| | C. तादात्य | D. तादात्यम | | C. नर्मदेश्वर | D. नमदिश्वर |
| **39.** | A. तृष्णा | B. तृिष्णा | **54.** | A. निरक्षेप | B. निक्क्षेप |
| | C. त्रिष्णा | D. तृश्णा | | C. निक्षिप | D. निक्छेप |

| | | | |
|---|---|---|---|
| **55.** A. निर्गह | B. नृग्रह | **63.** A. भरतस्ना | B. भर्सना |
| C. निग्रह | D. निगर्ह | C. भर्तसना | D. भर्तृसना |
| **56.** A. निरजीव | B. निर्जीव | **64.** A. मूर्ती | B. मूर्ति |
| C. नृजीव | D. निज्रीव | C. मूर्ति | D. मूरती |
| **57.** A. निर्मूल | B. निर्मूल | **65.** A. गिद्ध | B. गीध |
| C. निरमूल | D. नृमूल | C. गिद्धा | D. ग्रिद्ध |
| **58.** A. निवृत्त | B. निव्रत्त | **66.** A. निकर्सन | B. निकर्षन |
| C. निवृत | D. नृवत्त | C. निकर्षण | D. निर्कषण |
| **59.** A. प्रिक्रमा | B. परीक्रमा | **67.** A. निकृष्ट | B. निक्रस्ट |
| C. परिक्रुमा | D. परिक्रमा | C. निकृस्ट | D. निक्रिष्ट |
| **60.** A. प्रयटन | B. पृयटन | **68.** A. पार्थिव | B. पार्थ्रिव |
| C. पर्यटन | D. प्रर्यटन | C. पार्थीव | D. पाथिर्व |
| **61.** A. प्रक्रिति | B. प्रकृति | **69.** A. विदूष्क | B. विदूष्क |
| C. प्रक्रति | D. पृक्रति | C. विदूशक | D. विदूषक |
| **62.** A. बहिर्मुख | B. बहिमुख | **70.** A. फुर्तीला | B. फुर्तीला |
| C. बहिर्मुख | D. बहिमुर्ख | C. फुर्तिला | D. फुर्तला |

## उत्तरमाला

| 1 | 2 | 3 | 4 | 5 | 6 | 7 | 8 | 9 | 10 |
|---|---|---|---|---|---|---|---|---|---|
| B | A | D | B | A | A | B | A | D | C |
| **11** | **12** | **13** | **14** | **15** | **16** | **17** | **18** | **19** | **20** |
| D | D | B | B | D | C | C | A | B | B |
| **21** | **22** | **23** | **24** | **25** | **26** | **27** | **28** | **29** | **30** |
| C | A | D | B | D | B | B | B | C | D |
| **31** | **32** | **33** | **34** | **35** | **36** | **37** | **38** | **39** | **40** |
| C | A | C | A | D | C | B | C | A | C |
| **41** | **42** | **43** | **44** | **45** | **46** | **47** | **48** | **49** | **50** |
| C | D | C | C | A | D | C | A | D | B |
| **51** | **52** | **53** | **54** | **55** | **56** | **57** | **58** | **59** | **60** |
| A | C | D | C | C | B | B | A | D | C |
| **61** | **62** | **63** | **64** | **65** | **66** | **67** | **68** | **69** | **70** |
| B | B | B | B | A | C | A | A | D | B |

# अनुच्छेद आधारित प्रश्नोत्तर



**निर्देशः** *निम्नलिखित प्रत्येक अनुच्छेद पर आधारित प्रश्न दिए गए हैं। प्रश्नों के उत्तर देने से पहले अनुच्छेदों को ध्यानपूर्वक पढ़ें।*

*प्रत्येक प्रश्न के लिए A, B, C एवम् D विकल्प वाले चार सम्भावित उत्तर दिए गए हैं। इनमें से केवल एक ही उत्तर सही है। आपको सही उत्तर का चयन करना है।*

अनुच्छेद-1

मनुष्य के विकास में शिक्षा का एक महत्वपूर्ण स्थान है। शिक्षा द्वारा मनुष्य का मानसिक एवम् बौद्धिक विकास होता है। शिक्षा के बिना मनुष्य पशु के समान है। यह अत्यन्त आवश्यक है कि पुरुष और स्त्रियाँ दोनों ही समान रूप से शिक्षा-प्राप्त करें। यदि स्त्रियाँ शिक्षित नहीं की गई तो हमारा आधा समाज पिछड़ा ही रहेगा। आजकल संसार के अनेक भागों में स्त्रियों की शिक्षा के अच्छे परिणाम हम देख सकते हैं। इसका ही परिणाम है कि अनेक बुरे रीति-रिवाज और अन्ध-विश्वास समाज में बहुत तेजी से दूर होने लगे हैं। राष्ट्रीय विकास के हर क्षेत्र में स्त्रियाँ पुरूषों के कन्धों से कन्धा मिलाकर काम कर रही हैं और बराबर की जिम्मेदारी निभा रही हैं।

1. शिक्षा मनुष्य के लिए महत्वपूर्ण हैं, क्योंकि—
   A. यह पशु को मनुष्य बनाती है
   B. यह राष्ट्र को विकसित करती है
   C. इससे मनुष्य की मानसिक और बौद्धिक शक्ति का विकास होता है
   D. यह स्त्रियों के लिए आवश्यक है

2. स्त्रियों का शिक्षित होना आवश्यक है, क्योंकि—
   A. स्त्रियों को काम करना पसन्द है
   B. स्त्रियाँ अकेले ही समाज की बुराइयों को दूर कर सकती हैं
   C. स्त्रियाँ स्वभाव से ही अन्धविश्वासी होती है
   D. पूरे समाज के शिक्षित होने पर ही उन्नति हो सकती है

3. शिक्षा के बिना मनुष्य पशु के समान है, क्योंकि—
   A. वह कठिन परिश्रम नहीं करता
   B. उसकी मानसिक शक्तियाँ विकसित नहीं हो पातीं
   C. यह अपनी जीविका पैदा नहीं कर सकता
   D. वह अन्ध-विश्वासी बना रहता है

4. स्त्री शिक्षा के कौन से अच्छे परिणाम हैं?
   A. स्त्रियों को नौकरियाँ मिल रही हैं
   B. स्त्रियाँ बहुत सारा धन कमा रही हैं
   C. लड़कियाँ स्कूलों में जा रही हैं
   D. अन्धविश्वासों और बुरे रीति-रिवाजों का तेजी से सफाया हो रहा है

5. स्त्रियाँ पुरुषों के साथ बराबर की जिम्मेदारी निभा रही हैं, क्योंकि।
   A. वे शिक्षित हैं
   B. वे बहुत सारा धन कमा रही हैं
   C. वे पुरुषों के बराबर हैं
   D. वे अन्धविश्वासी हैं।

## अनुच्छेद-2

एक मन्त्री जब जेल का निरीक्षण कर रहे थे, तो उन्होंने वहाँ जेल की कोठरी में एक जवान अपराधी को देखा। मन्त्री ने कैदी से पूछा कि उसने कौन-सा अपराध किया है। कैदी ने बताया, "मैं तो खाली गली में घूम रहा था कि मैने जमीन पर एक रस्सी का टुकड़ा देखा, मैने सोचा वह किसी के काम का नहीं है। मैने उसे उठा लिया और अपने घर ले गया।" मन्त्रीजी उसकी बात को सुन कर आश्चर्य में पड़ गए। उनको उस पर दया आ गई। उन्होंने जेल अधीक्षक से पूछा, "क्या इस जवान को कैद करना ठीक है? उसने तो केवल एक पुरानी रस्सी का टुकड़ा उठा लिया था।" जेल अधीक्षक ने उत्तर दिया "कृपया आप उससे पूछें कि रस्सी से क्या बंधा हुआ था?" बदकिस्मती से उस रस्सी से एक गाय बंधी हुई थी, महोदय", उस जवान ने उत्तर दिया।

**1.** जवान आदमी ने रस्सी को क्यों उठाया?
   A. उसे रस्सी बहुत पसन्द थी
   B. उसे गाय को बाँधने के लिए रस्सी चाहिए थी
   C. रस्सी से एक गाय बंधी थी
   D. रस्सी किसी की नहीं थी

**2.** "बदकिस्मती से उस रस्सी से एक गाय बंधी हुई थी, महोदय" इस वाक्य से हमें ज्ञात होता है कि कैदी–
   A. चालाक था          B. झूठा था
   C. निर्दोष था          D. ईमानदार था

**3.** मन्त्री महोदय ने जवान कैदी को कब देखा?
   A. गली में घूमते समय
   B. जवान आदमी को रस्सी का टुकड़ा उठाते समय

C. जवान आदमी को गाय ले जाते समय
   D. जेल का निरीक्षण करते समय

**4.** कैदी का पहला उत्तर सुनकर मन्त्रीजी–
   A. आश्चर्य में पड़ गए
   B. प्रसन्न हो गए
   C. भड़क उठे
   D. चिढ़ गए

**5.** मन्त्रीजी ने जेल अधीक्षक से पूछा–
   A. क्या रस्सी का टुकड़ा कैदी का था
   B. क्या जवान आदमी को छोड़ना है
   C. रस्सी से क्या गाय बंधी थी
   D. क्या जवान आदमी को कैद करना ठीक था

## अनुच्छेद-3

अमेरिका के एक प्रसिद्ध जीवन-शास्त्री का कहना है कि जिन्दगी संघर्ष से भरी हुई है। एक के बाद एक खींचतान लगी ही रहती है और चैन नहीं मिल पाता, इसलिए जीवन में उन क्षणों की बहुत कीमत है जो जीवन को गुदगुदा दें और खींचतान की तेजी को भुला दें।

इस जीवन-शास्त्री ने लोगों को एक बड़ा दिलचस्प मशविरा दिया है कि जब तुम अपने किसी मित्र-दोस्त से बात करने बैठो, तो घड़ी का मुँह दीवार की तरफ कर दो।

जब उससे पूछा गया कि बातचीत और घड़ी का क्या सम्बन्ध है तो उत्तर मिला कि वह कम्बख्त याद दिलाती रहती है कि इतनी देर हो गई-इतनी देर हो गई और इस तरह वह आनन्द-क्षण खण्डित हो जाता है, जो मित्र की बातचीत से मिलता है।

**1.** जीवन-शास्त्री ने किसे कम्बख्त कहा है?
   A. अपने को

B. मित्र को
C. घड़ी को
D. जीवन-शास्त्री को

2. लेखक के अनुसार आज का जीवन कैसा है?

  A. तनावपूर्ण     B. संघर्षमय
  C. आनन्दपूर्ण   D. शान्तिपूर्ण

3. जीवन में वे क्षण मूल्यवान हैं जो–
  A. जिन्दगी में खींचतान ला दे
  B. जिन्दगी में चैन से बैठने न दें
  C. जिन्दगी को संघर्ष से भर दें
  D. जिन्दगी की खींचतान को तेजी से भूला दें

4. मित्रतापूर्ण गपशप में प्रायः आ जाता है–
  A. जोश
  B. आनन्द
  C. तनाव
  D. अमित्रता

5. जीवन को गुदगुदाने वाले क्षणों की कीमत है, क्योंकि–
  A. उनसे जीवन में तेजी आती हैं
  B. उनसे जीवन में संघर्ष बढ़ता हैं
  C. उनसे शान्तिपूर्ण जीवन में खींचतान बढ़ती हैं
  D. उनसे तनावपूर्ण जीवन में चैन मिलता हैं

## उत्तरमाला

### अनुच्छेद-1

| 1 | 2 | 3 | 4 | 5 |
|---|---|---|---|---|
| C | D | B | D | A |

### अनुच्छेद-2

| 1 | 2 | 3 | 4 | 5 |
|---|---|---|---|---|
| C | A | D | A | D |

### अनुच्छेद-3

| 1 | 2 | 3 | 4 | 5 |
|---|---|---|---|---|
| C | B | D | B | D |

# ENGLISH LANGUAGE

# Error Detection

**Directions :** *In the following questions indicate which portion of the sentence marked A, B, C or D contains an error. If there is no error, mark E (Ignore punctuation errors, if any).*

1. They went (A)/to college (B)/ after the rain (C)/stopped (D)/No error (E).

2. She had met (A)/me twice (B)/a week during (C)/the summer holidays (D)/No error (E).

3. Why does he (A)/not attend (B)/ with what (C)/I am saying? (D)/ No error (E).

4. We must (A)/not deviate (B)/of the (C)/right path (D) /No error (E).

5. The temperature (A)/has been (B)/upon (C)/the average recently (D)/No error (E).

6. They have (A)/enjoyed to talk (B)/to her about (C)/old times (D)/No error (E).

7. She made me (A)/to admire her (B)/to admire her for her beauty (C)/and intelligence (D)/ No error (E).

8. She asked her son (A)/if he was (B)/going to (C)/college today (D)/No error (E).

9. The doctor said to (A)/the patient (B)/not to eat (C)/fried things (D)/ No error (E).

10. He is one of (A)/those boys (B)/ who is (C)/physically strong (D)/ No error (E).

11. Those who is (A)/punctual in attendence (B)/will be (C)/well rewarded (D)/No error (E).

12. If your mother (A)/will come again (B)/I shall report (C)/ against you (D)/No error (E).

13. He is very poor (A)/to buy clothes/(B)/for his children (C)/ and wife (D)/No error (E).

14. He is one of (A)/my those friends (B)/ who have achieved (C)/ tremendous success in life (D)/ No error (E).

15. Mumps are (A)/a disease (B)/ with painful swelling (C)/in the neck (D)/No error (E).

16. No sooner (A)/I reached (B)/the station, (C)/than the train started (D)/No error (E).

17. Though he worked (A)/hard, still he (B)/could not pass (C)/the examination (D)/No error (E).

18. She is (A)/too happy (B)/to see you (C)/after so many days (D)/ No error (E).

19. My friend has (A)/been living in London (B)/with her parents (C)/ for the past three years (D)/No error (E).

20. He sat (A)/in the cafe (B)/when I met him (C)/the other day (D)/ No error (E).

21. All human beings (A)/have their roles (B)/to play in (C)/the theatre of this world (D)/No error (E).

22. Though lot of (A)/work has been done (B)/in the country, (C)/it is not enough (D)/No error (E).

23. Education can play (A)/an important role (B)/in creating (C)/communal harmony (D)/No error (E).

24. He felt that (A)/it was no longer necessary (B)/for him to hunt (C)/ down a job (D)/No error (E).

25. I know many men (A)/who had marked (B)/physical courage, but (C)/lacked moral courage (D)/No error (E).

26. Life is dear (A)/to a mute creature (B)/as it is (C)/to a man (D)/No error (E).

27. He walked up (A)/the end of (B)/ the road but (C)/found no flourist (D)/No error (E).

28. He has been (A)/appointed as (B)/President of (C)/the ruling party (D)/No error (E).

29. Fashion is very (A)/fickle, and keeping up (B)/with trends can (C)/be trying and expensive proposition (D)/No error (E).

30. The doctors told the family (A)/ that if the patient (B)/could survive for 24 hours (C)/he will have a chance (D)/No error (E).

31. They took (A)/more time (B)/for reaching there (C)/than we (D)/ No error (E).

32. Neither I nor (A)/she am to (B)/ apply for (C)/this teaching post (D)/No error (E).

33. Ten rupees are (A)/surely not a (B)/big sum to (C)/reckon with (D)/No error (E).

34. The speed of (A)/the sports car (B)/ is greater than the (C)/ other one (D)/ No error (E).

35. This dictionary is (A)/as good if (B)/not better than (C)/the other one (D)/No error (E).

36. None but (A)/those having (B)/ three years' experience (C)/need apply (D)/No error (E).

37. My father got (A)/angry before (B)/I said (C)/a word (D)/No error (E).

38. Tapan is the most (A)/irresponsible person (B)/and does not (C)/care for his belongings (D)/No error (E).

39. In spite of Jaya's (A)/faults my mother (B)/can not help (C)/but like her (D)/No error (E).

40. If she would have (A)/worked hard/(B)/she would have (C)/ passed the examination (D)/No error (E).

41. As the child is not (A)/feeling well, so he (B)/will not be able (C)/to attend the school (D)/No error (E).

42. After he returns (A)/from his official tour (B)/I will go and (C)/see him (D)/No error (E).

**43.** The maximum (A)/number of persons (B)/a boat (C)/is ten (D)/ No error (E).

**44.** If the day (A)/after tomorrow (B)/ is Friday, what day (C)/was yesterday (D)/No error (E).

**45.** Only well read person (A)/can make (B)/proper use (C)/of the English language (D)/No error (E).

**46.** She is one of (A)/the fashion designers (B)/which have (C)/ become famous (D)/No error (E).

**47.** Not only Harish (A)/but also Nikhil (B)/is involved in (C)/the social service programme (D)/No error (E).

**48.** Neither he (A)/or I have (B)/been called (C)/for the interview (D)/ No error (E).

**49.** We all know (A)/that he is (B)/ wiser (C)/than hardworking (D)/ No error (E).

**50.** I wish (A)/I was (B)/the Prime Minister (C)/of the country (D)/ No error (E).

**51.** Too calmly (A)/the hunter took (B)/careful aim (C)/and fired the bullets (D)/No error (E).

**52.** The court presented (A)/rigorous imprisonment to (B)/all the seven accused (C)/in the bank robbery case (D)/No error (E).

**53.** Amar was conscious to (A)/all that was (B)/going on (C)/around his place (D)/No error (E).

**54.** Hurry up (A)/if not (B)/you miss the bus (C)/to school! (D)/No error (E).

**55.** Till it stops raining (A)/I can not (B)/go to the (C)/market for shopping (D)/No error (E).

**56.** Only if (A)/I were rich (B)/ enough to buy I can (C)/buy my favourite car (D)/No error (E).

**57.** The thief mother (A)/pleaded (B)/for her (C)/son's innocence (D)/No error (E).

**58.** They plan their products (A)/and strategies little by little (B)/rather than (C)/take a long leap (D)/No error (E).

**59.** The last decade (A)/had witnessed a shift (B)/in business strategies (C)/all about the world (D)/No error (E).

**60.** Experience, good (A)/analytical skills (B)/and flair for innovation (C)/are called (D)/No error (E).

**61.** The Worker Union (A)/has given (B)/a written complaint (C)/to the Chairman (D)/No error (E).

**62.** Five armed miscreants (A)/broke through the house (B)/and decamped with (C)/jewellery and cash (D)/No error (E).

**63.** He is (A)/not scholar, (B)/he is (C)/an engineer (D)/No error (E).

**64.** On every (A)/Saturday night (B)/ we go (C)/to cinema (D)/No error (E).

**65.** I shall (A)/go to the library (B)/ to return books (C)/before the due date (D)/No error (E).

**66.** Her mother (A)/is an interior designer (B)/and earns thousands of rupees (C)/a month (D)/No error (E).

**67.** The leaf (A)/is always (B)/the green (C)/in colour (D)/No error (E).

**68.** The lion (A)/saw his (B)/shade in (C)/the water (D)/No error (E).

**69.** The child (A)/was walking (B)/in the (C)/centre of the road (D)/No error (E).

**70.** The fire (A)/that broke out (B)/last night (C)/caused many damage (D)/No error (E).

**71** Many people (A)/lost their life (B)/in the train accident (C)/last year (D)/No error (E).

**72.** The number of (A)/members of the club (B)/are increasing (C)/day-by-day (D)/No error (E).

**73.** The colour (A)/of her hairs (B)/is as black (C)/as coal (D)/No error (E).

**74.** The news (A)/of her recovery (B)/from coma (C)/are unbelievable (D)/No error (E).

**75.** Very little (A)/people attended (B)/the function (C)/yesterday night (D)/No error (E).

**76.** Our long trip (A)/by train (B)/was not (C)/at all comfortable (D)/No error (E).

**77.** All his savings (A)/are kept (B)/in the locker (C)/of a nearby bank (D)/No error (E).

**78.** Jaya and me (A)/would rather (B)/go to (C)/the library (D)/No error (E).

**79.** Just between (A)/you and I, (B)/I do not want (C)/to meet him (D)/No error (E).

**80.** One should be (A)/aware of (B)/his responsibility (C)/towards elders (D)/No error (E).

**81.** Divya is (A)/more beautiful (B)/than (C)/her (D)/No error (E).

**82.** Rinku (A)/is intelligent (B)/than (C)/I (D)/No error (E).

**83.** Neither of (A)/the participants (B)/managed to score (C)/the qualifying points (D)/No error (E).

**84.** Any of (A)/these two dresses (B)/has been tailored (C)/by the Choicest Tailors (D)/No error (E).

**85.** Mary has grown (A)/into (B)/a (C)/handsome woman (D)/No error (E).

**86.** Pinki is (A)/four years (B)/smaller (C)/than Asha (D)/No error (E).

**87.** The building (A)/on the next block (B)/is several metres (C)/tall (D)/No error (E).

**88.** Children must (A)/keep (B)/their teeth (C)/clear (D)/No error (E).

**89.** All the students (A)/passed the examination (B)/accept the one (C)/who cheated (D)/No error (E).

**90.** Farther information (A)/on the matter (B)/is eagerly awaited (C)/by all (D)/No error (E).

**91.** Mayank has been (A)/sick for (B)/over (C)/two months (D)/No error (E).

**92.** He is (A)/my elder brother (B)/and the man with him (C)/is his best friend (D)/No error (E).

**93.** Lie this (A)/book on (B)/the shelf (C)/over there (D)/No error (E).

**94.** He told (A)/me he (B)/would come back (C)/to Delhi (D)/No error (E).

**95.** This bank (A)/was stolen (B)/last night (C)/by some men (D)/ No error (E).

**96.** He wanted (A)/to lend a book (B)/from my (C)/best friend (D)/ No error (E).

**97.** He learnt (A)/me how (B)/to drive (C)/a car (D)/No error (E).

**98.** Can I (A)/be of (B)/some help (C)/to you? (D)/No error (E).

**99.** None fortunately (A)/saw us (B)/there at (C)/the club (D)/No error (E).

**100.** Unless you (A)/do not (B)/leave early (C)/you can't catch the train (D)/ No error (E).

**101.** The teacher (A)/came always (B)/late to (C)/our class (D)/No error (E).

**102.** Many remote areas (A)/are (B)/rarely (C)/populated (D)/No error (E).

**103.** He is living (A)/in Patna (B)/before he moved (C)/to Delhi (D)/No error (E).

**104.** I am sorry (A)/for not able to (B)/come to (C)/your Birthday Party (D)/No error (E).

**105.** Alas! (A)/the train (B)/stops (C)/suddenly (D)/No error (E).

**106.** She is (A)/went to (B)/meet her (C)/parents after a long time (D)/No error (E).

**107.** The child (A)/picked (B)/the ball (C)/from the ground (D)/No error (E).

**108.** God helps (A)/them (B)/who help (C)/themselves (D)/ No error (E).

**109.** Once on a time (A)/there lived (B)/a very wise (C)/and handsome king (D)/No error (E).

**110.** He thought (A)/that he could (B)/win the first prize (C)/in the painting competition (D)/No error (E).

**111.** I refrained (A)/myself (B)/from expressing (C)/my views (D)/No error (E).

**112.** The official excuse (A)/was that (B)/the fourth general election (C)/was only 4 months aloof (D)/No error (E).

**113.** Seven years (A)/was long (B)/a time (C)/to wait (D)/No error (E).

**114.** There are three major factors (A)/which a recruiter (B)/must look for (C)/in a candidate (D)/No error (E).

**115.** Her mother had died (A)/when she was (B)/not yet (C)/two year old (D)/No error (E).

**116.** The sole objective (A)/of the trust (B)/is the warfare (C)/of mentally retarded children (D)/No error (E).

**117.** All you have (A)/been hoping for (B)/will finally (C)/get accomplished (D)/No error (E).

**118.** Students are (A)/warned to (B)/pay attention to (C)/their studies (D)/No error (E).

**119.** I have seen (A)/a beautiful (B)/ girl walking (C)/down the stairs yesterday (D)/No error (E).

**120.** Once he decided to (A)/build the temple (B)/the search for (C)/a suitable site started (D)/No error (E).

**121.** The robber was (A)/in poor shape (B)/but his spirit (C)/were not broken (D)/No error (E).

**122.** Inside a week (A)/I was asked (B)/to report to the Headquarters (C)/on deputation (D)/No error (E).

**123.** There is (A)/a clear division (B)/of opinion (C)/amidst the political parties (D)/No error (E).

**124.** The fighting (A)/broke out (B)/ later (C)/a dispute (D)/No error (E).

**125.** His lawyers (A)/have forbade (B)/ him to say (C)/anything (D)/No error (E).

## EXPLANATORY ANSWERS

1. **D :** It should be 'had stopped'.
2. **A :** It should be 'she met'.
3. **C :** It should be 'to what'.
4. **C :** It should be 'from the'.
5. **C :** It should be 'above'.
6. **B :** It should be 'enjoyed talking'.
7. **B :** It should be 'admire her'.
8. **D :** It should be 'college that day'.
9. **A :** It should be 'The doctor advised'.
10. **A :** It should be 'who are'.
11. **A :** It should be 'Those who are'.
12. **B :** It should be 'comes again'.
13. **A :** It should be 'He is too poor'.
14. **E :**
15. **A :** It should be 'Mumps is'.
16. **B :** It should be 'did I reach'.
17. **B :** It should be 'hard, he'.
18. **B :** It should be 'very happy'.
19. **D :** It should be 'for the last three years'.
20. **A :** It should be 'He was sitting'.
21. **C :** It should be 'to play on'.
22. **A :** It should be 'Though a lot of'.
23. **E :**
24. **D :** It should be 'for a job'.
25. **A :** It should be 'I have known many men'.
26. **A :** It should be 'Life is as dear'.
27. **B :** It should be 'to the end of'.
28. **B :** It should be 'appointed'.
29. **D :** It should be 'be a trying and expensive proposition'.
30. **D :** It should be 'he would have a chance'.
31. **C :** It should be 'to reach there'.
32. **B :** It should be 'she is to'.
33. **A :** It should be 'Ten rupees is'.
34. **C :** It should be 'is greater than that of the'.

**35. B :** It should be 'as good as if'.

**36. E :**

**37. C :** It should be 'I had said'.

**38. D :** It should be 'take care of his belongings'.

**39. D :** It should be 'liking her'.

**40. A :** It should be 'If she had'.

**41. B :** It should be 'feeling well he'.

**42. C :** It should be 'I will go to'.

**43. C :** It should be 'on each boat'.

**44. D :** It should be 'was it yesterday'.

**45. A :** It should be 'only a well read person' OR 'only well read persons'.

**46. C :** It should be 'who have'.

**47. E :**

**48. B :** It should be 'nor I have'.

**49. C :** It should be 'more wise'.

**50. B :** It should be 'I were'.

**51. A :** It should be 'very calmly'.

**52. A :** It should be 'the court awarded'.

**53. A :** It should be 'Amar was conscious of'.

**54. B :** It should be 'lest'.

**55. A :** It should be 'Unless the rain stops'.

**56. C :** It should be 'I could'.

**57. A :** It should be 'The thief's mother'.

**58. D :** It should be 'taking a long leap'.

**59. D :** It should be 'all over the world'.

**60. D :** It should be 'are called for'.

**61. A :** It should be 'The Workers' Union'.

**62. B :** It should be 'broke into the house'.

**63. B :** It should be 'not a scholar'.

**64. D :** It should be 'to the cinema'.

**65. C :** It should be 'to return the books'.

**66. E :**

**67. C :** It should be 'green'.

**68. C :** It should be 'image in'

**69. D :** It should be 'middle of the road'.

**70. D :** It should be 'caused much damage'.

**71. B :** It should be 'lost their lives'.

**72. C :** It should be 'is increasing'.

**73. B :** It should be 'of her hair'.

**74. D :** It should be 'is unbeliev- able'.

**75. A :** It should be ' very few'.

**76. A :** It should be 'Our long journey'.

**77. E :**

**78. A :** It should be 'Jaya and I'.

**79. B :** It should be 'you and me'.

**80. C :** It should be 'one's responsi- bility'.

**81. D :** It should be 'she'.

**82. B :** It should be 'is more intelligent'.

**83. A :** It should be 'None of'.

**84. A :** It should be 'Either of'.

**85. D :** It should be 'beaufiful woman'.

**86. C :** It should be 'younger'.

**87. D :** It should be 'high'.

**88. D :** It should be 'clean'.

**89. C :** It should be 'except the one'.

**90. A :** It should be 'Further information'.

**91. B :** It should be 'ill for'.

**92. E :**

**93. A :** It should be 'Lay this'.

**94. B :** It should be 'me that he'.

**95. B :** It should be 'was robbed'.

**96. B :** It should be 'to borrow a book'.

**97. A :** It should be 'He taught'.

**98. E :**

**99. A :** It should be 'Fortunately no one'.

**100. B :** 'do not' is not needed in the sentence.

**101. C :** It should be 'always came'.

**102. C :** It should be 'scarcely'.

**103. A :** It should be 'He had been living'.

**104. B :** It should be 'for not being able to'.

**105. C :** It should be 'had stopped'.

**106. B :** It should be 'going to'.

**107. B :** It should be 'picked up'.

**108. B :** It should be 'those'.

**109. A :** It should be 'Once upon a time'.

**110. E :**

**111. B :** 'myself' is not needed in the sentence.

**112. D :** It should be 'was only four months away'.

**113. B :** It should be 'was too long'.

**114. B :** It should be 'that a recruiter'.

**115. A :** It should be 'Her mother died'.

**116. C :** It should be 'is the welfare'.

**117. A :** It should be 'All that you have'.

**118. B :** It should be 'advised to'.

**119. B :** It should be 'I saw'.

**120. E :**

**121. D :** It should be 'was not broken'.

**122. A :** It should be 'Within a week'.

**123. D :** It should be 'among the political parties'.

**124. C :** It should be 'after'.

**125. B :** It should be 'have forbidden'.

# Synonyms



**Directions :** *In each questions below, out of the four alternatives, choose the one which best expresses the meaning of the given word.*

1. Odious
   - A. unpleasant
   - B. dirty
   - C. silly
   - D. constant

2. Hybrid
   - A. clean
   - B. cross
   - C. superb
   - D. serious

3. Detract
   - A. to redo
   - B. delete
   - C. diminish
   - D. change

4. Connoisseur
   - A. trustworthy
   - B. expert
   - C. cheat
   - D. corrupt

5. Luminous
   - A. quiet
   - B. unbound
   - C. pressed
   - D. glowing

6. Fractious
   - A. irritable
   - B. shattered
   - C. partitioned
   - D. unfair

7. Wanton
   - A. strict
   - B. desired
   - C. playful
   - D. unwanted

8. Spurious
   - A. genuine
   - B. false
   - C. readily available
   - D. outstanding

9. Verity
   - A. truth
   - B. change
   - C. wholesome
   - D. differ

10. Spendthrift
    - A. emptied
    - B. consumer
    - C. worried
    - D. wasteful

11. Vestibule
    - A. directed
    - B. investment
    - C. lobby
    - D. idling

12. Gullible
    - A. hungry
    - B. foolish
    - C. insane
    - D. cheeky

13. Bedeck
    - A. get off
    - B. worker
    - C. decorate
    - D. transfer

14. Infringe
    - A. filter
    - B. disobey
    - C. boundary
    - D. shrink

15. Adjourn
    - A. delay
    - B. trip
    - C. bind
    - D. court

16. Wobble
    - A. elastic
    - B. heated
    - C. tremble
    - D. jumpy

17. Drudgery
    - A. magic
    - B. treatment
    - C. doubtful
    - D. labour

18. Fugitive
    - A. crucial
    - B. stormy
    - C. unstable
    - D. mature

19. Profane
    A. impure | B. proud
    C. survey | D. certified

20. Niche
    A. cost | B. place
    C. mark | D. grip

21. Quirk
    A. easy | B. fancy
    C. dumb | D. recall

22. Mandatory
    A. human | B. heroic
    C. required | D. polite

23. Foster
    A. cultivate | B. dedicate
    C. train | D. achieve

24. Antiquity
    A. age | B. old
    C. ancient | D. thought

25. Complacent
    A. confused | B. unseen
    C. thick | D. pleased

26. Erudite
    A. harsh | B. strain
    C. quick | D. learned

27. Zenith
    A. modest | B. height
    C. tussle | D. shameful

28. Grimy
    A. unclean | B. shiny
    C. greased | D. slippery

29. Kindle
    A. soft | B. pity
    C. fire | D. make

30. Tedious
    A. lively | B. minute
    C. tiring | D. single

31. Yoke
    A. embryo | B. shout
    C. desire | D. bond

32. Jocular
    A. faulty | B. funny
    C. idiotic | D. uneven

33. Nefarious
    A. evil | B. friendly
    C. ignorant | D. many

34. Incur
    A. gain | B. arrive
    C. speak | D. force

35. Resolve
    A. cancel | B. total
    C. decide | D. balance

36. Overcast
    A. announce | B. project
    C. dull | D. carry

37. Vouch
    A. rest | B. certify
    C. cheque | D. purse

38. Supple
    A. dark | B. silly
    C. agree | D. elastic

39. Jeopardy
    A. fun | B. action
    C. merry | D. danger

40. Fidelity
    A. manner | B. faith
    C. story | D. charge

41. Zone
    A. point | B. issue
    C. belt | D. object

42. Decoy
    A. spy | B. ruin
    C. trap | D. fact

43. Amplify
    A. boost      B. remove
    C. test      D. value

44. Random
    A. casual      B. will
    C. order      D. limit

45. Extol
    A. ending      B. widen
    C. force      D. celebrate

46. Thorny
    A. sharp
    B. frightening
    C. thorough
    D. disable

47. Rugged
    A. matted      B. rough
    C. strong      D. grand

48. Forage
    A. aged      B. scare
    C. food      D. weak

49. Hoodwink
    A. cheat      B. viewer
    C. honest      D. decent

50. Smother
    A. plain      B. envelop
    C. giggle      D. hurry

**Directions :** *In the questions that follow, a set of three words is given with different meanings of a certain word. Choose that word from the options given after each set.*

51. Absurd, Droll, Comic
    A. dainty      B. insane
    C. jocular      D. stormy

52. Gracious, Daring, Manful
    A. clanger      B. gallivant
    C. gallant      D. wager

53. Lovable, Enchanting, Cuddly
    A. beloved      B. amiable
    C. sonorous      D. forage

54. Overwhelm, Crush, Destroy
    A. overdue      B. oppress
    C. downfall      D. engulf

55. Decode, Simplify, Interpret
    A. observe
    B. calculate
    C. erase
    D. translate

56. Mark, Note, Sign
    A. symptom      B. issue
    C. letter      D. order

57. Relish, Smack, Swallow
    A. hurt      B. praise
    C. taste      D. scold

58. Dreadful, Hellish, Titanic
    A. uneven
    B. monstrous
    C. difficult
    D. hated

59. Reduce, Cheaper, Exhaust
    A. finish      B. burn
    C. wipe      D. depress

60. Fancy, Request, Desire
    A. covet      B. worry
    C. haste      D. caution

61. Rough, Crude, Sharp
    A. edged      B. harsh
    C. uneven      D. witty

62. Devalue, Corrupt, Weaken
    A. unwell      B. alter
    C. adulterate      D. praise

63. Fence, Defend, Protect
    A. barricade      B. curtail
    C. storm      D. reserve

**64.** Graceful, Tender, Refined
    A. pure        B. lively
    C. elegant   D. legal

**65.** Lodge, Abide, Dwell
    A. rule        B. reside
    C. dominate  D. complain

**66.** Credit, Dignity, Glory
    A. crown      B. decent
    C. mannerly  D. honour

**67.** System, Method, Fashion
    A. technique  B. famous
    C. unitary    D. ability

**68.** Titan, Huge, Jumbo
    A. time       B. ample
    C. fast       D. gaint

**69.** Absurd, Amazing, Wonderful
    A. silly
    B. handsome
    C. incredible
    D. praise

**70.** Distant, Aloof, Careless
    A. lazy
    B. indifferent
    C. away
    D. secondary

**71.** Die, Expire, Vanish
    A. perish     B. last
    C. want      D. due

**72.** Thoughtful, Grave, Serious
    A. ideal      B. sacred
    C. angry     D. pensive

**73.** Sum, Number, Amount
    A. whole    B. count
    C. quantity  D. finance

**74.** Legal, Official, Lawful
    A. court     B. justice
    C. valid     D. rule

**75.** Insane, Dumb, Crazy
    A. bright    B. idiotic
    C. clown    D. wise

**76.** Reign, Empire, Kingdom
    A. sovereignty
    B. command
    C. destruction
    D. union

**77.** Nurse, Feed, Attend
    A. nourish   B. consume
    C. present   D. protect

**78.** Daily, Register, Gazette
    A. journal
    B. regular
    C. attendance
    D. always

**79.** Friendly, Warm, Cheerful
    A. manly    B. tepid
    C. excited   D. cordial

**80.** Cry, Moan, Sigh
    A. wail      B. groan
    C. lease    D. clamp

**81.** Imitate, Phoney, Counterfeit
    A. mimic    B. double
    C. constitute D. forge

**82.** Creation, Inception, Source
    A. genesis  B. beget
    C. sculpture D. trace

**83.** Protege, Aspirant, Entrant
    A. nominee  B. scholar
    C. orator    D. disposed

**84.** Force, Compel, Bind
    A. solder    B. unite
    C. oblige    D. activate

**85.** Derision, Contempt, Despite
    A. ladle     B. deface
    C. berate   D. scorn

**86.** Unfruitful, Barren, Unproductive
A. wasted     B. marooned
C. pilfered     D. sterile

**87.** Vanity, Arrogance, Pride
A. maturity     B. exclusive
C. conceit     D. terse

**88.** Douse, Satiate, Cool
A. freeze     B. simplify
C. quench     D. relax

**89.** Candid, Artless, Ingenuous
A. drab     B. naive
C. fadded     D. cheap

**90.** Guide, Symptom, Clue
A. measure     B. index
C. effect     D. aide

**91.** Baron, Mogul, Magnate
A. lure     B. princely
C. tycoon     D. genre

**92.** Mesmerize, Spellbind, Fascinate
A. hypnotize     B. scrape
C. remember     D. attract

**93.** Custom, Style, Trend
A. vogue     B. tradition
C. lively     D. fancy

**94.** Juvenile, Callow, Unfledged
A. shrewd
B. inexperienced
C. young
D. cunning

**95.** Struggle, Tussle, Scuffle
A. toil     B. wrestle
C. debate     D. error

**96.** Spiritual, Heavenly, Divine
A. learned
B. celestial
C. mythological
D. scholistic

**97.** Provide, Bestow, Reveal
A. convey     B. engage
C. clear     D. furnish

**98.** Husky, Gruff, Croaky
A. revile     B. tactless
C. hoarse     D. evident

**99.** Expression, Remark, Locution
A. distinct     B. speech
C. phrase     D. appeal

**100.** Contract, Guarantee, Pledge
A. undertake
B. soothe
C. offer
D. appropriate

**101.** Gauze, Swathe, Plaster
A. passage     B. clean
C. fortify     D. bandage

**102.** Opulence, Treasure, Prosperity
A. attainment
B. saving
C. fortune
D. support

**103.** Panic, Startle, Unnerve
A. dread     B. release
C. corner     D. alarm

**104.** Remove, Abstract, Recall
A. erase
B. unbound
C. remember
D. withdraw

**105.** Free, Frank, Direct
A. available
B. outspoken
C. orderly
D. approachable

**106.** Evildoer, Wrongdoer, Transgressor
A. corrupt     B. killer
C. malefactor     D. slave

**107.** Cripple, Hack, Disfigure
    A. mutilate    B. exercise
    C. decrease    D. beat

**108.** Baffle, Confuse, Bewilder
    A. blend    B. surprise
    C. puzzle    D. madden

**109.** Delight, Pleasure, Comfort
    A. please    B. luxury
    C. happiness    D. deceit

**110.** Slit, Gash, Notch
    A. untie    B. separate
    C. stimulate    D. incision

**111.** Core, Grain, Marrow
    A. centre    B. reality
    C. kernel    D. solid

**112.** Bolt, Lock, Hasp
    A. rough    B. latch
    C. bound    D. close

**113.** Notification, Statement, Account
    A. presentation    B. reminder
    C. bulletin    D. logic

**114.** Scrutinize, Investigate, Analyse
    A. violate    B. promote
    C. explore    D. exhibit

**115.** Precise, Methodical, Efficient
    A. perfect    B. calculated
    C. systematic    D. accurate

**116.** Sunny, Joyful, Debonair
    A. Showy    B. rampart
    C. brisk    D. buoyant

**117.** Academic, Speculative, Theoretical
    A. hypothetical
    B. educative
    C. overwrought
    D. unanimous

**118.** Confound, Dishevel, Tangle
    A. jumble    B. exchange
    C. disobey    D. affix

**119.** Paroxysm, Spasm, Outbreak
    A. agony    B. outburst
    C. outset    D. entry

**120.** Murmur, Breathe, Rustle
    A. disturb    B. whisper
    C. inhale    D. noise

## ANSWERS

| 1 | 2 | 3 | 4 | 5 | 6 | 7 | 8 | 9 | 10 |
|---|---|---|---|---|---|---|---|---|---|
| A | B | C | B | D | A | C | B | A | D |

| 11 | 12 | 13 | 14 | 15 | 16 | 17 | 18 | 19 | 20 |
|---|---|---|---|---|---|---|---|---|---|
| C | B | C | B | A | C | D | C | A | B |

| 21 | 22 | 23 | 24 | 25 | 26 | 27 | 28 | 29 | 30 |
|---|---|---|---|---|---|---|---|---|---|
| B | C | A | A | D | D | B | A | C | C |

| 31 | 32 | 33 | 34 | 35 | 36 | 37 | 38 | 39 | 40 |
|---|---|---|---|---|---|---|---|---|---|
| D | B | A | A | C | C | B | D | D | B |

| 41 | 42 | 43 | 44 | 45 | 46 | 47 | 48 | 49 | 50 |
|---|---|---|---|---|---|---|---|---|---|
| C | C | A | A | D | A | B | C | A | B |

| 51 | 52 | 53 | 54 | 55 | 56 | 57 | 58 | 59 | 60 |
|---|---|---|---|---|---|---|---|---|---|
| C | C | B | D | D | A | C | B | D | A |

| 61 | 62 | 63 | 64 | 65 | 66 | 67 | 68 | 69 | 70 |
|----|----|----|----|----|----|----|----|----|----|
| B | C | A | C | B | D | A | D | C | B |

| 71 | 72 | 73 | 74 | 75 | 76 | 77 | 78 | 79 | 80 |
|----|----|----|----|----|----|----|----|----|----|
| A | D | C | C | C | A | A | A | D | B |

| 81 | 82 | 83 | 84 | 85 | 86 | 87 | 88 | 89 | 90 |
|----|----|----|----|----|----|----|----|----|----|
| D | A | A | C | D | D | C | C | B | B |

| 91 | 92 | 93 | 94 | 95 | 96 | 97 | 98 | 99 | 100 |
|----|----|----|----|----|----|----|----|----|----|
| C | A | A | C | B | B | D | C | C | A |

| 101 | 102 | 103 | 104 | 105 | 106 | 107 | 108 | 109 | 110 |
|----|----|----|----|----|----|----|----|----|----|
| D | C | D | D | B | C | A | C | B | D |

| 111 | 112 | 113 | 114 | 115 | 116 | 117 | 118 | 119 | 120 |
|----|----|----|----|----|----|----|----|----|----|
| C | B | C | C | C | D | A | A | B | B |

# Antonyms

**Directions :** *In each questions below, out of the four alternatives, choose the word that is most nearly the opposite in meaning to the given word.*

1. Transient
   - A. passing
   - B. brief
   - C. lucid
   - D. eternal

2. Effective
   - A. potent
   - B. able
   - C. futile
   - D. sharp

3. Oust
   - A. spoil
   - B. renew
   - C. induct
   - D. outdo

4. Sustain
   - A. rule
   - B. uphold
   - C. impose
   - D. resist

5. Lofty
   - A. sublime
   - B. flat
   - C. shrill
   - D. terse

6. Venerable
   - A. similar
   - B. young
   - C. accurate
   - D. wise

7. Anticipation
   - A. surprise
   - B. foresee
   - C. revival
   - D. assurance

8. Embellish
   - A. obscure
   - B. enrich
   - C. deface
   - D. lavish

9. Deter
   - A. circulate
   - B. induce
   - C. hamper
   - D. encourage

10. Luscious
    - A. shining
    - B. tasty
    - C. eerie
    - D. sour

11. Revenue
    - A. income
    - B. outlay
    - C. construct
    - D. repeal

12. Tangible
    - A. independent
    - B. unreal
    - C. material
    - D. salient

13. Fiendish
    - A. corrupt
    - B. angelic
    - C. valuable
    - D. reverent

14. Headstrong
    - A. complaisant
    - B. mastermind
    - C. unorthodox
    - D. ponderous

15. Nebulous
    - A. clear
    - B. confused
    - C. careful
    - D. central

16. Questionable
    - A. subjective
    - B. disputed
    - C. certain
    - D. deductive

17. Slender
    - A. silky
    - B. grim
    - C. stout
    - D. coarse

18. Upright
    - A. inferior
    - B. crooked
    - C. wrong
    - D. engage

19. Tyrant
    - A. quiet
    - B. accord
    - C. kind
    - D. unjust

**20.** Sporadic
   A. genuine      B. blithe
   C. peculiar    D. frequent

**21.** Blemish
   A. acclaim    B. spotless
   C. advance    D. retard

**22.** Extravagant
   A. frank       B. credible
   C. partial     D. stingy

**23.** Stretch
   A. prevail     B. fondle
   C. object     D. curtail

**24.** Persecute
   A. sanction   B. patronize
   C. authorise  D. transact

**25.** Eternal
   A. finite      B. mystic
   C. perpetual  D. disjunct

**26.** Deviate
   A. obscure   B. magnify
   C. persist    D. restore

**27.** Vicious
   A. moral      B. chaste
   C. faulty     D. peevish

**28.** Subtle
   A. artful      B. coarse
   C. delicate   D. fragile

**29.** Ferocious
   A. prolific    B. strong
   C. modest    D. wild

**30.** Pertinent
   A. relevant   B. graphic
   C. unfit      D. prompt

**31.** Mighty
   A. frail       B. godly
   C. potent     D. uneasy

**32.** Onerous
   A. exacting   B. crushing
   C. facile     D. arduous

**33.** Transact
   A. afflict     B. loiter
   C. waver     D. persist

**34.** Mourn
   A. maim      B. deplore
   C. revel      D. truncate

**35.** Claim
   A. quote      B. waive
   C. lively     D. bright

**36.** Solemn
   A. sedate    B. cordial
   C. artless    D. vulgar

**37.** Zealot
   A. devoted   B. fickle
   C. fanatic   D. highest

**38.** Bewilder
   A. astonish  B. damage
   C. enlighten  D. distrust

**39.** Contempt
   A. grace      B. scorn
   C. share     D. accord

**40.** Hypocrisy
   A. flattery   B. charm
   C. deceit     D. honesty

**41.** Protract
   A. refute     B. clarify
   C. curtail    D. conceal

**42.** Uncouth
   A. clownish  B. attractive
   C. unbiased  D. reliable

**43.** Scarcity
   A. pleasure  B. galore
   C. retrieval  D. amass

**44.** Rejoice
   A. neglect   B. drain
   C. obtuse    D. lament

**45.** Partake
    A. whole      B. allot
    C. divide      D. sever

**46.** Just
    A. unlawful      B. partial
    C. discreet      D. fraction

**47.** Myth
    A. legend      B. story
    C. fable      D. fact

**48.** Unanimity
    A. unity      B. agreement
    C. discord      D. deception

**49.** Ghastly
    A. inconstant      B. spectral
    C. gratified      D. corporeal

**50.** Loathe
    A. undress      B. prefer
    C. compromise      D. dominate

## ANSWERS

| 1 | 2 | 3 | 4 | 5 | 6 | 7 | 8 | 9 | 10 |
|---|---|---|---|---|---|---|---|---|---|
| D | C | C | C | B | B | C | C | D | D |

| 11 | 12 | 13 | 14 | 15 | 16 | 17 | 18 | 19 | 20 |
|---|---|---|---|---|---|---|---|---|---|
| B | B | B | A | A | C | C | B | C | D |

| 21 | 22 | 23 | 24 | 25 | 26 | 27 | 28 | 29 | 30 |
|---|---|---|---|---|---|---|---|---|---|
| B | D | D | B | A | C | A | B | C | C |

| 31 | 32 | 33 | 34 | 35 | 36 | 37 | 38 | 39 | 40 |
|---|---|---|---|---|---|---|---|---|---|
| A | C | B | C | B | D | B | C | A | D |

| 41 | 42 | 43 | 44 | 45 | 46 | 47 | 48 | 49 | 50 |
|---|---|---|---|---|---|---|---|---|---|
| C | B | B | D | B | A | D | C | D | B |

# One Word Substitution

**Directions :** *Choose the most suitable 'one word' for each of the following expressions given below.*

1. The belief that good must prevail over evil in the end
   A. Optimism
   B. Sophtism
   C. Truism
   D. Radicalism

2. Hater of women
   A. Misochist
   B. Misogamist
   C. Misogynist
   D. Misanthropist

3. That cannot be seen through
   A. Transparent
   B. Translucent
   C. Evanscent
   D. Opaque

4. One who will never cease to exist
   A. Immoral
   B. Impassable
   C. Immortal
   D. Impassive

5. Custom or condition of marriage to more than one person at a time
   A. Bigamy
   B. Polygamy
   C. Monogamy
   D. Matriomony

6. Habit of walking in sleep
   A. Sophtism
   B. Somnambulism
   C. Scepticism
   D. Somniloquism

7. Person who talks too much or too often only about himself
   A. Optimist
   B. Critic
   C. Egoist
   D. Stoic

8. A summary or outline of a book
   A. Precis
   B. manuscript
   C. Preface
   D. Synopsis

9. Neat and smart in dress and appearance
   A. Shabby      B. Spruce
   C. Rustic      D. Sophist

10. Arrangement of events according to dates or times of occurrence
   A. Chronology
   B. Catalogue
   C. Chronicle
   D. Choreography

11. A person who has no means of livelihood
   A. Beggar      B. Refugee
   C. Convict     D. Pauper

12. A post supporting the handrail of a staircase
   A. Banister    B. Barrage
   C. Barrister   D. Barouche

13. A person who firmly believes that all the events are decided by fate
    A. Forte      B. Florist
    C. Fugitive    D. Fatalist

14. Easily cheated or duped
    A. Naive      B. Deceived
    C. Gullible    D. Forged

15. Things that can be easily set on fire
    A. Inflammable   B. Sparkler
    C. Fiery        D. Rabid

16. Instrument for testing the quality of milk
    A. Altimeter
    B. Lactometer
    C. Barometer
    D. Chronometer

17. A person who believes in the existence of God
    A. Atheist    B. Baptist
    C. Theist     D. Cynicist

18. Of, or like a cat
    A. Furry     B. Agile
    C. Feline     D. Canine

19. Extermination of a race or community by mass murder
    A. Arson     B. Coup
    C. Pilferage   D. Genocide

20. Given, done or obtained without payment
    A. Award
    B. Endowment
    C. Gratuity
    D. Grant

21. A cardboard box for holding goods
    A. Carton    B. Trunk
    C. Chest      D. Package

22. Person relying on experience and observation
    A. Examiner
    B. Eccentric
    C. Empiric
    D. Executioner

23. Group of lions
    A. Shoal     B. Pride
    C. Flock      D. Pack

24. An exceptionally brilliant or successful young person
    A. Genius    B. Maestro
    C. Intellect   D. Whiz-kid

25. Ruler who has absolute authority to run the government
    A. Monarch
    B. Dictator
    C. Bureaucrat
    D. Theocrat

26. Agreement during a war or battle to stop fighting for a time
    A. Alliance
    B. Treaty
    C. Armistice
    D. Concordant

27. A person who eats human flesh
    A. Cannibal   B. Obese
    C. Dossier    D. Laggard

28. An illusion or hope that cannot be realized
    A. Mirage
    B. Fantasy
    C. Misconception
    D. Perception

29. Something outdated or no longer in use or fashion
    A. Absolute   B. Obsolete
    C. Retarded   D. Regale

**30.** Complete failure to reach an agreement to settle a quarrel or grievance
A. Mishap          B. Wreck
C. Omission       D. Deadlock

**31.** Person who eats too much
A. Famished      B. Glutton
C. Hungry         D. Starved

**32.** Contrary to law
A. Inimical        B. Adverse
C. Illegal          D. Precept

**33.** A criminal who has often been in prison
A. Jailbird        B. Jailor
C. Prisoner       D. Jockey

**34.** Person using more words than needed
A. Gullible        B. Talkative
C. Verbose        D. Extrovert

**35.** Building where grain is stored
A. Stockyard     B. Modicum
C. Iota             D. Granary

**36.** A woman head of a family or tribe
A. Matriarch     B. Patriarch
C. Frateral        D. Ladybird

**37.** Crime of killing a small babe
A. Insensate
B. Infanticide
C. Innuendo
D. Infidel

**38.** Person of good appearance and manners
A. Debonair      B. Adonis
C. Courteous     D. Social

**39.** A change which is proposed or made to a rule, regulation etc.
A. Enhancement
B. Reform
C. Clarification
D. Amendment

**40.** A dull, slow or mindless person
A. Insane          B. Zombie
C. Deranged      D. Lunatic

**41.** A place where people often meet
A. Rendezvous
B. Club
C. Joint
D. Association

**42.** Reaching a conclusion from two statements
A. Reasoning
B. Comparison
C. Syllogism
D. Deduction

**43.** Being the only one of its sort
A. Specimen
B. Sample
C. Unique
D. Outstanding

**44.** Exposed to being attacked or harmed
A. Volatile
B. Vulnerable
C. Versatile
D. Voluptuary

**45.** Egg laying animals that creep or crawl
A. Reptiles        B. Creepers
C. Primers        D. Insects

**46.** A person who is free from national prejudices and feels at home in any country of the world
A. Orthodox
B. Conservative
C. Crusader
D. Cosmopolitan

**47.** Speech delivered without previous thought or preparation
A. Oration      B. Jargon
C. Extempore      D. Harangue

**48.** Irrelevant talk about God and sacred things
A. Sacrilege
B. Blasphemy
C. Profanity
D. Oblation

**49.** Company of persons making a journey together for safety
A. Travellers
B. Tourists
C. Campaign
D. Caravan

**50.** Animals feeding on flesh or other animal matter
A. Carnivore      B. Omnivore
C. Barbarian      D. Cannibal

## ANSWERS

| 1 | 2 | 3 | 4 | 5 | 6 | 7 | 8 | 9 | 10 |
|---|---|---|---|---|---|---|---|---|----|
| A | C | D | C | B | B | C | D | B | A |

| 11 | 12 | 13 | 14 | 15 | 16 | 17 | 18 | 19 | 20 |
|----|----|----|----|----|----|----|----|----|----|
| D | A | D | C | A | B | C | C | D | C |

| 21 | 22 | 23 | 24 | 25 | 26 | 27 | 28 | 29 | 30 |
|----|----|----|----|----|----|----|----|----|----|
| A | C | B | D | B | C | A | A | B | D |

| 31 | 32 | 33 | 34 | 35 | 36 | 37 | 38 | 39 | 40 |
|----|----|----|----|----|----|----|----|----|----|
| B | C | A | C | D | A | B | A | D | B |

| 41 | 42 | 43 | 44 | 45 | 46 | 47 | 48 | 49 | 50 |
|----|----|----|----|----|----|----|----|----|----|
| A | C | C | B | A | D | C | B | D | A |

# Idioms and Phrases

**Directions :** *From the alternatives given below each idiom/phrase select the one that best brings out the meaning of the idiom/phrase.*

1. By leaps and bounds
   A. majority    B. rapidly
   C. easily    D. fairly

2. In a daze
   A. in bright light
   B. ill and bedridden
   C. facing a problem
   D. confused and shocked

3. A broken reed
   A. a broken affair
   B. an unreliable person
   C. discord
   D. an easy task

4. Round the corner
   A. curved
   B. drift
   C. easily available
   D. not far off

5. A black sheep
   A. a person of bad reputation
   B. a breed of sheep
   C. a dark room
   D. unpleasant feeling

6. To cross one's mind
   A. to get confused
   B. to occur
   C. to create tension
   D. to tell a lie

7. Yeoman's service
   A. render help
   B. poor service
   C. slavery
   D. late delivery of goods

8. To lead a dog's life
   A. to live in a small house
   B. to behave inhumanly
   C. to be loyal to others
   D. to live in misery

9. An early bird
   A. one who catches worms
   B. a cock or hen
   C. a lucky person
   D. an early riser

10. A fool's errand
    A. to work very slowly
    B. to waste time
    C. a useless task
    D. a silly mistake

11. Fair and square
    A. give reason
    B. honest
    C. smart person
    D. a white cube

12. A feather in one's cap
    A. a hole in the cap
    B. an achievement
    C. a light object
    D. a dirty cap

13. A queer fish
    A. a strange person

B. a dead fish
C. a secret plan
D. biased person

**14.** Flying colours
A. victory
B. modern art
C. rainbow
D. good news

**15.** Gift of the gab
A. well learned
B. an unexpected visitor
C. fluency in speech
D. a costly gift

**16.** Game for anything
A. prefer playing games to studies
B. full of life
C. easily impressed
D. a good player

**17.** To give a slip
A. to fall
B. to go unnoticed
C. to bunk the class
D. to escape

**18.** A white collar worker
A. a person doing a labourer's work
B. a person doing an officer's job
C. a person in white uniform
D. a foreign dignatory

**19.** By and large
A. expanded
B. without any trouble
C. an easy situation
D. in general

**20.** Dress someone up
A. get ready for a party
B. prepare to do something

C. disguise
D. plan

**21.** Let someone down
A. disappoint
B. push away
C. humiliate
D. say goodbye

**22.** To take after
A. to chase
B. to resemble
C. to follow
D. to walk behind

**23.** Fret and fume
A. shout loudly
B. burn a large fire
C. start a fight
D. show angry impatience

**24.** Practise what you preach
A. become a teacher
B. do what is right
C. do what one advises others to do
D. follow the leader

**25.** The top brass
A. a rich dealer of brass product
B. high ranking military officer
C. good trumpet player
D. of great value or importance

**26.** The ins and outs
A. entry and exit gates
B. secret information
C. the good and the bad
D. the full details

**27.** Hit the jackpot
A. have a great success
B. slap a foolish person
C. win in a gamble
D. hit the target

**28.** A casanova
   A. to have fun
   B. a sincere wish
   C. an unfaithful lover
   D. an unexpected good news

**29.** Straight from the horse's mouth
   A. very outspoken
   B. most powerful
   C. heart warming speech
   D. first hand news

**30.** To set forth
   A. to impress
   B. to express
   C. to follow
   D. to clear all doubts

**31.** Lay off
   A. dismiss temporarily
   B. to fall asleep
   C. feel tired
   D. postpone

**32.** To fall in with
   A. form a group
   B. work together
   C. to decline
   D. to agree to

**33.** Bring round
   A. persuade
   B. encircle
   C. trap
   D. draw a circle

**34.** Yawning gap
   A. parted lips
   B. a wide gap
   C. on the other side
   D. more than needed

**35.** A word of honour
   A. an award
   B. a sincere promise

   C. a high military rank
   D. an effort to win

**36.** Even walls have ears
   A. holes in walls
   B. very poor condition
   C. there are spies around
   D. face trouble

**37.** A stepping stone
   A. a rung of ladder
   B. to finish a given task
   C. source of success
   D. an opportunity

**38.** To smell a rat
   A. to have a suspicion
   B. foul smell
   C. to be scared of
   D. to sense trouble

**39.** Turning point
   A. a busy crossroad
   B. a point of change for the better
   C. an important factor
   D. a kind of bend

**40.** One of these days
   A. recently     B. recent past
   C. finally      D. shortly

**41.** To see eye to eye with
   A. to cause a fight
   B. to reason out
   C. to get friendly with
   D. to agree

**42.** Red tape
   A. power
   B. official delay
   C. danger sign
   D. unlucky person

**43.** To be in a saddle
   A. to be in control

B. to ride a horse
C. to be in trouble
D. to be very excited

**44.** Under the table
A. unknown
B. secretly
C. well hidden
D. not in view

**45.** A rainy day
A. a time of trouble
B. the day of the onset of monsoon
C. a day when it rained continuously
D. the time to have fun

**46.** To put on
A. to mimic
B. to stay on
C. to offer for sale
D. to wear

**47.** To hold on
A. catch on to something
B. to save
C. to let someone wait
D. to continue

**48.** To read between the lines
A. to correct the errors
B. to see the hidden meaning
C. to study hard
D. to discover something new

**49.** Look after
A. to overlook
B. to ignore
C. to attend to
D. to take charge

**50.** Tom, Dick and Harry
A. three musketeers
B. many sided
C. ordinary person
D. three different pairs

## ANSWERS

| 1 | 2 | 3 | 4 | 5 | 6 | 7 | 8 | 9 | 10 |
|---|---|---|---|---|---|---|---|---|----|
| B | D | B | D | A | B | A | D | D | C |

| 11 | 12 | 13 | 14 | 15 | 16 | 17 | 18 | 19 | 20 |
|----|----|----|----|----|----|----|----|----|----|
| B | B | A | A | C | B | D | B | D | C |

| 21 | 22 | 23 | 24 | 25 | 26 | 27 | 28 | 29 | 30 |
|----|----|----|----|----|----|----|----|----|----|
| A | B | D | C | B | D | A | C | D | B |

| 31 | 32 | 33 | 34 | 35 | 36 | 37 | 38 | 39 | 40 |
|----|----|----|----|----|----|----|----|----|----|
| A | D | A | B | B | C | C | A | B | D |

| 41 | 42 | 43 | 44 | 45 | 46 | 47 | 48 | 49 | 50 |
|----|----|----|----|----|----|----|----|----|----|
| D | B | A | B | A | D | D | B | C | C |

# Mis-Spelt Words

**Directions :** *In each question below, groups of four words are given. In each group, one word is not spelt correctly. Find this mis-spelt word.*

1. A. bouquet    B. eternal
   C. criple    D. blurred

2. A. lodge    B. rigime
   C. inhabit    D. conduit

3. A. hostile    B. entrence
   C. fervent    D. typically

4. A. terminator    B. border
   C. censer    D. juicer

5. A. ruffian    B. distortion
   C. brighten    D. comedean

6. A. conterary    B. persuade
   C. nostalgia    D. proficient

7. A. spectators    B. condemn
   C. priority    D. analisis

8. A. percolate
   B. delimma
   C. fierce
   D. overwhelm

9. A. fabricate    B. ethical
   C. optimist    D. armistise

10. A. absente    B. genuine
    C. heartily    D. agitated

11. A. allot    B. occurance
    C. faithful    D. nativity

12. A. contradict    B. realistick
    C. abstract    D. brutal

13. A. profitable    B. construct
    C. salwage    D. authentic

14. A. engredients    B. personal
    C. ruthless    D. discrete

15. A. temprate    B. virtuous
    C. fanfare    D. smoulder

16. A. idling    B. consumer
    C. protrution    D. oblique

17. A. illegal    B. condensed
    C. culpable    D. boundry

18. A. prespire    B. dribble
    C. acutely    D. wither

19. A. stagnant    B. profession
    C. quater    D. inverted

20. A. ettiquete    B. intrinsic
    C. probable    D. crusading

21. A. reciprocate
    B. dehidration
    C. tournament
    D. circumvent

22. A. evacuate    B. converge
    C. dissembark    D. elegance

23. A. exemplary
    B. submerging
    C. cooperative
    D. managable

24. A. inundate    B. smoulder
    C. stimulus    D. generosity

25. A. dexterous    B. kernel
    C. pagentry    D. novice

| | | | |
|---|---|---|---|
| **26.** A. wrestler | B. numeros | C. detergent | D. unforeseen |
| C. festivity | D. baptism | **29.** A. inoccupied | B. ensure |
| **27.** A. remorseful | B. journalism | C. anatomy | D. unwary |
| C. gurilla | D. youngster | **30.** A. luminous | B. abhorrent |
| **28.** A. filanthropy | B. ravenous | C. vibrasion | D. wretched |

## ANSWERS (WITH CORRECT SPELLING)

1. **C** : cripple
2. **B** : regime
3. **B** : entrance
4. **C** : censor
5. **D** : comedian
6. **A** : contrary
7. **D** : analysis
8. **B** : dilemma
9. **D** : armistice
10. **A** : absentee
11. **B** : occurrence
12. **B** : realistic
13. **C** : salvage
14. **A** : ingredients
15. **A** : temperate
16. **C** : protrusion
17. **D** : boundary
18. **A** : perspire
19. **C** : quarter
20. **A** : etiquette
21. **B** : dehydration
22. **C** : disembark
23. **D** : manageable
24. **D** : generosity
25. **C** : pageantry
26. **B** : numerous
27. **C** : guerilla
28. **A** : philanthropy
29. **A** : unoccupied
30. **C** : vibration

# Word Usage



**Directions :** *In each question below, sentences are given with blanks to be filled in with appropriate words. From the given four alternatives, choose the correct word which meaningfully completes the given sentence.*

1. The suspect was too ..... to admit that he had committed the crime.
   - A. nervous
   - B. clever
   - C. shy
   - D. obstinate

2. The patient's condition would become ..... if timely medication is not given.
   - A. pathetic
   - B. deadly
   - C. serious
   - D. grave

3. He was ..... of his valuables.
   - A. cheated
   - B. snatched
   - C. looted
   - D. deprived

4. The child picked up the toy which ..... on the ground.
   - A. laid
   - B. lay
   - C. lying
   - D. was lie

5. I ..... a certain grace about the way she carried herself.
   - A. marked
   - B. found
   - C. noticed
   - D. assumed

6. The fact is that men in uniform make a ..... audience.
   - A. distinguished
   - B. cheerful
   - C. encouraging
   - D. experimental

7. Try to be ..... about your objectives.
   - A. clear
   - B. confused
   - C. worried
   - D. ignorant

8. One evening, all the children in the family ..... to go to a picnic.
   - A. fought
   - B. panicked
   - C. decided
   - D. needed

9. High pitched noises ..... the reader's mind.
   - A. crackled
   - B. disturbed
   - C. dampened
   - D. crossed

10. After the control, the ..... winner celebrated by partying with her friends.
    - A. eager
    - B. solitary
    - C. expected
    - D. radiant

11. Medication will also be ..... at the time of examination.
    - A. advised
    - B. made available
    - C. prescribed
    - D. distributed

12. Too much work will ..... your energy.
    - A. drain
    - B. boost
    - C. enhance
    - D. filter

13. The water ..... in a silver stream down on mountain slope.
    - A. seeped
    - B. rushed
    - C. flowed
    - D. drained

14. The film was ..... the 'Best Film' for its magnificent portrayal of the complex and moving emotions.
    - A. described
    - B. directed
    - C. adjudged
    - D. projected

**15.** He will not study ..... he is compelled to do so.
A. unless      B. till
C. since       D. until

**16.** Women have ..... strongly in our freedom movements during the Civil Disobedience Movement in 1930.
A. focussed
B. participated
C. protested
D. improved

**17.** The ..... he eats, the fatter he becomes.
A. less      B. most
C. more      D. lots

**18.** I felicitated him on his grand ..... at the Defence Service Examination.
A. party
B. success
C. authority
D. appointment

**19.** He ..... your helping him to do the sums.
A. criticises
B. praises
C. accomplishes
D. appreciates

**20.** The word 'caste' is ..... from the Portuguese word 'casta' signifying breed, race or kind.
A. extracted      B. imposed
C. derived        D. taken

**21.** She walked past us with her ..... in the air.
A. chin      B. attention
C. nose      D. hands

**22.** He ..... his back on his friends when he became a celebrity.

A. forced      B. showed
C. detained    D. turned

**23.** That multinational firm seeks to ..... engineers from all walks of disciplines to its various departments.
A. offer      B. recruit
C. lay off     D. impress

**24.** We all believe that change is the ..... of nature.
A. law       B. force
C. habit      D. part

**25.** Only ..... will you find a girl that combines both looks and is good at other things.
A. rarely      B. often
C. naturally    D. in films

**26.** There are a few parents, who can ..... to send their children to boarding schools.
A. reason out    B. admit
C. afford         D. try

**27.** His achievements in the field of social welfare are .....
A. creditable
B. exceptional
C. underestimated
D. manifold

**28.** The palatial building was ..... for the wedding occassion.
A. ignited
B. enlightened
C. lighted
D. illuminated

**29.** This is the ..... of the two questions.
A. hardest
B. unexpected
C. complex
D. easier

**30.** The court has ..... the final judgement.
   A. decided     B. awaited
   C. examined   D. passed

**31.** Nearly fifty countries are expected to ..... in the trade fair this year.
   A. collaborate   B. participate
   C. franchise     D. unite

**32.** The actor's fine performance undoubtedly deserved a great ..... from the audience.
   A. applause    B. criticism
   C. proposal    D. reward

**33.** The army offers exciting career ..... for the adventurous young people.
   A. promotions   B. perks
   C. providents   D. prospects

**34.** The model's face was ..... with heavy make-up.
   A. coated     B. painted
   C. glued      D. shaded

**35.** India is the largest ..... of films in the world.
   A. producer    B. maker
   C. inventor    D. creator

**36.** The naughty child was ..... by his mother.
   A. loved      B. defended
   C. rebuked    D. threatened

**37.** Even after hours of discussion the Board failed to reach a ..... decision.
   A. biased
   B. unanimous
   C. unique
   D. perplexed

**38.** He refused to sell that dress unless the price offered was .....
   A. right      B. true
   C. correct    D. realistic

**39.** Women in rural areas are capable of progressive thinking and have the ..... for viable social participation.
   A. potential   B. heart
   C. knowledge  D. courage

**40.** The unemployment rate in the country is ..... and ample measures should be taken to solve the problem.
   A. stagnant
   B. controversial
   C. alarming
   D. distinct

## ANSWERS

| 1 | 2 | 3 | 4 | 5 | 6 | 7 | 8 | 9 | 10 |
|---|---|---|---|---|---|---|---|---|---|
| D | C | D | B | C | A | A | C | B | D |

| 11 | 12 | 13 | 14 | 15 | 16 | 17 | 18 | 19 | 20 |
|----|----|----|----|----|----|----|----|----|----|
| C | A | B | C | A | B | C | B | D | C |

| 21 | 22 | 23 | 24 | 25 | 26 | 27 | 28 | 29 | 30 |
|----|----|----|----|----|----|----|----|----|----|
| C | D | B | A | A | C | A | C | D | D |

| 31 | 32 | 33 | 34 | 35 | 36 | 37 | 38 | 39 | 40 |
|----|----|----|----|----|----|----|----|----|----|
| B | A | D | A | A | C | B | A | A | C |

# Sentence Completion

**Directions :** *Following exercise is meant to test your ability to choose the right words to fill in the gaps of sentences. Read the sentence carefully and choose suitable preposition for the purpose.*

1. She is proud ..... her beauty.
   A. at            B. on
   C. of            D. about

2. Mohan belongs ..... the upper strata of the society.
   A. from          B. for
   C. to            D. of

3. They have invited us ..... attend the function.
   A. for           B. to
   C. upto          D. at

4. We offer heartiest congratulation ..... your success.
   A. at            B. on
   C. upon          D. for

5. M/s Ram Avtar & Sons are the famous dealers ..... sugar and wheat.
   A. of            B. in
   C. at            D. for

6. He showed much affection ..... me when I met him recently.
   A. for           B. to
   C. with          D. towards

7. He entered ..... the gate without any dificulty.
   A. by            B. from
   C. in            D. into

8. He aimed ..... the target and fired.
   A. to            B. at
   C. on            D. up

9. The trend ..... price rise is unfortunate.
   A. in            B. of
   C. for           D. with

10. Adulteration ..... food stuff is going unchecked.
    A. with         B. of
    C. in           D. into

11. So far that case is concerned, I have not dealt ..... it.
    A. no preposition is required
    B. in
    C. into
    D. with

12. The man killed ..... road accident was a stranger.
    A. of            B. by
    C. in            D. on

13. He did not go ..... the right direction.
    A. to            B. by
    C. into          D. in

14. The train reached ..... the station right time.
    A. to
    B. by
    C. on
    D. no preposition is required

**15.** Punjab Mail arrived ..... New Delhi Railway Station three hours late.
A. no preposition is required
B. on
C. at
D. to

**16.** He slipped away ..... the crowd to avoid arrest.
A. of      B. from
C. by      D. with

**17.** The man died ..... heart attack without receiving any treatment.
A. of      B. with
C. in      D. by

**18.** He called ..... me late at night to communicate the message.
A. upon      B. on
C. to      D. up

**19.** The accused ran away ..... the police custoday.
A. from      B. off
C. by      D. off

**20.** My friend called ..... me to offer congratulations on my success.
A. to      B. upon
C. on      D. off

**21.** This remark is not ..... your favour.
A. to      B. for
C. in      D. of

**22.** He acted well ..... accordance with law.
A. with      B. by
C. in      D. to

**23.** There is a provision ..... law to bail out the accused.
A. by      B. of
C. with      D. in

**24.** Parole can be granted ..... any convict under the provisions of law.
A. for      B. to
C. into      D. upon

**25.** The appeal has been moved ..... High Court by the party.
A. in      B. to
C. for      D. with

## ANSWERS

| 1 | 2 | 3 | 4 | 5 | 6 | 7 | 8 | 9 | 10 |
|---|---|---|---|---|---|---|---|---|----|
| C | C | B | B | B | B | D | B | B | C |

| 11 | 12 | 13 | 14 | 15 | 16 | 17 | 18 | 19 | 20 |
|----|----|----|----|----|----|----|----|----|----|
| D | C | D | D | C | B | A | D | A | C |

| 21 | 22 | 23 | 24 | 25 |
|----|----|----|----|----|
| C | C | B | B | A |

# Ordering of Sentences



**Directions :** *In the questions given below, the first and the last part of the sentences are numbered 1 and 6. The rest of the sentence is split into four parts P, Q, R and S which are not given in their proper order. From the given options after each questions, find out which of the four combinations is correct.*

1. 1. Looking at the history
   P. can help us remember
   Q. and perhaps encourage us
   R. of everyday life
   S. that every day is history
   6. to live a little more intensely.
   A. SQPR      B. PQSR
   C. QRPS      D. RPSQ

2. 1. There are seven precautions.
   P. of being a lightning casualty
   Q. that can minimise your chances
   R. if you cannot seek shelter
   S. in a substantial building
   6. or a hard-topped vehicle
   A. SQRP      B. SQPR
   C. QSPR      D. QPRS

3. 1. A large man
   P. stood stiffly in the back
   Q. to meet the wildly
   R. of the vehicle

4. 1. When it was learnt
   P. the world price,
   Q. that the cost of production
   R. was more than three times
   S. the government offered
   6. lavish subsidies to farmers.
   A. QRPS      B. PQRS
   C. PRQS      D. QSRP

5. 1. Someone who has
   P. sports or physical activity
   Q. may not be
   R. excelled only in studies
   S. but has completely ignored
   6. a good team player
   A. PRQS      B. SQRP
   C. RSPQ      D. QRPS

6. 1. Many top management executives
   P. and therefore the pre-interview stage
   Q. have realised the inadequacies
   R. of the interview process
   S. has become an important process

S. wearing a battered grey hat
6. cheering thousands
A. SPRQ      B. SQPR
C. SQRP      D. QSPR

6. in weeding out the weaker candidates.
A. RPQS     B. PRSQ
C. QSPR     D. QRPS

**7.** 1. A large number
P. of party leaders feel
Q. only the judiciary
R. that it is
S. which can finally pave the way
6. for his selection as party chief.
A. SPQR     B. PRQS
C. SQRP     D. RQPS

**8.** 1. Fed up with
P. the villagers took turns staying awake
Q. in their neighbourhood,
R. the spate of robberies
S. to collar the uninvited visitor
6. on his next attempt to rob.
A. SPQR     B. QSPR
C. RQPS     D. PRSQ

**9.** 1. Law and order
P. who eliminate government officials
Q. terrorists and militants
R. are virtually at ransom
S. in the hands of
6. and panic crowds.
A. PRSQ     B. RSQP
C. SQPR     D. PSRQ

**10.** 1. It is not
P. but whether we can
Q. a question of whether
R. we can afford

S. to make nuclear weapons
6. afford not to
A. PQSR     B. SRQP
C. QRSP     D. RSPQ

**11.** 1. The most interesting feature
P. of the emancipation of women
Q. is that the woman's claim
R. accepted without any
S. to equality has been
6. demur or challenge.
A. PRQS     B. SRQP
C. PQSR     D. RQPS

**12.** 1. Hindi has
P. modern language and
Q. medium of instruction in
R. it is doing better as
S. rapidly developed as
6. schools and colleges.
A. SPRQ     B. SRQP
C. PQRS     D. PRSQ

**13.** 1. Cinema as a
P. used to educate childern
Q. as well as illiterates
R. can very effectively be
S. medium of instruction
6. under adult education scheme.
A. QRPS     B. SQRP
C. PSQR     D. SRPQ

**14.** 1. Most people with a layman's
P. do not go to a witchdoctor for one.
Q. is created by books and media

R. an awarness of which
S. knowledge of science,
6. but have recourse to medicine.
A. QSRP     B. RQPS
C. SRQP     D. PSQR

**15.** 1. The theories of Charles Darwin that
P. man was a special creation
Q. man was descended from the ape
R. of God and Adam and Eve
S. shook the religious belief that
6. were the first humans
A. RQPS     B. QSPR
C. PSQR     D. QRPS

**16.** 1. It is hard
P. responsibility for doing
Q. to work, to accept
R. often unpleasant
S. to teach youngsters
6. but necessary chores
A. SQPR     B. RSPQ
C. PSRQ     D. SRPQ

**17.** 1. Action speaks louder
P. provide the first
Q. parents need to be
R. conscious that they
S. than words and

6. role models for their children
A. PQSR     B. SRQP
C. SQRP     D. QRPS

**18.** 1. As a teenager
P. her singing talents
Q. under the watchful eye
R. Whitney Houston cultivated
S. of her mother, Cissy
6. founder of the 1960s group

The Sweet Inspiration.
A. QPRS     B. SQRP
C. PRSQ     D. RPQS

**19.** 1. If however,
P. travel in winter, and
Q. do not mind
R. the cold and the snow,
S. you plan to
6. how about Europe?
A. PRSQ     B. SPQR
C. RQSP     D. RPSQ

**20.** 1. Talking excitedly,
P. the two walked on,
Q. eventually meeting
R. to be the father
S. a man who seemed
6. of one of them
A. SPRQ     B. RQPS
C. PQSR     D. QSPR

## ANSWERS

| 1 | 2 | 3 | 4 | 5 | 6 | 7 | 8 | 9 | 10 |
|---|---|---|---|---|---|---|---|---|----|
| D | D | A | A | C | D | B | C | B | C |

| 11 | 12 | 13 | 14 | 15 | 16 | 17 | 18 | 19 | 20 |
|----|----|----|----|----|----|----|----|----|----|
| C | A | D | C | B | A | C | D | B | C |

# Comprehension



### PASSAGE-I

We talk about two people fighting like wild cats, but this is nothing compared to angry mongooses fighting. They grip each other with their mouths and front paws and they roll over and over, all the time screaming at each other. They seem to be tearing each other to pieces. Yet, when they finally part, neither of them shows even a scratch.

Mongooses can move as quickly as lightning. That is why they can kill snakes without hurting themselves. They sink their needle-sharp teeth into the back of the neck of a poisonous snake. Apart from its speed, its tail helps the mongoose when it fights with snakes. When the mongoose is angry the hairs on its tail stand out so that it looks like a brush. When it attacks it keeps wiping this brush across the face of its enemy.

Although, they kill snakes, the usual food of mongooses is rats, mice, lizards, insects and other small animals. They are also very fond of eggs. If it is caught when it is young, the mongoose can become very tame and it is a delightful pet. In India, many people keep mongooses in their homes as protection against snakes.

## QUESTIONS

1. When two mongooses fight
   A. they kill each other
   B. they keep screaming
   C. they tear each other to pieces
   D. they scratch each other

2. A mongoose moves
   A. only when asked to do so
   B. very fast
   C. all the time
   D. round and round

3. When it fights a snake the mongoose uses
   A. some needles
   B. its nose
   C. its sharp teeth
   D. its ears

4. 'Apart from' (in paragraph 2), means
   A. different from
   B. away from
   C. in addition to
   D. far from

5. The mongoose uses its tail
   A. to clean itself
   B. to clean the face of the snake
   C. instead of a brush
   D. as a weapon

## PASSAGE-II

The mosquito is a nuisance. It annoys people when they are sleeping and it is also dreaded as a carrier of malaria. For many years, all kinds of methods have been used to get rid of mosquitoes. In some parts of the world, people rub themselves with an oil that will keep mosquitoes away. The health authorities spend a lot of money spraying stagnant ponds and other places where mosquitoes breed, with a powerful fluid that kills all the harmful insects, including mosquitoes. In many tropical countries, people sleep under mosquito nets. If they sleep out in the open, they make sure that there is a fire to keep away mosquitoes.

The latest device for mosquito eradication is a machine called the 'Zapper' which is produced and sold by an American company. It kills mosquitoes and other small insects. A coloured light inside the machine attracts the mosquitoes. When they enter the Zapper a powerful ray kills the insects at once.

The machine which must be made to stand on the floor is four feet high and weighs thirty pounds. The Zapper does not cause any harm to human beings. The inventor of Zapper thinks that his machine is the best way to get rid of mosquitoes as well as other insects that bite human beings. Of course, insects such as flies and moths will also be killed if they enter the Zapper. The Zapper now works only on electricity. It is likely that in a few years somebody will invent a similar machine operated on battery.

## QUESTIONS

1. Zapper is the ..... of a new machine.
   A. inventor     B. title
   C. name         D. colour

2. The Zapper is used for
   A. catching mosquitoes
   B. trapping flies
   C. burning insects
   D. killing mosquitoes

3. The mosquitoes are attracted by the ..... in the machine.
   A. colours      B. noise
   C. beauty       D. light

4. The Zapper should be
   A. nailed to the wall
   B. hung from the ceiling
   C. placed on the ground
   D. buried in the ground

5. Flies will be killed if they ..... the Zapper.
   A. fly near      B. see
   C. touch         D. come into

## ANSWERS

| | Passage-I | | | | | | Passage-II | | | |
|---|---|---|---|---|---|---|---|---|---|---|
| 1 | 2 | 3 | 4 | 5 | | 1 | 2 | 3 | 4 | 5 |
| B | B | C | C | D | | C | D | D | C | D |

# बैंकिंग सहित सामान्य जानकारी



**1.** मोहनजोदड़ो और हड़प्पा के प्राचीन नगर अब कहाँ स्थित हैं?
A. भारत में  B. पाकिस्तान में
C. बांग्लादेश में  D. तिब्बत में

**2.** सिन्धु सभ्यता से प्राप्त मुहरें निम्नलिखित में से किससे बनी थीं?
A. लाजवर्द  B. कांस्य
C. रजत  D. स्टेटाइट

**3.** निम्नलिखित में से कौन-सा वेद गद्य एवं पद्य में रचित है?
A. ऋग्वेद  B. यजुर्वेद
C. सामवेद  D. अथर्ववेद

**4.** ऋग्वैदिककालीन आर्यों के युद्ध के देवता कौन थे?
A. मंगल  B. इन्द्र
C. रुद्र  D. शिव

**5.** महावीर स्वामी को किस स्थान पर ज्ञान प्राप्त हुआ?
A. ऋजुपालिका नदी के तट पर
B. पुनपुन नदी के तट पर
C. गंगा नदी के तट पर
D. कोसी नदी के तट पर

**6.** अशोक के अभिलेखों को पढ़ने का प्रथम श्रेय प्राप्त है—
A. विल्किन्स को
B. विलियम जोन्स को
C. जेम्स विलियम को
D. जेम्स प्रिंसेप को

**7.** किसने भारत में सर्वप्रथम स्वर्ण सिक्के को चलाया था?
A. कुषाण  B. मौर्य
C. हिन्द यवन  D. गुप्त

**8.** गुप्तकाल में प्रमुख गणितज्ञ एवं खगोलशास्त्री था—
A. वराहमिहिर  B. आर्यभट्ट
C. रामानुजाचार्य  D. उपर्युक्त सभी

**9.** निम्नलिखित का काल क्रम है—
1. हल्दीघाटी युद्ध
2. बैरम खाँ का पतन
3. असीरगढ़ की विजय
4. अबुल फजल की हत्या
A. 1, 2, 3, 4  B. 3, 2, 4, 1
C. 1, 4, 2, 3  D. 2, 4, 3, 1

**10.** विदेशी आक्रमणकारियों को ऐतिहासिक क्रम में लिखिए—
1. मुहम्मद-बिन-कासिम
2. मुहम्मद गोरी
3. महमूद गजनवी
4. चंगेज खाँ
A. 1, 3, 4, 2  B. 4, 3, 2, 1
C. 1, 3, 2, 4  D. 4, 2, 3, 1

**11.** किस शासक के दरबार में सर्वाधिक हिन्दू पदाधिकारी थे?
A. अकबर  B. शाहजहाँ
C. जहाँगीर  D. औरंगजेब

**12.** किस शासक ने सिंचाई कर लगाया था?
A. मुहम्मद तुगलक
B. फिरोज तुगलक

   C. अलाउद्दीन खिलजी
   D. सिकन्दर लोदी

13. कबीर की मृत्यु किस स्थान पर हुई?
   A. प्रयाग       B. काशी
   C. मगहर      D. मथुरा

14. अंग्रेजों ने सर्वप्रथम अपना व्यापारिक कारखाना लगाया था–
   A. मुम्बई में    B. हुगली में
   C. सूरत में     D. बंगलौर में

15. भारतीय राष्ट्रीय कांग्रेस के प्रथम मुस्लिम अध्यक्ष थे–
   A. बदरुद्दीन तैयबजी
   B. मौलाना अबुल कलाम आजाद
   C. सर सैयद अहमद खाँ
   D. मो. जिन्ना

16. ऑल इण्डिया ट्रेड यूनियन के प्रथम अध्यक्ष थे–
   A. लाला लाजपत राय
   B. एम.एन. जोशी
   C. स्वामी सदानन्द
   D. बाल गंगाधर तिलक

17. भारत में सर्वप्रथम टेलीग्राफ व्यवस्था प्रारम्भ हुई थी–
   A. 1850 में    B. 1853 में
   C. 1854 में    D. 1856 में

18. असहयोग आन्दोलन वापस ले लिया गया था–
   A. रौलट एक्ट के बाद
   B. प्रथम विश्व युद्ध के बाद
   C. जलियाँवाला बाग हत्याकाण्ड के बाद
   D. चौरी-चौरा घटना के बाद

19. क्रिप्स मिशन को किसने 'उत्तर तिथिय चैक' की संज्ञा दी?

   A. महात्मा गांधी
   B. पं. जवाहर लाल नेहरू
   C. राजेन्द्र प्रसाद
   D. मोतीलाल नेहरू

20. थियोसोफिकल सोसाइटी का अन्तर्राष्ट्रीय मुख्यालय है–
   A. अड्यार      B. सैनफ्रांसिस्को
   C. न्यूयार्क     D. जेनेवा

21. सत्यशोधक समाज की स्थापना किसने की थी?
   A. गोपाल कृष्ण गोखले
   B. महादेव गोविन्द रानाडे
   C. ज्योतिबा फूले
   D. गोपाल हरि देशमुख

22. तैमूर ने किसके शासनकाल में भारत पर आक्रमण किया था?
   A. बलबन
   B. इल्तुतमिश
   C. फिरोजशाह तुगलक
   D. नासिरुद्दीन महमूदशाह तुगलक

23. समुद्रगुप्त ने अपने दक्षिण अभियान में किस वेंगी शासक को हराया था?
   A. नंदी वर्मन    B. हस्ती वर्मन
   C. देव वर्मन     D. नीरू वर्मन

24. मुहम्मद-बिन-तुगलक द्वारा अपनाया गया सांकेतिक मुद्रा किस धातु का बना हुआ था?
   A. कांसा       B. पीतल और तांबा
   C. चाँदी       D. लोहा

25. अकबर के शासन काल में मुगल सेना का सेनापति कौन था?
   A. राजा मान सिंह   B. टोडरमल
   C. भगवंत दास   D. फकीर अजीउद्दीन

26. इनमें से दिल्ली के सिंहासन पर बैठने वाला पहला अफगान शासक कौन था?
A. सिकन्दर लोदी
B. शेरशाह
C. बहलोल लोदी
D. इनमें से कोई नहीं

27. महमूद गवाँ का सम्बन्ध निम्नलिखित में किस दक्षिण राज्य से था?
A. बीजापुर      B. वारंगल
C. काकतीय      D. बहमनी

28. राष्ट्रीय कांग्रेस ने किस वर्ष ''पूर्ण स्वराज्य'' का प्रस्ताव पारित किया?
A. 1929 में      B. 1916 में
C. 1924 में      D. 1930 में

29. कांग्रेस तथा मुस्लिम लीग के बीच लखनऊ समझौता कब हुआ था?
A. 1906 में      B. 1916 में
C. 1924 में      D. 1929 में

30. सुभाष चन्द्र बोस के राजनीतिक गुरु कौन थे?
A. चित्तरंजन दास
B. अरविन्द घोष
C. महात्मा गांधी
D. बाल गंगाधर तिलक

31. पाकिस्तान के प्रथम प्रधानमंत्री कौन थे?
A. मुहम्मद अली जिन्ना
B. लियाकत अली खाँ
C. फीरोज खाँ नून
D. मौलाना मुहम्मद अली

32. भारतीय स्वतंत्रता के समय ब्रिटेन का प्रधानमंत्री कौन था?
A. लॉर्ड एटली
B. विंस्टन चर्चिल
C. रैम्से मैक्डोनाल्ड
D. रॉबर्ट वॉलपोल

33. 15 अगस्त, 1947 से 26 जनवरी, 1950 तक भारत का राजनीतिक दर्जा क्या था?
A. ब्रिटिश उपनिवेश
B. ब्रिटिश न्यास क्षेत्र
C. ब्रिटिश संरक्षण प्रदेश
D. ब्रिटिश राष्ट्रमंडल का एक अधिराज्य

34. किस वायसराय ने 1878 में भारतीय भाषाओं के समाचार-पत्रों पर अंकुश लगाया था?
A. लॉर्ड रिपन      B. लॉर्ड नार्थबुक
C. लॉर्ड लिटन      D. लॉर्ड एलगिन

35. निम्नलिखित में से किस अधिवेशन में राष्ट्रीय कांग्रेस के नरम एवं गरम दलों का पुनः विलय हो गया?
A. लाहौर (1929)
B. पुणे (1917)
C. लखनऊ (1916)
D. मद्रास (1915)

36. मुस्लिम लीग द्वारा ''प्रत्यक्ष कार्यवाही दिवस'' कब मनाया गया था?
A. 24 मार्च, 1946
B. 30 मार्च, 1946
C. 17 जून, 1946
D. 16 अगस्त, 1946

37. सिन्धु घाटी सभ्यता के लोग किस धातु से परिचित नहीं थे?
A. लोहा      B. चाँदी
C. ताँबा      D. सोना

38. सिन्धु घाटी सभ्यता का वह नगर कौन-सा है जहाँ बृहत् स्नानागार (Great Bath) के अवशेष मिले हैं?
A. लोथल      B. मोहनजोदड़ो
C. कालीबंगा      D. हड़प्पा

**39.** विक्रम संवत् कब-से प्रारम्भ हुआ?
A. 38 ई.पू.  B. 58 ई.पू.
C. 78 ई.पू.  D. 87 ई.पू.

**40.** पंचमार्क सिक्के सर्वाधिक रूप से किस धातु के बने थे?
A. सोना  B. चाँदी
C. ताँबा  D. काँच

**41.** सम्राट हर्ष के शासनकाल में बौद्ध अध्ययन का सर्वाधिक महत्वपूर्ण केन्द्र कौन-सा था?
A. राजगृह  B. तक्षशिला
C. नालन्दा  D. विक्रमशिला

**42.** कुतुबनुमा (दिशा सूचक यंत्र) का आविष्कार निम्नलिखित में से किस देश में हुआ था?
A. भारत  B. जापान
C. चीन  D. ईरान

**43.** निम्नलिखित में से किस देश में पारसी धर्म का प्रादुर्भाव हुआ था?
A. चीन  B. मिस्र
C. ईरान  D. इनमें से कोई नहीं

**44.** "एक राष्ट्र एक नेता" का नारा निम्नलिखित में से किसने दिया था?
A. हिटलर  B. बिस्मार्क
C. नेपोलियन  D. काउन्ट काबूर

**45.** गुटनिरपेक्ष राष्ट्रों का प्रथम सम्मेलन कहाँ हुआ था?
A. नई दिल्ली  B. काहिरा
C. लन्दन  D. बेलग्रेड

**46.** "यदि रूसो न होता तो फ्रांस की क्रांति न होती" यह कथन निम्नलिखित में से किसका है?
A. हिटलर  B. लेनिन
C. नेपोलियन  D. अब्राहम लिंकन

**47.** निम्नलिखित में से कौन-सा नगर फिरोज तुगलक ने बनवाया था?
A. फिरोजपुर  B. आगरा
C. फरीदाबाद  D. तुगलकाबाद

**48.** 'दीन-ए-इलाही' की स्थापना किस शासक ने की?
A. बाबर  B. हुमायूँ
C. अकबर  D. शाहजहाँ

**49.** किसने विधवा पुनर्विवाह अधिनियम पारित किया था?
A. लॉर्ड कैनिंग  B. लॉर्ड डलहौजी
C. लॉर्ड ऑकलैण्ड  D. विलियम बेंटिंग

**50.** मुगलकाल के दौरान 'मनसबदार' थे–
A. भू-स्वामी और जमींदार
B. राजस्व संकलनकर्ता
C. राज्य पदाधिकारी
D. सैनिक

## भूगोल

**51.** निम्नलिखित में से कौन-सा ग्रह सबसे कम समय में सूर्य का चक्कर लगाता है?
A. शुक्र  B. बुध
C. पृथ्वी  D. शनि

**52.** पृथ्वी के अलावा किस आकाशीय पिंड पर जीवन की सम्भावना है, क्योंकि वहाँ का पर्यावरण जीवन के लिए अनुकूल है–
A. बृहस्पति
B. मंगल
C. यूरोपा-बृहस्पति का चन्द्रमा
D. चन्द्रमा-पृथ्वी का चन्द्रमा

**53.** दो ग्रह जिनके उपग्रह नहीं हैं, वे हैं–
A. पृथ्वी एवं बृहस्पति
B. बुध एवं शुक्र
C. बुध एवं शनि
D. शुक्र एवं मंगल

**54.** मानक समय क्या होता है?
  A. किसी देशान्तर का सूर्य के अनुसार समय
  B. ग्रीनविच औसत का समय
  C. देश के लगभग बीच से गुजरने वाले देशान्तर का स्थानीय समय
  D. उपर्युक्त में से कोई नहीं

**55.** रात और दिन होने की प्रक्रिया में कौन-सा तथ्य सही है?
  A. पृथ्वी का अक्ष का 66½° अंश का झुका होना
  B. पृथ्वी का सूर्य के चारों ओर परिक्रमण
  C. पृथ्वी का अपनी (अक्ष) धुरी पर घूमना
  D. उपर्युक्त में से कोई नहीं

**56.** ओजोन पर्त अवस्थित है–
  A. क्षोभमंडल में
  B. क्षोभसीमा में
  C. समतापमंडल में
  D. प्रकाशमंडल में

**57.** विली-विली है–
  A. एक प्रकार का वृक्ष जो शीतोष्ण कटिबंध में उगता है
  B. एक प्रकार की हवा जो मरुस्थल में चलती है
  C. उत्तर-पश्चिम आस्ट्रेलिया का उष्णकटिबंधीय चक्रवात
  D. लक्षद्वीप समूह के निकट सामान्यतः पाई जाने वाली मछली का एक प्रकार

**58.** चावल की खेती के लिए आदर्श जलवायु परिस्थितियाँ हैं–
  A. 100 सेमी. से ऊपर वर्षा और 25°C से ऊपर ताप
  B. फसल की पूरी अवधि के लिए ठण्डी और नम जलवायु
  C. 100 सेमी. से कम वर्षा व 25°C से कम ताप
  D. पूरी फसल अवधि में कुछ गरम और शुष्क जलवायु

**59.** सदाबहार वर्षा वन पाए जाते हैं–
  A. आस्ट्रेलिया में B. ब्राजील में
  C. कनाडा में    D. फ्रांस में

**60.** सूची-I तथा सूची-II को सुमेलित कीजिए तथा सूचियों के नीचे दिए गए कूट का प्रयोग कर सही उत्तर चुनिए–

| सूची-I | सूची-II |
|---|---|
| (अग्रणी उत्पादक देश) | (पदार्थ) |
| (a) चीन | 1. प्राकृतिक रबड़ |
| (b) भारत | 2. दूध |
| (c) सउदी अरब | 3. लौह-अयस्क |
| (d) थाइलैण्ड | 4. पेट्रोलियम |

कूट :

|  | (a) | (b) | (c) | (d) |
|---|---|---|---|---|
| A. | 1 | 2 | 3 | 4 |
| B. | 4 | 3 | 2 | 1 |
| C. | 3 | 2 | 4 | 1 |
| D. | 2 | 3 | 1 | 4 |

**61.** किस घास के मैदान में वृक्ष नहीं पाए जाते हैं?
  A. लैनॉस        B. पम्पास
  C. सवाना        D. स्टेपी

**62.** माओरी जनजाति का निवास स्थान है–
  A. इंग्लैण्ड      B. न्यूजीलैण्ड
  C. ग्रीनलैण्ड     D. आयरलैण्ड

**63.** क्षेत्रफल की दृष्टि से भारत का सबसे बड़ा राज्य है–
  A. बिहार        B. पंजाब
  C. राजस्थान      D. उत्तर प्रदेश

**64.** पश्चिमी घाटों के मालाबार तट पर स्थित माहे निम्नलिखित में से किसका भाग है?
A. केरल
B. महाराष्ट्र
C. पुदुचेरी
D. तमिलनाडु

**65.** निम्नलिखित में से कहाँ प्राचीन चट्टानें पाई जाती हैं?
A. अरावली
B. हिमालय
C. शिवालिक
D. उपर्युक्त सभी

**66.** भारत में 'मरुस्थल की राजधानी' किसे कहते हैं?
A. उदयपुर
B. जैसलमेर
C. जयपुर
D. पालामऊ

**67.** 'मानसून प्रस्फोट' से क्या तात्पर्य है?
A. वर्षा की कृत्रिम वैज्ञानिक प्रक्रिया
B. आकाश में बादलों का गलत सघन रूप में आच्छादित होना
C. मेघाच्छन्न मौसम, जिसमें एक लम्बे समय तक वर्षा होती रहे
D. मानसून के समय विद्युत चमकने, बादल गरजने के साथ तीव्र मूसलाधार वर्षा

**68.** भारत में उगाई जाने वाली अधिकतर कॉफी की किस्म है–
A. ओल्ड चिक्स
B. कुर्ग्स
C. अरेबिका
D. केन्ट्स

**69.** सूची-I को सूची-II से सुमेलित कीजिए तथा सूचियों के नीचे दिए गए कूट का प्रयोग कर सही उत्तर चुनिए–

| सूची-I | सूची-II |
| --- | --- |
| (a) कोयम्बटूर | 1. तेलशोधन |
| (b) राउरकेला | 2. रेल डिब्बा |
| (c) कपूरथला | 3. लौह-इस्पात |
| (d) बरौनी | 4. सूती वस्त्र |

कूट :

| | (a) | (b) | (c) | (d) |
| --- | --- | --- | --- | --- |
| A. | 4 | 3 | 2 | 1 |
| B. | 1 | 2 | 3 | 4 |
| C. | 2 | 3 | 4 | 1 |
| D. | 4 | 2 | 3 | 1 |

**70.** 'दचिगाम अभयारण्य' भारत के किस राज्य में है?
A. जम्मू कश्मीर
B. महाराष्ट्र
C. हिमाचल प्रदेश
D. उत्तराखण्ड

**71.** सड़कों की कुल लम्बाई का सर्वाधिक हिस्सा निम्नलिखित में से किस प्रांत में है?
A. पंजाब
B. कर्नाटक
C. उत्तर प्रदेश
D. बिहार

**72.** भारत का सुदूर दक्षिण-बिन्दु कौन है?
A. कन्याकुमारी
B. लक्षद्वीप
C. रामेश्वरम्
D. ग्रेट निकोबार स्थित इंदिरा प्वाइंट

**73.** 'हजार झीलों की भूमि' किसे कहा जाता है?
A. स्वीडन
B. फिनलैण्ड
C. डेनमार्क
D. फ्रांस

**74.** नागार्जुन सागर बाँध किस नदी पर बनाया गया है?
A. कृष्णा (आन्ध्र प्रदेश)
B. गोदावरी (महाराष्ट्र)
C. कृष्णा (कर्नाटक)
D. गोदावरी (गुजरात)

**75.** निम्नलिखित में से किस प्रदेश में काली मिट्टी वाले क्षेत्र में सबसे अधिक खेती होती है?
A. बिहार
B. उत्तर प्रदेश
C. महाराष्ट्र
D. गुजरात

**76.** भू-वैज्ञानिकों की दृष्टि में भारत में सबसे पुरानी पर्वतमालाएँ कौन-सी हैं?
A. विन्ध्य
B. सतपुड़ा
C. हिमालय
D. अरावली

**77.** निम्नलिखित में से कौन-सी नदी समुद्र में नहीं मिलती है?
A. गंगा
B. यमुना
C. नर्मदा
D. गोदावरी

**78.** मानसून निवर्तन से अधिकतम वर्षा कहाँ पर होती है?
A. मुम्बई
B. चेन्नई
C. दिल्ली
D. कोलकाता

**79.** प्राचीन भारतीयों को वर्मा (म्यांमार) किस नाम से ज्ञात था?
A. सुवर्णभूमि
B. सुवर्णद्वीप
C. यवद्वीप
D. मलयमण्डलम्

**80.** विश्व का सबसे खारापन किस झील में है?
A. चाड झील (नाइजीरिया)
B. बैकाल झील (रूस)
C. वॉन झील (टर्की)
D. ग्रेट बियर झील (कनाडा)

**81.** चाय की खेती निम्नलिखित में से किसका उदाहरण है?
A. बृहत् (Extensive) कृषि
B. सघन (Intensive) कृषि
C. जीविकोपार्जन (Subsistence) कृषि
D. रोपण (Plantation) कृषि

**82.** मानचित्र में समुद्र तल से समान ऊँचाई वाले स्थानों को दर्शाने वाली रेखाओं को कहते हैं–
A. आइसोनेफ
B. कंटूर रेखा
C. आइसोबार
D. आइसोहेल

**83.** ब्राजील स्थित अमेजन बेसिन के वन कहलाते हैं–
A. पम्पास
B. सेल्वास
C. कैम्पोस
D. लानोस

**84.** किस महासागर में द्वीपों की संख्या सर्वाधिक है?
A. प्रशान्त महासागर में
B. हिन्द महासागर में
C. उत्तरी अटलाण्टिक महासागर में
D. दक्षिण अटलाण्टिक महासागर में

**85.** लूनी नदी किस राज्य में प्रवाहित होती है?
A. महाराष्ट्र
B. बिहार
C. पंजाब
D. राजस्थान

**86.** सम दिवारात्रि (Equinox) कब होता है?
A. 21 जून
B. 22 दिसम्बर
C. 21 मार्च एवं 22 सितम्बर
D. 21 जून एवं 22 दिसम्बर

**87.** दक्षिणी अमरीका के वृक्ष रहित घास के मैदान को क्या कहते हैं?
A. पम्पास
B. डाउन्स
C. प्रेयरीज
D. लानोस

**88.** मिट्टी का वैज्ञानिक एवं क्रमबद्ध अध्ययन कहलाता है–
A. विश्व रचना विज्ञान
B. भौतिक भूगोल
C. मृत्तिका विज्ञान
D. इनमें से कोई नहीं

**89.** गोबी रेगिस्तान कहाँ है?
A. पश्चिमी अफ्रीका में
B. दक्षिणी अमरीका में
C. दक्षिणी आस्ट्रेलिया में
D. मंगोलिया में

**90.** सौरमण्डल का सबसे बड़ा उपग्रह कौन-सा है?
A. टाइटन (बृहस्पति)
B. गनिमेड (बृहस्पति)
C. मिरांडा (यूरेनस)
D. ओबेरॉन (यूरेनस)

**91.** उत्तरी कोरिया तथा दक्षिणी कोरिया की सीमा किसके द्वारा विभाजित है?
A. 38° पूर्वी देशान्तर
B. 38° पश्चिमी देशान्तर
C. 38° उत्तरी अक्षांश
D. 38° दक्षिणी अक्षांश

**92.** कोवलम (Kovalam) समुद्र तट किस राज्य में स्थित है?
A. केरल          B. तमिलनाडु
C. गोआ          D. महाराष्ट्र

**93.** निम्नलिखित ग्रहों को उनकी सूर्य से बढ़ती हुई दूरी के क्रम में लिखिए—
1. शुक्र (Venus)
2. मंगल (Mars)
3. पृथ्वी (Earth)
4. बुध (Mercury)
A. 1, 2, 3, 4    B. 2, 3, 4, 1
C. 4, 1, 3, 2    D. 2, 4, 1, 3

**94.** कच्छ की खाड़ी के पूर्वी किनारे पर बसा हुआ बन्दरगाह है—
A. द्वारिका          B. काण्डला
C. कैम्बे          D. ओरवा

**95.** चन्द्रमा पर दिन और रात में से प्रत्येक कितने समय का होता है?
A. एक सप्ताह    B. दो सप्ताह
C. 12 घण्टे    D. 24 घण्टे

**96.** निम्नलिखित में से किसे ''संसार की छत'' कहते हैं?

A. हिमालय पर्वत
B. मैक्सिको का पठार
C. आल्प्स पर्वत
D. पामीर का पठार

**97.** चन्द्रमा पृथ्वी का उपग्रह है, क्योंकि—
A. इसमें स्वयं का प्रकाश नहीं है
B. यह पृथ्वी से छोटा है
C. यह पृथ्वी की परिक्रमा करता है
D. यह पृथ्वी से नजदीक है

**98.** जब भारत में दोपहर 12 बजे हैं, तो इंग्लैण्ड में क्या समय होगा?
A. 2.30 अपराह्न    B. 2.30 पूर्वाह्न
C. 6.30 अपराह्न    D. 6.30 पूर्वाह्न

**99.** भारत में उष्णकटिबन्धीय सदाबहार वन पाए जाते हैं—
A. बिहार में          B. जम्मू-कश्मीर में
C. केरल में          D. तमिलनाडु में

**100.** ग्रीष्म और शीत दोनों ऋतुओं में भारी वर्षा होती है—
A. महाराष्ट्र में    B. तमिलनाडु में
C. उड़ीसा में    D. असम में

## भारतीय राजव्यवस्था एवं संविधान

**101.** भारत की संविधान सभा का प्रथम अधिवेशन कब शुरू हुआ?
A. 10 जून, 1946
B. 9 दिसम्बर, 1946
C. 19 दिसम्बर, 1947
D. 30 जून, 1949

**102.** भारतीय संविधान सभा के किस अनुच्छेद में देवनागरी लिपि में हिन्दी को भारत की राजकीय भाषा के रूप में मान्यता दी गई है?

A. अनुच्छेद 343 B. अनुच्छेद 345
C. अनुच्छेद 348 D. अनुच्छेद 347

**103.** भारत के संविधान में अंतर्राष्ट्रीय शान्ति और सुरक्षा की अभिवृद्धि का उल्लेख है—
A. संविधान की उद्देशिका में
B. राज्य की नीति के निर्देशक तत्वों में
C. मूल कर्त्तव्यों में
D. नवीं अनुसूची में

**104.** सूची-I को सूची-II से सुमेलित कीजिए तथा सूचियों के नीचे दिए गए कूट का प्रयोग कर सही उत्तर चुनिए—

| सूची-I | सूची-II |
|---|---|
| (a) अन्तर्राज्यीय परिषद् | 1. अनुच्छेद 315 |
| (b) वित्त आयोग | 2. अनुच्छेद 280 |
| (c) प्रशासनिक अधिकरण | 3. अनुच्छेद 263 |
| (d) संघ लोक सेवा आयोग | 4. अनुच्छेद 323(ए) |

कूट :

| | (a) | (b) | (c) | (d) |
|---|---|---|---|---|
| A. | 2 | 4 | 3 | 1 |
| B. | 3 | 2 | 1 | 4 |
| C. | 1 | 2 | 4 | 3 |
| D. | 3 | 2 | 4 | 1 |

**105.** राष्ट्रपति के उम्मीदवार के लिए क्या आवश्यक नहीं है?
A. आयु 35 वर्ष हो
B. पढ़ा-लिखा हो
C. सांसद चुने जाने की योग्यता रखता हो
D. देश का नागरिक हो

**106.** सर्वसम्मति से निर्वाचित भारत के राष्ट्रपति थे—
A. एस. राधाकृष्णन
B. वी.वी. गिरि
C. एन. संजीवारेड्डी
D. ज्ञानी जैल सिंह

**107.** संसद/विधान सभा के किसी सदस्य की सदस्यता तब समाप्त समझी जाती है, यदि वह बिना सदन को सूचित किए अनुपस्थित रहता है—
A. 60 दिन       B. 90 दिन
C. 120 दिन     D. 150 दिन

**108.** किस सभा का सभापति उसका सदस्य नहीं होता है?
A. राज्य सभा     B. लोक सभा
C. विधान सभा   D. विधान परिषद्

**109.** शिक्षा का विषय—
A. संघीय सूची में
B. राज्य सूची में
C. समवर्ती सूची में है
D. अवशिष्ट विषयों में है

**110.** सूची-I को सूची-II से सुमेलित कीजिए तथा सूचियों के नीचे दिए गए कूट का प्रयोग कर सही उत्तर चुनिए—

| सूची-I (स्थापना वर्ष) | सूची-II (राज्य) |
|---|---|
| (a) 1960 | 1. सिक्किम |
| (b) 1962 | 2. गोआ |
| (c) 1975 | 3. महाराष्ट्र |
| (d) 1987 | 4. नागालैण्ड |

कूट :

| | (a) | (b) | (c) | (d) |
|---|---|---|---|---|
| A. | 2 | 4 | 3 | 1 |
| B. | 3 | 4 | 1 | 2 |
| C. | 4 | 3 | 1 | 2 |
| D. | 3 | 4 | 2 | 1 |

111. प्रथम पंचायती राजव्यवस्था का उद्घाटन पं. जवाहर लाल नेहरू द्वारा 2 अक्टूबर, 1959 को किया गया था–
A. साबरमती में  B. वर्धा में
C. नागौर में    D. सीकर में

112. निम्नलिखित विधेयकों में से किसी एक का भारतीय संसद के दोनों सदनों द्वारा अलग-अलग विशेष बहुमत से पारित होना आवश्यक है?
A. साधारण विधेयक
B. धन विधेयक
C. वित्त विधेयक
D. संविधान संशोधन विधेयक

113. भाषा के आधार पर राज्यों के गठन हेतु राज्य पुनर्गठन आयोग की स्थापना कब की गई थी?
A. 1856      B. 1956
C. 1957      D. 1960

114. पंचायतों के निर्वाचन में चुनाव लड़ने के लिए उम्मीदवार की न्यूनतम आयु कितनी होनी चाहिए?
A. 21 वर्ष     B. 18 वर्ष
C. 25 वर्ष     D. 30 वर्ष

115. भारतीय संविधान के किस अनुच्छेद के तहत् जीवन रक्षा तथा व्यक्तिगत स्वतंत्रता का प्रावधान है?
A. अनुच्छेद 20  B. अनुच्छेद 21
C. अनुच्छेद 22  D. अनुच्छेद 23

116. संविधान निर्माण का कार्य पूरा करके संविधान सभा ने संविधान को कब स्वीकार किया?
A. 15 अगस्त, 1947 को
B. 26 जनवरी, 1950 को
C. 26 नवम्बर, 1949 को
D. 24 जनवरी, 1950 को

117. निम्नलिखित में से किस संविधान संशोधन के अनुसार राष्ट्रपति निर्वाचन के निर्वाचक मण्डल में पुडुचेरी तथा दिल्ली विधान सभा के निर्वाचित सदस्यों को भी रखा गया है?
A. 71वाँ        B. 42वाँ
C. 73वाँ        D. इनमें से कोई नहीं

118. भारतीय संविधान के किस भाग को उसकी 'आत्मा' की संज्ञा दी जाती है?
A. मौलिक अधिकारों को
B. राज्य के नीति-निर्देशक सिद्धान्तों को
C. संविधान की प्रस्तावना को
D. अनुसूचियों को

119. भारत की संचित निधि से धन का व्यय निम्नलिखित में से किस माध्यम से किया जा सकता है?
A. संसद की अनुमति से
B. नीति आयोग की अनुमति से
C. भारत के नियंत्रक एवं महालेखा परीक्षक की अनुमति से
D. राष्ट्रपति की अनुमति से

120. नीति आयोग की स्थापना हुई थी–
A. 1 फरवरी, 2015
B. 1 अप्रैल, 2015
C. 1 जनवरी, 2015
D. 15 मार्च, 2015

121. भारत में संविधान के किस अनुच्छेद में अस्पृश्यता समाप्त की गई है?
A. अनुच्छेद 42  B. अनुच्छेद 15
C. अनुच्छेद 14  D. अनुच्छेद 17

**122.** वह रिट, जो भारत में उच्च न्यायालय अथवा सर्वोच्च न्यायालय द्वारा किसी व्यक्ति अथवा व्यक्ति समुदाय को आदेश देती है कि वह अपना कर्त्तव्य पालन करे, है—
A. बन्दी प्रत्यक्षीकरण रिट
B. उत्प्रेक्षण रिट
C. परमादेश रिट
D. इनमें से कोई नहीं

**123.** संविधान में जोड़ी गई दसवीं अनुसूची किससे सम्बन्धित है?
A. मिजोरम राज्य के लिए विशेष प्रावधानों से
B. दल-बदल के आधार पर अयोग्यता सम्बन्धी प्रावधानों से
C. सिक्किम के स्तर से सम्बन्धित शर्तों से
D. उपर्युक्त में से किसी से नहीं

**124.** राज्यसभा के सदस्यों की कुल संख्या ............ हो सकती है।
A. 240        B. 245
C. 241        D. 250

**125.** सर्वोच्च न्यायालय के न्यायाधीशों की नियुक्ति के पूर्व मुख्य न्यायाधीश से विचार-विमर्श करना राष्ट्रपति के लिए—
A. बाध्यकारी है
B. बाध्यकारी नहीं है
C. विवेक का प्रश्न है
D. संविधान इस विषय पर मौन है

**126.** निम्नलिखित में से कौन-सा पदाधिकारी संसद के किसी भी सदन की कार्यवाही में भाग ले सकता है?
A. भारत का मुख्य न्यायाधीश
B. भारत का महान्यायवादी (एटॉर्नी जनरल)
C. भारत का रक्षा सचिव
D. भारत का गृह सचिव

**127.** पंचवर्षीय योजना का अनुमोदन तथा पुनर्निरीक्षण निम्नलिखित में से किसके द्वारा किया जाता है?
A. नीति आयोग
B. राष्ट्रीय विकास परिषद्
C. वित्त आयोग
D. लोक सभा

**128.** भारतीय संविधान की कौन-सी विशेष व्यवस्था इंग्लैंड से ली गई है?
A. संसदीय प्रणाली
B. संघीय प्रणाली
C. मूल अधिकार
D. सर्वोच्च न्यायपालिका

**129.** संविधान के किस संशोधन द्वारा सम्पत्ति के अधिकार को मूल अधिकारों की श्रेणी से निकाल दिया गया है?
A. 42वें संशोधन        B. 44वें संशोधन
C. 48वें संशोधन        D. 24वें संशोधन

**130.** भारत के राष्ट्रपति की मर्जी तक निम्नलिखित में से कौन अपने पद पर रह सकता है?
A. सर्वोच्च न्यायालय के न्यायाधीश
B. चुनाव आयुक्त
C. राज्यपाल
D. लोकसभा अध्यक्ष

## अर्थव्यवस्था

**131.** भारत की अर्थव्यवस्था कैसी है?
A. पिछड़ी हुई        B. विकसित
C. विकासशील        D. अल्पविकसित

**132.** गांधीवादी अर्थव्यवस्था किस सिद्धान्त पर आधारित थी?
A. राज्य का नियंत्रण
B. प्रतिस्पर्द्धा
C. न्यासधारिता
D. ग्रामीण सहकारिता

**133.** नीति (NITI) आयोग का अध्यक्ष कौन है?
A. राष्ट्रपति        B. प्रधानमंत्री
C. योजना मंत्री    D. कैबिनेट सचिव

**134.** देश का सबसे बड़ा वाणिज्यिक बैंक कौन-सा है?
A. ICICI बैंक   B. HDFC बैंक
C. SBI बैंक    D. UTI बैंक

**135.** भारतीय रिजर्व बैंक का लेखा वर्ष है–
A. अप्रैल-मार्च
B. जुलाई-जून
C. अक्टूबर-दिसम्बर
D. जनवरी-दिसम्बर

**136.** सबसे पहले म्यूचुअल फण्ड प्रारम्भ किया–
A. LIC ने        B. GIC ने
C. UTI ने        D. SBI ने

**137.** केन्द्र सरकार के बजट के चालू खाते में व्यय का सबसे बड़ा मद है–
A. प्रतिरक्षा व्यय
B. परिदान
C. ब्याज भुगतान
D. सामाजिक सेवाओं पर व्यय

**138.** 'बोकारो स्टील प्लांट' किस देश की सहायता से बनाया गया है?
A. रूस          B. फ्रांस
C. ब्रिटेन        D. अमरीका

**139.** निम्नलिखित में से विश्व बैंक का मुख्यालय कौन-सा है?
A. दि हेग        B. वाशिंगटन डी.सी.
C. पेरिस          D. लन्दन

**140.** निम्नलिखित में से लघु उद्योगों की क्या समस्या है?
A. पूँजी का अभाव
B. विपणन जानकारी का अभाव
C. कच्चे माल का अभाव
D. उपर्युक्त सभी

**141.** निम्नलिखित में से किस पंचवर्षीय योजना में निर्धनता उन्मूलन तथा आत्मनिर्भरता का लक्ष्य रखा गया था?
A. प्रथम          B. द्वितीय
C. चतुर्थ          D. पाँचवीं

**142.** निम्नलिखित में से मुद्रास्फीति का कारण कौन-सा है?
A. मुद्रा-आपूर्ति में वृद्धि
B. उत्पादन में वृद्धि
C. उत्पादन में ह्रास
D. विकल्प A और C दोनों

**143.** निम्नलिखित में से कौन-सी भारतीय अर्थव्यवस्था की एक विशेषता नहीं है?
A. असमान भूमि-वितरण
B. अनुपयुक्त साख-सुविधा
C. बड़े किसानों की अधिकता
D. उत्पादकता की निम्न दर

**144.** भारत का सबसे प्रसिद्ध कुटीर उद्योग कौन-सा है?
A. हथकरघा उद्योग
B. कागज उद्योग
C. सूती वस्त्र उद्योग
D. जूट उद्योग

**145.** किसान क्रेडिट कार्ड योजना कब लागू की गई?

A. 1991  B. 1996
C. 1998  D. 2000

**146.** निम्नलिखित में से कौन-सा देश तेल समृद्ध है?
A. सिंगापुर  B. थाईलैण्ड
C. पाकिस्तान  D. इंडोनेशिया

**147.** भारत में निम्नलिखित में से कौन-सा राज्य वाणिज्य तथा उद्योग में अग्रणी है?
A. महाराष्ट्र  B. उत्तर प्रदेश
C. पश्चिम बंगाल  D. मध्य प्रदेश

**148.** FERA का पूरा रूप है–
A. Foreign Exchange Registration Act
B. Foreign Exchange Realisation Act
C. Foreign Exchange Regulation Act
D. इनमें से कोई नहीं

**149.** पश्चिम बंगाल का टीटागढ़ किसके लिए प्रसिद्ध है?
A. कागज निर्माण
B. लोकोमोटिव निर्माण
C. उर्वरक उद्योग
D. कपड़ा उद्योग

**150.** निम्नलिखित में से कौन-सा आयोग भारत में जल संसाधनों के नियंत्रण तथा उपयोग के लिए उत्तरदायी है?
A. बाढ़ आयोग
B. केन्द्रीय वानिकी आयोग
C. केन्द्रीय जल आयोग
D. नीति आयोग

**151.** जापान की करंसी क्या है?
A. डॉलर  B. येन
C. रूबल  D. रियाल

**152.** भारतीय रिजर्व बैंक की स्थापना हुई थी–
A. 1935 में  B. 1947 में
C. 1952 में  D. 1969 में

**153.** निम्नलिखित में से किस स्रोत से भारत सरकार को सबसे अधिक राजस्व प्राप्त होता है?
A. उत्पाद शुल्क  B. बिक्री शुल्क
C. आयकर  D. इनमें से कोई नहीं

**154.** निम्नलिखित में से किसे यह निर्णय करने का संवैधानिक प्राधिकार प्राप्त है कि केन्द्र द्वारा वसूल किए गए कुल कर में से राज्यों का हिस्सा कितना है?
A. वित्तमंत्री  B. वित्त आयोग
C. नीति अयोग  D. इनमें से कोई नहीं

**155.** योजना में कोर सेक्टर का तात्पर्य है–
A. कृषि
B. रक्षा
C. लोहा एवं इस्पात उद्योग
D. चयनित आधारभूत उद्योग

**156.** भारत में उत्तर प्रदेश राज्य का स्थान किसके उत्पादन में प्रथम है?
A. खाद्यान्न उत्पादन
B. दुग्ध उत्पादन
C. गन्ना एवं चीनी उत्पादन
D. उपर्युक्त सभी में

**157.** भारत में सहकारी आन्दोलन का प्रादुर्भाव कब हुआ?
A. 1934 ई. में  B. 1914 ई. में
C. 1904 ई. में  D. 1997 ई. में

**158.** भारत में झूम खेती के अन्तर्गत भूमि का सबसे बड़ा प्रतिशत किस राज्य में है?
A. नागालैण्ड  B. त्रिपुरा
C. मिजोरम  D. मध्य प्रदेश

159. किस प्रकार की माँग वाली वस्तुओं पर कर लगाकर अधिक राजस्व अर्जित किया जा सकता है?
A. अत्यधिक लोचदार
B. इकाई लोचदार
C. पूर्णतः लोचदार
D. बेलोचदार

160. भारत में विद्युत उत्पादन में सर्वाधिक अंश किसका है?
A. ताप विद्युत
B. जलविद्युत
C. नाभिकीय विद्युत
D. तीनों का अंश बराबर है

### सामान्य विज्ञान

161. निम्न में से किसका उपयोग ऊँचाई नापने के लिए होता है?
A. बैरोमीटर
B. प्लानोमीटर
C. अल्टीमीटर
D. हाइड्रोमीटर

162. फ्लक्स घनता और चुम्बकीय क्षेत्र की क्षमता का अनुपात किसी माध्यम में होता है उसका–
A. चुम्बक की घनता
B. ग्रहणशीलता
C. सम्बन्धित व्यकता
D. पारगम्यता

163. ध्वनि तरंगें हैं–
A. अनुदैर्ध्य
B. अनुप्रस्थ
C. आंशिक लम्बवत्, आंशिक अनुदैर्ध्य
D. कभी-कभी अनुदैर्ध्य, कभी-कभी अनुप्रस्थ

164. कैमरे में किस प्रकार का लेन्स उपयोग में लाया जाता है?
A. उत्तल
B. अवतल
C. वर्तुलाकार
D. समान मोटाई का

165. एक स्वतंत्र रूप से लटका हुआ चुम्बक सदा ठहरता है (स्थिर होता है) वह दिशा है–
A. पूर्व-उत्तर
B. उत्तर-पश्चिम
C. उत्तर-दक्षिण
D. दक्षिण-पश्चिम

166. प्रकाश संश्लेषण में पौधे कौन-सी गैस का अवचूषण करते हैं?
A. $CO_2$
B. $O_2$
C. $N_2$
D. $H_2$

167. विद्युत मात्रा की इकाई है–
A. ऐम्पियर
B. ओम
C. वोल्ट
D. कूलॉम

168. 1 किग्रा. राशि का वजन है–
A. 1 न्यूटन
B. 10 न्यूटन
C. 9.8 न्यूटन
D. 9 न्यूटन

169. एक्स-रे के आविष्कारक थे–
A. आइन्स्टीन
B. डब्ल्यू.एच. ब्रॉग
C. रॉन्जन
D. हेनरी बेकरेल

170. नाड़ी गति द्वारा डॉक्टर ज्ञात करता है–
A. रक्तचाप
B. साँस गति
C. हृदय की धड़कन
D. उपर्युक्त में से कोई नहीं

171. निम्न में से कौन आवेश की इकाई नहीं है?
A. फैराडे
B. फ्रैंकलीन
C. कुलम्ब
D. एम्पीयर/सेकण्ड

172. मानव शरीर में क्रोमोसोम की संख्या होती है–
A. 46
B. 48
C. 49
D. 50

173. एक प्रकाशवर्ष इससे सर्वाधिक समीप है–
A. $10^8$ मीटर    B. $10^{12}$ मीटर
C. $10^{16}$ मीटर    D. $10^{20}$ मीटर

174. हवाई जहाज के 'ब्लैक बॉक्स' का क्या रंग होता है?
A. काला    B. लाल
C. बैंगनी    D. नारंगी

175. निम्नांकित में से कौन एक कीट के शरीर से निकला स्राव है?
A. मोती    B. मूँगा
C. लाख    D. गोंद

176. निम्नांकित में से कौन-सी धातु किसी नगर की वायु को, जहाँ बहुत अधिक संख्या में मोटर कारें आदि हों, प्रदूषित करती है?
A. कैडमियम    B. क्रोमियम
C. सीसा    D. ताँबा

177. परमाणु के नाभिक में होते हैं–
A. इलेक्ट्रॉन तथा न्यूट्रॉन
B. इलेक्ट्रॉन तथा प्रोट्रॉन
C. प्रोट्रॉन तथा न्यूट्रॉन
D. प्रोट्रॉन तथा रेडान

178. निम्नांकित में कौन कठोरतम है?
A. सोना    B. हीरा
C. लोहा    D. टंगस्टन

179. शरीर के किस भाग में पित्त का निर्माण होता है?
A. यकृत
B. तिल्ली
C. पित्ताशय की थैली
D. पैन्क्रियाज

180. एन्जाइम मूलतः क्या है?
A. वसा    B. शर्करा
C. प्रोटीन    D. विटामिन

181. मानव शरीर में सबसे छोटी ग्रन्थि कौन है?
A. एड्रीनल    B. थाइरॉइड
C. पैन्क्रियाज    D. पिट्यूटरी

182. रेफ्रीजरेटर में थर्मोस्टेट का कार्य है–
A. तापमान को कम करना
B. हिमायन ताप को बढ़ाना
C. एक समान तापमान को बनाए रखना
D. गलनांक को घटाना

183. सूर्य की ऊर्जा उत्पन्न होती है–
A. आयनन द्वारा
B. नाभिकीय संलयन द्वारा
C. नाभिकीय विखण्डन द्वारा
D. ऑक्सीकरण द्वारा

184. द्रव क्रिस्टल प्रयुक्त होते हैं–
A. कलाई घड़ियों में
B. प्रदर्शन युक्तियों में
C. पॉकेट कैलकुलेटरों में
D. उपर्युक्त सभी में

185. निम्नांकित में से कौन-सा उर्वरक मृदा में सर्वाधिक अम्ल छोड़ता है?
A. यूरिया
B. अमोनियम सल्फेट
C. अमोनियम नाइट्रेट
D. कैल्सियम अमोनियम नाइट्रेट

186. खाद्य पदार्थों के संरक्षण हेतु निम्नांकित में से कौन-सा प्रयुक्त होता है?
A. सोडियम कार्बोनेट
B. एसीटिलीन
C. बेंजोइक अम्ल
D. सोडियम क्लोराइड

187. कृष्ण-छिद्र सिद्धान्त को प्रतिपादित किया था–
A. सी.वी. रमन ने

B. एच.जे. भाभा ने
C. एस. चन्द्रशेखर ने
D. हरगोविन्द खुराना ने

**188.** साइनोकोबालमिन है–
A. विटामिन सी
B. विटामिन बी-2
C. विटामिन बी-6
D. विटामिन बी-12

**189.** निम्नांकित जोड़ों में किसका सुमेल है?
A. निमोनिया-फेफड़े
B. मोतिया बिन्द-थायराइड ग्रन्थि
C. पीलिया-आँख
D. मधुमेह-यकृत

**190.** दूध उदाहरण है–
A. एक शिलषि का
B. एक पायस का
C. एक निलम्बन का
D. एक फेन का

## राष्ट्रीय प्रतीक

**191.** भारत के राष्ट्रीय ध्वज में केसरिया, सफेद और हरे रंग की तीन–
A. आड़ी पट्टियाँ हैं
B. खड़ी पट्टियाँ हैं
C. एक दूसरे को काटती हुई पट्टियाँ हैं
D. तिरछी पट्टियाँ हैं

**192.** हमारे राष्ट्रीय ध्वज की लम्बाई और चौड़ाई का अनुपात–
A. 2 : 3 है   B. 3 : 4 है
C. 4 : 3 है   D. 3 : 2 है

**193.** भारत के राष्ट्रीय ध्वज के बीच में एक गोल चक्र है; यह चक्र–
A. तीनों रंग की पट्टियों पर है

B. केसरिया रंग की पट्टी पर है
C. सफेद रंग की पट्टी पर है
D. हरे रंग की पट्टी पर है

**194.** किसी भाषा को किसी राज्य की राजभाषा के रूप में अंगीकार करने का अधिकार किसे है?
A. राष्ट्रपति
B. संसद
C. राज्य विधान सभा
D. राजभाषा आयोग

**195.** हमारे राष्ट्रीय ध्वज में तीन पट्टियाँ हैं; उनमें सबसे नीचे वाली पट्टी किस रंग की है?
A. केसरिया   B. सफेद
C. हरे   D. इनमें से कोई नहीं

**196.** हमारे राष्ट्रगान 'जन-गण-मन' में कुल कितने पद हैं?
A. तीन   B. पाँच
C. चार   D. दो

**197.** राष्ट्रीय गीत 'वन्देमातरम्', 'आनन्दमठ' नामक ग्रंथ से लिया गया है, जिसके लेखक हैं–
A. बंकिम चन्द्र चटर्जी
B. रवीन्द्र नाथ टैगोर
C. व्योमेश चन्द्र बनर्जी
D. सुरेन्द्रनाथ बनर्जी

**198.** हमारे राष्ट्रीय चिन्ह में ऊपर तीन सिंह बने हैं और उनके नीचे देवनागरी लिपि में 'सत्यमेव जयते' लिखा है। यह 'सत्यमेव जयते' कहाँ से उद्धृत किया गया है?
A. भगवद्गीता से
B. मुण्डक उपनिषद से

C. ऋग्वेद से
D. स्कन्द पुराण से

**199.** भारत का राष्ट्रीय पंचांग–
A. शक् संवत् पर आधारित है
B. हिजरी संवत् पर आधारित है
C. विक्रमी संवत् पर आधारित है
D. विक्रमांक-चालुक्य संवत् पर आधारित है

**200.** भारत का राष्ट्रीय पशु है–
A. गाय            B. हाथी
C. अश्व            D. टाइगर

### रक्षा

**201.** होमगार्ड का गठन कब हुआ था?
A. 1972           B. 1962
C. 1968           D. 1965

**202.** स्थल सेना के निम्नलिखित पदों में सबसे छोटा कौन-सा है?
A. लेफ्टीनेंट       B. ब्रिगेडियर
C. कर्नल           D. कैप्टन

**203.** प्रादेशिक सेना का गठन कब हुआ था?
A. 1949           B. 1957
C. 1962           D. 1972

**204.** प्रादेशिक सेना में भर्ती होने के लिए क्या आयु होनी चाहिए?
A. 21 से 30 वर्ष
B. 21 से 35 वर्ष
C. 18 से 35 वर्ष
D. 20 से 35 वर्ष

**205.** एन.सी.सी. में कितने डिवीजन हैं?
A. चार            B. पांच
C. तीन            D. दो

**206.** एयरफोर्स अकादमी कहां है?
A. बेलगाम         B. कोयम्बटूर
C. हैदराबाद        D. सिकन्दराबाद

**207.** भारतीय नौ सेना कितने बेड़ों में गठित है?
A. पांच           B. चार
C. तीन            D. दो

**208.** हर साल 7 दिसम्बर को भारत में मनाया जाता है–
A. वायु सेना दिवस
B. झंडा दिवस
C. नौसेना दिवस
D. कोस्ट गार्ड दिवस

**209.** भारत में नौसेना दिवस किस दिन मनाया जाता है?
A. 8 अक्टूबर      B. 15 जनवरी
C. 21 दिसम्बर     D. 7 दिसम्बर

**210.** भारत की सेना के प्रथम भारतीय सेनापति थे–
A. जनरल के.एम. करियप्पा
B. फील्ड मार्शल मानेकशा
C. जनरल राजेन्द्र सिंह
D. उपरोक्त में से कोई भी नहीं

### विश्व संगठन

**211.** संयुक्त राष्ट्र संघ का स्थापना दिवस प्रति वर्ष किस तारीख को मनाया जाता है?
A. 24 अक्टूबर
B. 24 जून
C. 14 नवम्बर
D. 16 अक्टूबर

**212.** सुरक्षा परिषद् में कुल कितने सदस्य हैं?
A. 15             B. 10
C. 5              D. 20

**213.** निम्नलिखित में से कौन-सा देश सुरक्षा परिषद् के पांच स्थायी सदस्यों में नहीं है?
A. अमेरिका
B. रूस
C. ब्रिटेन
D. जर्मनी

**214.** सुरक्षा परिषद् का मुख्य कार्य है–
A. झगड़ा न होने देना
B. झगड़ों को शान्तिपूर्ण ढंग से सुलझाना
C. आक्रमण न होने देना
D. उपरोक्त सभी

**215.** संयुक्त राष्ट्र संघ के कितने प्रमुख अंग हैं?
A. 6
B. 5
C. 4
D. 7

**216.** वीटो का अधिकार–
A. संयुक्त राष्ट्र के सभी सदस्यों को प्राप्त है
B. सुरक्षा परिषद् के सभी सदस्यों को प्राप्त है
C. सुरक्षा परिषद् के सभी स्थायी सदस्यों को प्राप्त है
D. सुरक्षा परिषद् के सभी अस्थायी सदस्यों को प्राप्त है

**217.** संयुक्त राष्ट्र संघ का मुख्यालय कहाँ है–
A. वाशिंगटन
B. न्यूयार्क
C. बोस्टन
D. शिकागो

**218.** संयुक्त राष्ट्र संघ का ध्वज किस रंग का है?
A. हल्के नीले रंग का
B. हल्के गुलाबी रंग का
C. गहरे केसरिया रंग का
D. आधा हल्के रंग का और आधा केसरिया रंग का

**219.** संयुक्त राष्ट्र संघ की बैठकों में आमतौर से काम-काज किस भाषा में होता है?

A. अंग्रेजी
B. रूसी
C. फ्रेंच
D. अंग्रेजी और फ्रेंच

**220.** अंतर्राष्ट्रीय न्यायालय का मुख्यालय कहाँ है?
A. हेग
B. जेनेवा
C. रोम
D. बर्न

**221.** राष्ट्रमंडल के सदस्य वे देश हैं, जो–
A. ब्रिटेन के अधीन हैं
B. ब्रिटेन से आर्थिक सहायता पाते हैं
C. पहले ब्रिटेन के अधीन थे किन्तु अब स्वाधीन हैं
D. ब्रिटेन से अस्त्र-शस्त्र प्राप्त करते हैं

**222.** सार्क (दक्षिण एशियाई सहयोग संगठन) में कितने देश सदस्य हैं?
A. पांच
B. छः
C. आठ
D. सात

**223.** निम्नलिखित देशों में से कौन-सा देश सार्क (SAARC) का सदस्य नहीं है?
A. भारत
B. पाकिस्तान
C. बांग्लादेश
D. म्यांमार

**224.** गुट निरपेक्ष आन्दोलन कब शुरू हुआ था?
A. 1955 में
B. 1961 में
C. 1983 में
D. 1976 में

**225.** गुट निरपेक्ष आन्दोलन के सदस्य देश–
A. शक्तिशाली देशों के गुटों से दूर रहते हैं
B. परस्पर एक-दूसरे की रक्षा के लिए वचनबद्ध हैं
C. एक दूसरे को सैनिक सहायता देते हैं
D. एक सैनिक संधि के सदस्य हैं

**पुरस्कार एवं सम्मान**

**226.** निम्नलिखित में से कौन-सा कलाकार 'भारत-रत्न' से सम्मानित नहीं किया गया है?

A. पं. जसराज   B. लता मंगेशकर
C. पं. रविशंकर  D. बिस्मिल्ला खाँ

**227.** 'भारत रत्न' अलंकरण कब से प्रारम्भ किया गया?
A. 1950       B. 1947
C. 1954       D. 1960

**228.** पुलित्जर पुरस्कार किस क्षेत्र से सम्बन्धित है?
A. संगीत       B. फिल्म
C. पत्रकारिता   D. पर्यावरण

**229.** किस भारतीय फिल्म निर्माता को विशेष ऑस्कर सम्मान प्राप्त हो चुका है?
A. पृथ्वीराज कपूर
B. वी. शान्ताराम
C. सत्यजीत रे
D. सोहराब मोदी

**230.** 'ज्ञानपीठ पुरस्कार' विजेता प्रथम महिला साहित्यकार आशापूर्ण देवी थीं; वह किस भाषा की साहित्यकार थीं?
A. हिन्दी       B. मराठी
C. उड़ीसा       D. बांग्ला

**231.** जमनालाल बजाज पुरस्कार किस क्षेत्र में सराहनीय योगदान के लिए प्रदान किया जाता है?
A. शांति व निःशस्त्रीकरण
B. कृषि
C. रचनात्मक कार्य
D. साहित्य

**232.** भारत वर्ष में प्रथम रमन मैग्सेसे पुरस्कार विजेता कौन था?
A. सी.डी. देशमुख
B. जय प्रकाश नारायण
C. डॉ. वर्गीज कुरियन
D. आचार्य विनोबा भावे

**233.** भारतीय ज्ञानपीठ पुरस्कार किसे प्रदान किया जाता है?
A. उत्कृष्ट हिन्दी कविता के लिए
B. भारतीय साहित्य में उत्कृष्ट योगदान के लिए
C. हिन्दी साहित्य में उत्कृष्ट योगदान के लिए
D. भारतीय दर्शन की उत्कृष्ट समीक्षा के लिए

**234.** अध्यापकों के लिए राष्ट्रीय पुरस्कारों की घोषणा कब की जाती है?
A. 14 नवम्बर   B. 5 सितम्बर
C. 30 जनवरी   D. 26 जनवरी

**235.** निम्नलिखित में से किस विषय पर नोबेल पुरस्कार नहीं दिया जाता है?
A. चिकित्सा     B. गणित
C. अर्थशास्त्र    D. रसायन शास्त्र

**236.** बुकर पुरस्कार किस क्षेत्र में प्रदान किया जाता है?
A. कल्पना साहित्य लेखन
B. औषधि
C. साहस के कार्य
D. विज्ञान

**237.** गांधी शान्ति पुरस्कार में कितनी धनराशि प्रदान की जाती है?
A. 50 लाख      B. 2 करोड़
C. 1 करोड़      D. 10 लाख

**238.** सर्वोच्च शौर्य पुरस्कार 'परमवीर चक्र' के प्रथम विजेता कौन थे?
A. मेजर ध्यान सिंह
B. के. गुरुवचन सिंह
C. मेजर शैतान सिंह
D. मेजर सोमनाथ शर्मा

**239.** धन्वन्तरि पुरस्कार किस क्षेत्र में विशिष्ट योगदान के लिए दिया जाता है?
A. संगीत
B. नृत्य
C. दर्शन
D. चिकित्सा

**240.** कलिंग पुरस्कार किस क्षेत्र में दिया जाता है?
A. साहित्य के क्षेत्र में
B. विज्ञान के क्षेत्र में
C. सामाजिक कल्याण के लिए किए गए कार्य के लिए
D. अन्तर्राष्ट्रीय शान्ति एवं सद्भावना के लिए

**241.** नोबेल पुरस्कार का आरम्भ कब से हुआ?
A. सन् 1901 से
B. सन् 1905 से
C. सन् 1896 से
D. सन् 1934 से

**242.** अर्थशास्त्र के लिए नोबेल पुरस्कार कब से आरम्भ हुआ?
A. सन् 1969 ई. से
B. सन् 1939 ई. से
C. सन् 1901 ई. से
D. सन् 1935 ई. से

**243.** निम्नलिखित किस अफ्रीकी नेता को भारत-रत्न से सम्मानित किया गया है?
A. होस्नी मुबारक
B. जोमो केन्योटा
C. अनवर सादात
D. नेल्सन मंडेला

**244.** विज्ञान को सर्वसुलभ व सर्वोपयोगी बनाने में सर्वाधिक योगदान देने वाले व्यक्ति को भारतीय नाम वाले किस अन्तर्राष्ट्रीय पुरस्कार से सम्मानित किया जाता है?
A. कालिंजर पुरस्कार
B. कलिंग पुरस्कार
C. मानवता पुरस्कार
D. ऐसा कोई पुरस्कार नहीं है

**245.** नेहरू पुरस्कार कौन-सी संस्था प्रदान करती है?
A. इंडियन कौंसिल ऑफ कल्चरल रिलेशन्स
B. इंडो-सोवियत कल्चरल सोसाइटी
C. भारतीय राष्ट्रीय कांग्रेस
D. भारतीय ज्ञानपीठ

**246.** वीरता का सर्वोच्च सम्मानसूचक पदक जो शत्रु के सामने असीम शौर्य और अदम्य साहस दिखाने या आत्म-बलिदान करने पर भेंट किया जाता है, उसका क्या नाम है?
A. चक्रव्यूह
B. अशोक चक्र
C. महावीर चक्र
D. परमवीर चक्र

**247.** प्रथम मरणोपरान्त 'भारत-रत्न' अलंकरण किसे प्रदान किया गया था?
A. के. कामराज नाडार
B. आचार्य विनोबा भावे
C. लाल बहादुर शास्त्री
D. एम.जी. रामचन्द्रन

**248.** निम्नलिखित में से कौन-सा पुरस्कार केवल एशियावासियों को दिया जाता है?
A. नेहरू सद्भावना पुरस्कार
B. पुलित्जर पुरस्कार
C. इन्दिरा गांधी शान्ति पुरस्कार
D. मैग्सेसे पुरस्कार

**249.** अर्जुन पुरस्कार कब से प्रारम्भ हुए?
A. 1961 ई. से
B. 1962 ई. से
C. 1963 ई. से
D. 1964 ई. से

**250.** कैलाश सत्यार्थी को निम्न में से कौन-सा पुरस्कार मिला है?
A. शांति का नोबेल
B. बुकर
C. पुलित्जर
D. ऑस्कर

## खेलकूद

**251.** सर्वप्रथम क्रिकेट टैस्ट मैच किस देश में खेला गया?
A. न्यूजीलैंड में  B. भारत में
C. इंग्लैंड में   D. ऑस्ट्रेलिया में

**252.** आधुनिक ओलंपिक खेलों में विजेताओं को स्वर्ण पदक देने की प्रथा कब से आरम्भ हुई?
A. 1908 से   B. 1912 से
C. 1918 से   D. 1922 से

**253.** ओवल (क्रिकेट) स्टेडियम विश्व के किस देश में है?
A. ऑस्ट्रेलिया   B. भारत
C. न्यूजीलैंड   D. इंग्लैंड

**254.** भारत ने पहली बार विश्व कप हॉकी स्पर्धा कब जीती थी?
A. 1975   B. 1971
C. 1979   D. 1967

**255.** भारत की राष्ट्रीय फुटबॉल स्पर्धा ट्रॉफी कब प्रारम्भ हुई थी?
A. 1945   B. 1941
C. 1948   D. 1952

**256.** अपर कट शब्द किस खेल में प्रयोग किया जाता है?
A. टेनिस   B. वॉलीबॉल
C. क्रिकेट   D. बॉक्सिंग

**257.** निम्नलिखित में से कौन-सा कप/ट्रॉफी फुटबॉल से सम्बन्धित नहीं है?
A. मर्डेका कप  B. डूरण्ड कप
C. सन्तोष ट्रॉफी D. दिलीप ट्रॉफी

**258.** फिनिस शब्द का प्रयोग किस खेल में होता है?

A. शतरंज   B. ब्रिज
C. बिलियड्र्स   D. रग्बी

**259.** एमसी मैरीकोम किस खेल से जुड़ी हुई हैं?
A. गोल्फ   B. हॉकी
C. मुक्केबाजी   D. क्रिकेट

**260.** निम्नलिखित में से कौन-सी अन्तर्राष्ट्रीय टेनिस खेल प्रतियोगिता घास के मैदान पर खेली जाती है?
A. यू.एस. ओपन
B. फ्रेंच ओपन
C. विम्बलडन
D. ऑस्ट्रेलियाई ओपन

**261.** 'विम्बलडन ट्रॉफी' का सम्बन्ध किस खेल से है?
A. पोलो (इंग्लैंड) से
B. समुद्री दौड़ से
C. घुड़दौड़ से
D. टेनिस से

**262.** निम्नलिखित में से किस पदक का सम्बन्ध हॉकी से नहीं है?
A. आगा खां कप
B. वर्दवान ट्रॉफी
C. ध्यानचन्द ट्रॉफी
D. बम्बई गोल्ड कप

**263.** 'रिवर्स स्विंग' एवं 'बीमर' नामक शब्दावलियां किस खेल से संबंधित हैं?
A. नौकायन   B. क्रिकेट
C. फुटबॉल   D. हॉकी

**264.** निम्नलिखित में से किस ट्रॉफी का सम्बन्ध हॉकी से है?
A. सिन्धिया गोल्ड कप
B. संतोष ट्रॉफी

C. रोहिंगटन बेरिया ट्रॉफी

D. सुब्रतो मुखर्जी ट्रॉफी

**265.** 'ज्यूल्स रिमेट ट्रॉफी' का सम्बन्ध किस खेल से है?

A. फुटबॉल (विश्व) से

B. गोल्फ से

C. हॉकी (भारत) से

D. लॉन टेनिस (विश्व) से

**266.** 'मर्डेका' का सम्बन्ध किस खेल से है?

A. फुटबाल (विश्व) से

B. फुटबाल (भारत) से

C. फुटबाल (एशिया) से

D. क्रिकेट (आस्ट्रेलिया-इंग्लैंड) से

**267.** प्रथम ओलम्पिक खेल ओलम्पिया (ग्रीस) में कब खेले गए थे?

A. 233 ई.पू. में  B. 1500 ई.पू. में

C. 500 ई.पू. में  D. 776 ई.पू. में

**268.** 394 ई. में रोम के बाद एक सम्राट ने ओलम्पिक खेलों को बंद कर दिया था। इसको पुनः किसने शुरू किया?

A. मि. स्पोर्ट्समैन ने

B. बैरन पीयरे डी कोबर्टिन ने

C. जनरल फ्रेंको ने

D. अब्राहम लिंकन ने

**269.** सर्वप्रथम आधुनिक ओलिम्पिक ध्वज कब फहराया गया?

A. 1896 में  B. 1908 में

C. 1920 में  D. 1924 में

**270.** ग्रैंड स्लेम निम्नलिखित में से किस खेल से सम्बन्धित है?

A. फुटबॉल  B. टेनिस

C. हॉकी  D. पोलो

**271.** प्रथम आधुनिक ओलम्पिक खेल कब और कहां खेले गए?

A. रोम, 1894 ई. में

B. मैड्रिड, 1840 ई. में

C. लिस्बन, 1800 ई. में

D. एथेन्स, 1896 ई. में

**272.** जापान का राष्ट्रीय खेल क्या है?

A. हाराकीरी  B. जूडो

C. निप्पोन  D. टोजो

**273.** भारत में खेल सम्बन्धी दो राष्ट्रीय इंस्टीट्यूट हैं। एक नेताजी सुभाष बोस के नाम से पटियाला में है, दूसरा किसके नाम से ग्वालियर में है?

A. राणा प्रताप  B. पृथ्वीराज चौहान

C. शिवाजी  D. रानी लक्ष्मीबाई

**274.** सबसे बड़े मैदान में खेला जाने वाला खेल कौन-सा है?

A. हॉकी  B. क्रिकेट

C. पोलो  D. कबड्डी

**275.** लॉन टेनिस जाल की ऊँचाई कितनी होती है?

A. 2 फुट 6 इंच  B. 3 फुट 6 इंच

C. 4 फुट  D. 2 फुट 2 इंच

## पुस्तकें तथा लेखक

**276.** निम्नलिखित पुस्तकों में से कौन-सी पुस्तक महादेवी वर्मा द्वारा लिखित है?

A. यशोधरा  B. यामा

C. ययाति  D. उर्वशी

**277.** 'मेरी इक्यावन कविताएँ' किसकी पुस्तक है?

A. धर्मवीर भारती

B. आशापूर्णा देवी

C. अटल बिहारी वाजपेयी

D. कुंवर नारायण

**278.** 'इंडिया डिवाइडेड' किसकी रचना है?
A. आचार्य कृपलानी
B. डॉ. राजेन्द्र प्रसाद
C. मौलाना अबुल कलाम आजाद
D. डॉ. अम्बेडकर

**279.** 'सैटनिक वर्सेज' किस लेखक की पुस्तक है?
A. मुल्कराज आनंद
B. सलमान रुश्दी
C. आर.के. नारायण
D. तस्लीमा नसरीन

**280.** 'क्रिकेट माई स्टाइल' पुस्तक का लेखक है?
A. सुनील गावस्कर
B. इमरान खां
C. अजहरुद्दीन
D. कपिल देव

**281.** 'ए सूटेबल ब्याय' पुस्तक का लेखक कौन है?
A. खुशवंत सिंह
B. अरुण शोरी
C. विक्रम सेठ
D. उपरोक्त में से कोई नहीं

**282.** 'प्लेइंग इट माई वे' किस खिलाड़ी की आत्मकथा का नाम है?
A. सचिन तेन्दुलकर
B. सौरव गांगुली
C. राहुल द्रविड़
D. एम.एस धोनी

**283.** निम्नलिखित में से कौन-सी पुस्तक प्रेमचन्द द्वारा रचित नहीं है?
A. गोदान
B. गबन
C. प्रेम पचीसी
D. आनंदमठ

**284.** बांग्लादेश की लेखिका तस्लीमा नसरीन को किस पुस्तक से ख्याति मिली?

A. शर्म
B. लज्जा
C. नारी स्वातंत्र्य
D. अबला

**285.** 'पावर्टी एण्ड अन-ब्रिटिश रूल इन इण्डिया' का लेखक कौन है?
A. लाला लाजपत राय
B. लाला हरदयाल
C. विनायक दामोदर सावरकर
D. दादाभाई नौरोजी

**286.** 'मुद्राराक्षस' ग्रंथ का लेखक कौन है?
A. विशाखदत्त
B. कालिदास
C. भारवि
D. माघ

**287.** 'माई प्रेसिडेंशल ईयर्स' पुस्तक का लेखक कौन है?
A. ज्ञानी जैल सिंह
B. वी.वी. गिरि
C. आर. बेंकटरमन
D. डॉ. शंकर दयाल शर्मा

**288.** 'जय सोमनाथ' किसकी कृति है?
A. के.एम. मुंशी
B. वृन्दावन लाल वर्मा
C. अमृत लाल नागर
D. मदन मोहन मालवीय

**289.** वर्शिपिंग फाल्स गॉड्स पुस्तक के लेखक हैं–
A. विक्रम सेठ
B. अरुण शौरी
C. सलमान रुश्दी
D. खुशवन्त सिंह

**290.** निम्नलिखित पुस्तकों में से कौन-सी पुस्तक सलमान रुश्दी की है?
A. दि वर्ल्ड ऑफ फतवाज
B. दि मूर्स लास्ट साई
C. दि अदर हॉफ
D. फूल्स पैराडाइज

### कम्प्यूटर

**291.** कम्प्यूटर–
A. एक उपकरण है जो गणितीय और तार्किक संक्रियायें सम्पन्न करता है
B. एक उपकरण है, जो केवल गणितीय संक्रियायें सम्पन्न करता है
C. एक स्मृति उपकरण है
D. एक गणना उपकरण है

**292.** 'PC' का अर्थ है–
A. प्राइवेट कम्प्यूटर
B. पर्सनल कल्कुलेटर
C. पर्सनल कम्प्यूटर
D. प्रोफेसनल कम्प्यूटर

**293.** 'बाइनरी अंक प्रणाली' में अधिकतम अंक (digit) कितने होते हैं?
A. 1      B. 10
C. 2      D. 4

**294.** निम्नलिखित में से कौन-सा 'इनपुट' उपकरण है?
A. मॉनीटर      B. प्रिंटर
C. प्लॉटर      D. माउस

**295.** CPU का पूरा नाम है–
A. सेन्ट्रल प्रोग्रामिंग यूनिट
B. सेन्ट्रल प्रोसेसिंग यूनिट
C. सेन्ट्रल प्रोग्रामिंग अण्डरस्टैंडिंग
D. सेन्ट्रल प्रोसेसिंग अण्डरस्टैंडिंग

**296.** गणना हेतु प्रयोग में लाया गया पहला उपकरण था
A. ENIAC
B. ABACUS
C. एनालिटिकल इंजन
D. EDSAC

**297.** ABACUS का प्रयोग कब शुरू हुआ था?
A. 250 ई.      B. 450 ई.पू.
C. 1200 ई.पू.      D. 1200 ई.

**298.** किस अंग्रेज को 'कम्प्यूटर का जनक' कहा जाता है?
A. ब्लेज पास्कल      B. लेबनित्ज
C. चार्ल्स बैबेज      D. जे.पी. एकर्ट

**299.** निम्नलिखित में से कौन-सी कम्प्यूटर की सेकेण्डरी मेमोरी है?
A. RAM      B. ROM
C. रजिस्टर्स      D. फ्लॉपी

**300.** निम्नलिखित में से कौन पैकेज नहीं है?
A. BASIC      B. dBASE
C. वर्ड परफेक्ट      D. पेज मेकर

**301.** कौन-सा बेमेल है?
A. वर्ड स्टार      B. वर्ड परफेक्ट
C. DOS Editor      D. विण्डो

**302.** डाटा के समुच्चय (Set) को क्या कहते हैं?
A. फील्ड      B. रेकार्ड
C. फाइल      D. इनमें से कोई नहीं

**303.** IBM का पूरा नाम है?
A. इनपुट यूनिट है
B. आउटपुट यूनिट है
C. इनपुट यूनिट और आउटपुट यूनिट दोनों हैं
D. उपरोक्त में से कोई भी नहीं है

**304.** प्रिंटर–
A. आउटपुट यूनिट है
B. इनपुट यूनिट है
C. उपरोक्त दोनों हैं
D. उपरोक्त में से कोई भी नहीं है

**305.** फ्लॉपी–
- A. इनपुट यूनिट है
- B. आउटपुट यूनिट है
- C. इनपुट यूनिट और आउटपुट यूनिट दोनों हैं
- D. उपरोक्त में से कोई भी नहीं है

## विविध

**306.** 'जीने की कला' (आर्ट ऑफ लिविंग) के प्रतिपादक और प्रचारक कौन हैं?
- A. महर्षि महेश योगी
- B. श्री श्री रवि शंकर
- C. स्वामी चिन्मयानंद
- D. भगवान रजनीश

**307.** डंकन पैसेज निम्नलिखित में से किसके बीच स्थित है?
- A. दक्षिणी और लिटिल अंडमान
- B. उत्तरी और दक्षिणी अंडमान
- C. उत्तरी और मध्य अंडमान
- D. अंडमान और निकोबार

**308.** भारतीय रिजर्व बैंक द्वारा जारी की गई करेन्सी नोटों की महात्मा गाँधी वाली शृंखला निम्नलिखित में से कौन-सी है जिस पर 'संसद भवन' निरूपित है?
- A. 500 रु.
- B. 100 रु.
- C. 50 रु.
- D. 10 रु.

**309.** रासायनिक रूप से 'मिल्क ऑफ मैग्नेशिया' क्या होता है?
- A. मैग्नीशियम कार्बोनेट
- B. सोडियम बाइकार्बोनेट
- C. कैल्सियम हाइड्रॉक्साइड
- D. मैग्नीशियम हाइड्रॉक्साइड

**310.** वन अनुसंधान संस्थान कहाँ स्थित है?
- A. देहरादून में
- B. भोपाल में
- C. लखनऊ में
- D. दिल्ली में

**311.** निम्नलिखित कलाकारों और उनके कला-रूपों के मेल मिलाइए–

**कलाकार**
- (*a*) पन्नालाल घोष
- (*b*) पंडित भीमसेन जोशी
- (*c*) अंजलि ईला मेनन
- (*d*) मदुराई मणि अय्यर

**कला-रूप**
1. चित्रकला
2. कर्नाटक संगीत (कंठ संगीत)
3. बाँसुरी
4. हिन्दुस्तानी संगीत (कंठ संगीत)

कूट :

| | (*a*) | (*b*) | (*c*) | (*d*) |
|---|---|---|---|---|
| A. | 1 | 3 | 2 | 4 |
| B. | 2 | 1 | 4 | 3 |
| C. | 3 | 4 | 1 | 2 |
| D. | 4 | 2 | 3 | 1 |

**312.** 'हापुस' आम का मूल स्थान कौन-सा है?
- A. रत्नागिरि
- B. बनारस
- C. माल्दा
- D. विजयवाड़ा

**313.** किस क्षेत्र में अधिकांश मौसम सम्बन्धी गतिविधियाँ होती हैं?
- A. आयनमंडल
- B. क्षोभमंडल
- C. समतापमंडल
- D. क्षोभसीमा

**314.** निम्नलिखित में से वह पर्वत श्रेणी कौन-सी है जो भारत में सबसे पुरानी है?
- A. हिमालय
- B. विंध्याचल
- C. अरावली
- D. सहयाद्रि

**315.** निमज्जित वस्तु का पता लगाने के लिए किस उपकरण का प्रयोग किया जाता है?

A. राडार      B. सोनार
C. क्वासार      D. पल्सार

**316.** शरीर का वह कौन-सा अंग है जो कभी-भी विश्राम नहीं लेता?
     A. मांसपेशियाँ      B. तंत्रिकाएँ
     C. जीभ      D. हृदय

**317.** अजन्ता की चित्रकारी में क्या निरूपित किया गया है?
     A. रामायण      B. महाभारत
     C. जातक      D. पंचतंत्र

**318.** निम्नलिखित में से कौन-सी डॉ. हरिवंश राय बच्चन द्वारा लिखी गई पुस्तक है?
     A. चिदम्बरा      B. कपाल कुंडला
     C. कामायनी      D. प्रतीक्षा

**319.** एक हॉकी टीम में कितने खिलाड़ी होते हैं?
     A. 9      B. 10
     C. 11      D. 12

**320.** 'यूनीसेफ' का मुख्यालय निम्नलिखित नगर में स्थित है–
     A. जेनेवा      B. विएना
     C. न्यूयॉर्क      D. वाशिंगटन डी.सी.

**321.** 'एनरॉन' विद्युत परियोजना किस राज्य में है?
     A. केरल      B. कर्नाटक
     C. मध्य प्रदेश      D. महाराष्ट्र

**322.** मीनाक्षी मन्दिर कहाँ है?
     A. महाबलीपुरम्      B. मदुरै
     C. चेन्नई      D. कोलकाता

**323.** 'डेविस कप' किस खेल से सम्बन्धित है?
     A. लॉन टेनिस      B. क्रिकेट
     C. गोल्फ      D. हॉकी

**324.** गोस्वामी तुलसीदास ने निम्नलिखित में से किस ग्रंथ की रचना की?

A. रामायण      B. रामचरितमानस
C. रामचन्द्रिका      D. भावार्थ रामायण

**325.** क्रिकेट में, विकेटों के बीच पिच की लम्बाई होती है–
     A. 22 गज      B. 22 फीट
     C. 22 मीटर      D. 20 गज

**326.** माउन्ट एवरेस्ट पर चढ़ने वाली पहली भारतीय महिला कौन है?
     A. पी.टी. ऊषा      B. आरती गुप्ता
     C. राजिन्दर कौर      D. बछेन्द्री पाल

**327.** 'ईरान' की पार्लियामेंट ......... के नाम से जानी जाती है।
     A. दारुल अवाम
     B. मजलिस
     C. कौमी असेम्बली
     D. अवाम-ए-ईरान

**328.** ब्लैक फॉरेस्ट पर्वत स्थित है–
     A. फ्रांस में      B. यूक्रेन में
     C. जर्मनी में      D. रूस में

**329.** आतंकवाद प्रभावित डोडा, स्थित है–
     A. जम्मू और कश्मीर में
     B. पंजाब में
     C. असम में
     D. नागालैण्ड में

**330.** निम्नलिखित में से किसे विश्व ओलम्पिक में शामिल नहीं किया गया है?
     A. हॉकी      B. तैराकी
     C. क्रिकेट      D. वॉलीबाल

**331.** 'हुंडई मोटर कम्पनी' (एच एम सी) निम्नलिखित में से किस देश की कम्पनी है?
     A. दक्षिण कोरिया      B. अमरीका
     C. फ्रांस      D. इटली

**332.** किस विषय में असाधारण कार्य के लिए अमर्त्य सेन को नोबेल पुरस्कार दिया गया था?
A. रसायन विज्ञान  B. अर्थशास्त्र
C. साहित्य      D. संगीत

**333.** प्रतिवर्ष महिला दिवस निम्नलिखित तिथि को मनाया जाता है–
A. 5 सितम्बर  B. 14 सितम्बर
C. 8 मार्च    D. 20 अक्टूबर

**334.** भारत के राष्ट्र-ध्वज के चक्र में कितनी तीलियाँ होती हैं?
A. 22      B. 23
C. 25      D. 24

**335.** खेलकूद के क्षेत्र में विलक्षण उपलब्धि के लिए निम्नलिखित में से कौन-सा पुरस्कार दिया जाता है?
A. परमवीर चक्र  B. अर्जुन पुरस्कार
C. अशोक चक्र   D. ज्ञानपीठ पुरस्कार

**336.** निम्नलिखित यंत्र से सूक्ष्म वस्तुएं देखी जाती हैं–
A. सूक्ष्मदर्शी    B. स्टेथोस्कोप
C. दूरदर्शी      D. टेलीविजन

**337.** कथकली नृत्य का सम्बन्ध निम्नलिखित राज्य से है–
A. केरल      B. कर्नाटक
C. आंध्र प्रदेश  D. उड़ीसा

**338.** निम्नलिखित में से कौन-सा युग्म गलत है?
A. शहनाई        बिस्मिल्ला खाँ
B. तबला         समता प्रसाद
C. मृदंगम्        मणि अय्यर
D. बाँसुरी        सुब्बालक्ष्मी

**339.** स्तनधारियों में लाल रुधिर कणिकाओं का निर्माण कहाँ होता है?
A. अस्थि मज्जा में
B. वृक्कों में
C. यकृत में
D. तिल्ली में

**340.** भारत में सबसे अधिक पटसन (जूट) उत्पादन करने वाला राज्य है–
A. महाराष्ट्र       B. बिहार
C. पं. बंगाल      D. मध्य प्रदेश

**341.** महात्मा गांधी की हत्या कब हुई थी?
A. 30 जनवरी, 1947
B. 30 जनवरी, 1948
C. 30 जनवरी, 1946
D. 30 जनवरी, 1949

**342.** वह प्राचीन नाम क्या है, जिससे पटना शहर को जाना जाता था?
A. कौसल        B. गया
C. पाटलिपुत्र     D. गोमतेश्वर

**343.** 1930 की प्रसिद्ध नमक यात्रा का नाम क्या था?
A. नमक यात्रा   B. दांडी यात्रा
C. सत्याग्रह यात्रा  D. असहयोग यात्रा

**344.** निम्नलिखित में से किसे सीमान्त गांधी कहा जाता है?
A. शेख अब्दुल्ला
B. खान अब्दुल गफ्फार खाँ
C. जय प्रकाश नारायण
D. विनोबा भावे

**345.** निम्नलिखित में से कौन प्रोटीन से समृद्ध है?
A. दूध        B. शहद
C. बादाम      D. गेहूँ

**346.** कौन-सा भारतीय स्वतंत्र भारत का पहला गवर्नर जनरल था?
A. डॉ. राजेन्द्र प्रसाद

B. सरदार पटेल

C. सी. राजगोपालाचारी

D. बी.आर. अम्बेडकर

**347.** सर्वप्रथम किसने कहा कि ''स्वतंत्रता मेरा जन्मसिद्ध अधिकार है''?

A. महात्मा गांधी

B. बाल गंगाधर तिलक

C. अब्राहम लिंकन

D. गोपाल कृष्ण गोखले

**348.** अमेरिका का नया राष्ट्रपति कौन है?

A. हिलेरी क्लिंटन

B. डेटी बुटरसे

C. टाबरे वाज्केव

D. डोनाल्ड ट्रंप

**349.** भारत ने अपना दूसरा परमाणु परीक्षण किस राज्य में किया?

A. ओडिसा     B. केरल

C. तमिलनाडु     D. राजस्थान

**350.** रिवाल्वर का आविष्कार किसने किया?

A. रायफेल     B. अल्फ्रेड नोबेल

C. चार्ल्स पैटन     D. सैम्युल कोल्ट

**351.** भारत का उपग्रह प्रक्षेपण केन्द्र किस जगह स्थित है?

A. थुम्बा     B. श्रीहरिकोटा

C. बंगलौर     D. कटक

**352.** निम्नलिखित में से कौन-सा ग्रह पृथ्वी के निकटतम है?

A. शुक्र     B. बुध

C. बृहस्पति     D. मंगल

**353.** बी.सी.जी. टीका निम्नलिखित रोग से प्रतिरक्षण के लिए लगाया जाता है—

A. कैंसर     B. पोलियो

C. यक्ष्मा     D. टायफाइड

**354.** चाँदनी को चाँद से पृथ्वी तक आने में समय लगता है—

A. 1.3 सेकण्ड     B. 2.7 सेकण्ड

C. 0.6 सेकण्ड     D. 3.1 सेकण्ड

**355.** नेत्रहीनों के लिए भाषा का आविष्कार किसने किया?

A. लुई ब्रेल     B. मैडम क्यूरी

C. आइन्स्टाइन     D. आर्किमिडीज

**356.** निम्नलिखित में से सबसे छोटा ग्रह कौन-सा है?

A. शुक्र     B. मंगल

C. पृथ्वी     D. शनि

**357.** विश्व स्वास्थ्य संगठन (W.H.O.) का मुख्यालय किस नगर में स्थित है?

A. न्यूयॉर्क     B. पेरिस

C. जेनेवा     D. हेग

**358.** चार मीनार कहाँ स्थित है?

A. हैदराबाद     B. मैसूर

C. औरंगाबाद     D. कोलकाता

**359.** कनाडा की राजधानी कौन-सी है?

A. सोफिया     B. सैन्टिआगो

C. वियना     D. ओटावा

**360.** विश्व का सबसे बड़ा मरुस्थल है—

A. सहारा

B. अरब मरुस्थल

C. ऑस्ट्रेलिया मरुस्थल

D. गोबी मरुस्थल

**361.** प्रसिद्ध नदी 'नील' सम्बन्ध रखती है—

A. इराक से     B. मिस्र से

C. फ्रांस से     D. जर्मनी से

**362.** विश्व में सबसे लम्बी नदी कौन-सी है?

A. गंगा     B. अमेजन

C. नील     D. टेम्स

**363.** फिदेल कास्त्रो किस देश के पूर्व राष्ट्रपति थे?

   A. फ्रांस         B. क्यूबा
   C. हंगरी         D. ब्राजील

**364.** देश में भामा परमाणु अनुसंधान केन्द्र की स्थापना कहाँ हुई है?

   A. पोखरण       B. ट्रॉम्बे
   C. बंगलौर       D. कोलकाता

**365.** क्षेत्रफल के आधार पर देश का सबसे बड़ा राज्य है–

   A. उत्तर प्रदेश    B. बिहार
   C. राजस्थान      D. महाराष्ट्र

**366.** ‘शाहनामा’ किसकी कृति है?

   A. फिरदौसी      B. श्री हर्ष
   C. श्रीधर         D. हेमचन्द्र

**367.** मणिपुर की राजधानी कहाँ है?

   A. कोहिमा       B. इम्फाल
   C. गंगटोक       D. आइजोल

**368.** गोआ को पुर्तगालियों से कब आजाद करवाया गया?

   A. 1947          B. 1945
   C. 1942          D. इनमें से कोई नहीं

**369.** अनुच्छेद 370 भारत के किस राज्य में लागू है?

   A. सिक्किम      B. जम्मू-कश्मीर
   C. असम          D. नागालैण्ड

**370.** निम्नलिखित में से कौन-सी नदी महाराष्ट्र के नासिक से निकलती है?

   A. कृष्णा        B. कावेरी
   C. सतलज       D. गोदावरी

**371.** निम्नलिखित में से किस स्थान पर तेल रिफायनिंग कारखाना है?

   A. दुर्गापुर      B. बरौनी
   C. राँची         D. कटक

**372.** M.K.S. प्रणाली में त्वरण का मात्रक क्या है?

   A. $M/S^2$      B. K.M/h
   C. K.M/S     D. M/S

**373.** किसके नेतृत्व में 1776 ई. में अमरीका को स्वतंत्रता की प्राप्ति हुई?

   A. अब्राहम लिंकन
   B. जॉर्ज डब्ल्यू. बुश
   C. जॉर्ज वाशिंगटन
   D. इनमें से कोई नहीं

**374.** रियो ओलंपिक-2016 में भारत ने कितने पदक जीते?

   A. 5            B. 6
   C. 2            D. 4

**375.** मरुस्थल के पौधों के लिए अधिक सम्भावना है कि–

   A. उनकी पत्तियाँ बड़ी और चौरस हों
   B. उनकी जड़ें छोटी हों
   C. उनमें अधिक संख्या में स्टोमाटा हो
   D. उनकी पत्तियाँ छोटी हों

**376.** निम्नलिखित में से कौन पूरे भारत में खरीफ की तरह उगाई जाने वाली फसल है?

   A. चना          B. मसूर
   C. मूँग         D. उपर्युक्त सभी

**377.** ‘माइका’ क्या है?

   A. विद्युत का कुचालक
   B. ताप का सुचालक
   C. ताप का कुचालक
   D. विद्युत का सुचालक

**378.** ‘किवीज’ कहाँ का निवासी है?

   A. ऑस्ट्रेलिया    B. न्यूजीलैण्ड
   C. नागालैण्ड     D. दक्षिण अफ्रीका

**379.** प्रेशर कुकर में खाना जल्दी पक जाता है, क्योंकि–
A. प्रेशर कुकर के अन्दर दाब कम होता है
B. प्रेशर कुकर के अन्दर दाब अधिक होता है
C. प्रेशर कुकर के आकार के कारण
D. इनमें से कोई नहीं

**380.** निम्नलिखित में से कौन-सी ध्वनि हम नहीं सुन सकते हैं?
A. 25 Hz   B. 200 Hz
C. 25,000 Hz   D. 18,000 Hz

**381.** गाय का गर्भाधानकाल कितने दिनों का होता है?
A. 280 दिन   B. 300 दिन
C. 330 दिन   D. 340 दिन

**382.** निम्नलिखित में से कौन रासायनिक प्रतिक्रिया का उदाहरण है?
A. लोहे का चुम्बक बनना
B. मोमबत्ती का जलना
C. बर्फ का पिघलना
D. इनमें से कोई नहीं

**383.** वर्ष 2011 की जनगणना के अनुसार भारत की जनसंख्या कितनी है?
A. 121.0 करोड़   B. 105.7 करोड़
C. 107.5 करोड़   D. 109.2 करोड़

**384.** निम्नलिखित में से कौन-सा कथन सत्य नहीं है?
A. प्रधानमंत्री की नियुक्ति राष्ट्रपति करता है
B. संघ की कार्यपालिका शक्ति प्रधानमंत्री में निहित होती है
C. प्रधानमंत्री लोक सभा में बहुमत दल का नेता होता है
D. इनमें से कोई नहीं

**385.** पीवी सिंधु सम्बन्धित हैं–
A. निशानेबाजी   B. बैडमिंटन
C. गोल्फ   D. शतरंज

**386.** राष्ट्रपति किसी विधेयक को अपने पास कितने दिनों तक रख सकता है?
A. 14 दिन
B. 20 दिन
C. 6 माह
D. कोई निश्चित नहीं है

**387.** जब किसी काँच को रेशम से रगड़ा जाता है, तो छड़ पर कौन-सा आवेश होगा?
A. ऋण आवेश   B. धन आवेश
C. आवेशहीन   D. इनमें से कोई नहीं

**388.** सर्पदंश से शरीर का कौन-सा भाग प्रभावित होता है?
A. मस्तिष्क   B. तंत्रिका तंत्र
C. फेफड़ा   D. हृदय

**389.** निम्नलिखित में से कौन-सा विटामिन घाव को भरने में सहायक होता है?
A. विटामिन A   B. विटामिन B
C. विटामिन C   D. विटामिन K

**390.** निम्नलिखित में से कौन-सी रेखा विषुवत् रेखा के समानान्तर है?
A. अक्षांश
B. देशान्तर
C. अक्षांश एवं देशान्तर
D. इनमें से कोई नहीं

**391.** फतेहपुर सीकरी की स्थापना का श्रेय किसे जाता है?
A. अकबर   B. शाहजहाँ
C. शेरशाह   D. जहाँगीर

**392.** प्लासी का युद्ध कब हुआ था?
  A. 1764     B. 1757
  C. 1857     D. 1742

**393.** 1857 के विद्रोह में झाँसी की रानी लक्ष्मीबाई ने किसके सहयोग से ग्वालियर में विद्रोह किया था?
  A. तांत्या टोपे   B. नाना साहब
  C. कुँवर सिंह   D. बख्त खाँ

**394.** अन्तिम मुगल शासक बहादुर शाह जफर की मृत्यु कहाँ हुई थी?
  A. दिल्ली       B. रंगून
  C. आगरा        D. ग्वालियर

**395.** किसी भी पेड़ की आयु ज्ञात की जाती है?
  A. इसके तना की गोलाई को देखकर
  B. इसकी जड़ को देखकर
  C. इसकी ऊँचाई देखकर
  D. इनमें से कोई नहीं

**396.** महात्मा गांधी की पत्नी का नाम क्या था?
  A. कस्तूरबा       B. रम्भा देवी
  C. मेनका देवी   D. उर्वशी देवी

**397.** भारतीय राष्ट्रीय कांग्रेस के संस्थापक कौन थे?
  A. डब्ल्यू. सी. बनर्जी
  B. ए.ओ. ह्यूम
  C. गांधीजी
  D. दादा भाई नौरोजी

**398.** रक्त में यूरिया की वृद्धि किस अंग के विकार से होती है?
  A. यकृत        B. हृदय
  C. गुर्दे        D. पित्ताशय

**399.** साबुन को जल में घोलने पर, जल का पृष्ठ तनाव–
  A. घट जाएगा
  B. बढ़ेगा
  C. अपरिवर्तित रहेगा
  D. उपर्युक्त सभी

**400.** पीतल किसकी मिश्र धातु है?
  A. ताँबा + टिन
  B. ताँबा + एल्युमिनियम
  C. ताँबा + जस्ता
  D. उपर्युक्त सभी

**401.** गंदे जल में जमा हुए मच्छरों को नष्ट करने के लिए कैरोसीन तेल का उपयोग किया जाता है, क्योंकि–
  A. यह जल के पृष्ठीय तनाव को कम कर देता है
  B. जल के पृष्ठीय तनाव को बढ़ा देता है
  C. यह जल की श्यानता को बढ़ा देता है
  D. उपर्युक्त सभी

**402.** कैंची में कितने लीवर होते हैं?
  A. दो          B. तीन
  C. चार         D. पाँच

**403.** प्रार्थना समाज की स्थापना किसने की थी?
  A. राजा राम मोहन राय
  B. दयानन्द सरस्वती
  C. आत्माराम पांडुरंग
  D. केशवचन्द्र सेन

**404.** लोक सभा के कार्यकाल की अवधि कितनी है?
  A. 5 वर्ष        B. 6 वर्ष
  C. 4 वर्ष        D. निश्चित नहीं है

**405.** रेशम के कीड़े का भोज्य पदार्थ क्या है?
  A. घास
  B. फूल
  C. शहतूत की पत्ती
  D. इनमें से कोई नहीं

## बैंकिंग सचेतता

**406.** सरकारी क्षेत्र का बैंक निम्नलिखित में से कौन-सा नहीं है?
A. सेंच्यूरियन बैंक
B. आंध्रा बैंक
C. कॉर्पोरेशन बैंक
D. सेन्ट्रल बैंक ऑफ इंडिया

**407.** निम्नलिखित में से किसके द्वारा प्रत्येक राज्य में बैंकिंग लोकायुक्त की नियुक्ति होती है?
A. भारत सरकार का समाज-कल्याण मंत्रालय
B. कम्पनियों के रजिस्ट्रार
C. भारतीय रिजर्व बैंक
D. इण्टरनल बैंकिंग

**408.** भारत में हरित क्रान्ति के प्रणेता कौन थे?
A. ए. कूरियन
B. लाल बहादुर शास्त्री
C. एम. एस. स्वामीनाथन
D. उपर्युक्त में से कोई नहीं

**409.** भारतीय कृषि के लिए निम्नलिखित में से कौन-सा संस्थागत साख का स्रोत नहीं है?
A. क्षेत्रीय ग्रामीण बैंक
B. साहूकार
C. सहकारी समितियाँ
D. वाणिज्यिक बैंक

**410.** राज्यों के राजस्व व्यय का सबसे महत्त्वपूर्ण मद है—
A. ब्याज भुगतान
B. प्रशासनिक सेवाएँ
C. राजकोषीय सेवाएँ
D. सामाजिक एवं सामुदायिक सेवाएँ

**411.** भारतीय रिजर्व बैंक का नया गवर्नर कौन है?
A. एस.के. गांधी
B. उर्जित पटेल
C. अरुंधति भट्टाचार्य
D. समीर नायर

**412.** बैंकिंग और वित्त में निम्नलिखित में से किस पद का प्रयोग नहीं किया जाता है?
A. बोली मूल्य
B. जैक्सोनियन सीजर
C. कॉल ओप्शन
D. ब्लू चिप

**413.** निम्नलिखित में से कौन-सी पद्धति राष्ट्रीय आय आकलन की पद्धति नहीं है?
A. व्यय पद्धति
B. उत्पाद पद्धति
C. मैट्रिक्स पद्धति
D. आय पद्धति

**414.** भारत में मौद्रिक नीति कौन बनाता है?
A. केन्द्रीय सरकार
B. भारत का औद्योगिक वित्त निगम
C. भारतीय रिजर्व बैंक
D. भारत का औद्योगिक विकास बैंक

**415.** WTO मुख्यतः निम्नलिखित में से किसको बढ़ावा देता है?
A. वित्तीय समर्थन
B. विश्व शांति
C. एकपक्षीय व्यापार
D. बहुपक्षीय व्यापार

**416.** निम्नलिखित में से कौनसा बैंक का कार्य नहीं है?

A. परियोजना वित्त देना

B. म्यूचुअल फण्ड बेचना

C. CRR/रिपो दर/SLR आदि जैसी नीतिगत दरें तय करना

D. ग्राहकों की ओर से भुगतानों का निपटान

**417.** भारतीय रुपए के लिए एक सिम्बल (₹) अपनाया गया है। रुपए से पूर्व विश्व की कितनी अन्य मुद्राओं का अपना पहचान चिह्न था?

A. 4　　　　　B. 5

C. 6　　　　　D. 7

**418.** गरीबों या बच्चों के बीच लोकप्रिय 'लघु बचत बैंक' का रूप निम्नलिखित में से कौन-सा था?

A. कोर बैंकिंग　　B. क्रेडिट बैंकिंग

C. डेबिट कार्ड　　D. पिगी बैंकिंग

**419.** निम्नलिखित में से किस दर से बैंक भारतीय रिजर्व बैंक से कर्ज लेते हैं?

A. बैंक दर　　　　B. CRR

C. SLR　　　　　D. रिपो दर

**420.** मुद्रास्फीति के समय के दौरान कर की दरों में निम्नलिखित में से क्या होगा?

A. वृद्धि

B. कमी

C. स्थिर बने रहना

D. घट-बढ़

**421.** जब व्यक्ति को किसी वस्तु को छोड़ने के बजाय उसके लिए अधिक कीमत अदा करनी पड़ती है, तो उसे क्या कहा जाता है?

A. कीमत

B. लाभ

C. उत्पादक का अधिशेष

D. उपभोक्ता का अधिशेष

**422.** ट्रिप्स और ट्रिम्स पद सम्बन्धित हैं–

A. आई.एम.एफ. से

B. डब्ल्यू.टी.ओ. से

C. आई.बी.आर.डी. से

D. आई.डी.ए. से

**423.** निम्नलिखित में से कौन-सी संस्था मूलतः वित्तीय/आर्थिक मामलों से सम्बन्धित नहीं है?

A. WTO　　　　B. WHO

C. IDA　　　　D. IBRD

**424.** भारत में अग्रणी बैंक योजना की शुरूआत निम्नलिखित की अनुशंसा पर की गई थी–

A. एम. नरसिम्हम

B. एफ.के.एफ. नरीमन

C. डी.टी. लकड़ावाला

D. वी.एम. दाण्डेकर

**425.** भारत में CENVAT नामक कर का सम्बन्ध निम्नलिखित से है–

A. केन्द्रीय बिक्रीकर

B. संघ उत्पाद शुल्क

C. निगम कर

D. सीमा (Custom) शुल्क

**426.** भारत की विदेशी विनिमय दर प्रणाली है–

A. मुक्त प्लावित (Free float)

B. प्रबन्धित प्लावित (Managed float)

C. स्थिर (Fixed)

D. स्थिर लक्ष्य पट्टिका (Fixed target of band)

427. लीड बैंक का कार्य किया जाता है–
A. भारतीय स्टेट बैंक द्वारा
B. भारतीय रिजर्व बैंक द्वारा
C. किसी भी बैंक द्वारा
D. इस कार्य हेतु नामित बैंक द्वारा

428. केन्द्रीय सहकारी बैंकों का कार्यक्षेत्र है–
A. जनपद स्तर पर
B. राज्य स्तर पर
C. राष्ट्रीय स्तर पर
D. ब्लॉक स्तर पर

429. भारत का सार्वजनिक क्षेत्र में सबसे बड़ा वाणिज्यिक बैंक है–
A. बैंक ऑफ इंडिया
B. भारतीय रिजर्व बैंक
C. भारतीय स्टेट बैंक
D. यूनियन बैंक ऑफ इंडिया

430. निम्नलिखित में से कौन-सा पद बैंकिंग/वित्त सम्बन्धी नहीं है?
A. NPA       B. NAV
C. चलनिधि     D. NAFTA

431. निम्नलिखित में से कौन-सा पद बैंकिंग/वित्त से सम्बन्धित नहीं है?
A. चालू खाता   B. भुगतान आदेश
C. सममूल्य     D. अतिलंघन

432. केन्द्रीय करों में राज्यों के हिस्से का निर्णय कौन करता है?
A. वित्त आयोग
B. नीति आयोग
C. चुनाव आयोग
D. वित्त मंत्रालय

433. 'ब्याज दर नीति' किसका अंग है?
A. राजकोषीय नीति
B. मुद्रा नीति
C. व्यापार नीति
D. प्रत्यक्ष नियंत्रण

434. निम्नलिखित में से कौन-सा एक अप्रत्यक्ष कर है?
A. निगम कर
B. आय कर
C. सेवा कर
D. प्रतिभूति लेन-देन कर

435. ए. टी. एम. (ATM) का पूरा नाम है–
A. ऑटोमैटिक टेलर मशीन
B. ऑटोमेटिड टेलर मशीन
C. ऑटोमैटिक टैली मशीन
D. ऑटोमेटिड टैली मैकेनिज्म

436. वित्तीय क्षेत्र में प्रयुक्त 'NBFC' का पूरा रूप क्या है?
A. New Banking Finance Company
B. National Banking & Finance Corporation
C. New Business Finance & Credit
D. इनमें से कोई नहीं

437. केन्द्र सरकार का कर आय का प्रमुख स्रोत है–
A. उत्पाद कर   B. आयकर
C. निगम कर     D. तटकर

438. विश्व बैंक का मुख्यालय स्थित है–
A. पेरिस में     B. प्रेग में
C. वाशिंगटन में  D. जेनेवा में

439. रिजर्व बैंक ऑफ इण्डिया की स्थापना किस वर्ष में हुई?

A. 1949    B. 1953
C. 1935    D. 1956

**440.** एस.टी.टी. (STT) से तात्पर्य है–
A. सिक्योरिटीज ट्रांजेक्शन टैक्स
B. सर्विस टैक्स ट्रिब्यूनल
C. सिम्पलीफाइड ट्रेड टैक्स
D. स्टेट ट्रेड टैक्स

**441.** सीमा शुल्कों की संग्रहण दर निम्नलिखित में से कौन-सी है?
A. आयात के मूल्य से सीमा शुल्क राजस्व का अनुपात
B. सीमा शुल्क वसूलने में आई लागत
C. A तथा B
D. इनमें से कोई नहीं

**442.** ‘सब प्राइम ऋण’ पद निम्नलिखित को दिए गए ऋणों के लिए लागू होता है।
A. ऐसे उधारकर्ता जिनकी साख पृष्ठभूमि अच्छी नहीं है
B. वे जो मूर्त अस्तियों के बंधक पर ऋण लेना चाहते हैं
C. जिनकी साख पृष्ठभूमि अच्छी है और जिन्हें बैंक 10 वर्ष से जानता है
D. वे उधारकर्ता जो बैंक के सर्वाधिक तरजीह प्राप्त ग्राहक हैं
E. इनमें से कोई नहीं

**443.** निम्नलिखित में से कौन-सा पद बैंकिंग/वित्त से सम्बन्धित नहीं है?
A. क्रेडिट रैप
B. EMI
C. परिपक्वता तक धारित
D. डिफ्यूजन

**444.** ‘नास्कॉम’ क्या है–
A. भारत का एक शेयर बाजार
B. अमरीका का एक शेयर बाजार
C. भारत का एक कमोडिटी बाजार
D. भारतीय सॉफ्टवेयर कम्पनियों का संगठन

**445.** भारतीय अर्थव्यवस्था की विशेषता है–
1. कृषि की प्रधानता
2. उद्योग की प्रधानता
3. अल्प प्रति व्यक्ति आय
4. बृहद (Massive) बेरोजगारी
नीचे लिखे कूट से सही उत्तर चुनिए–
A. 1 व 2 केवल
B. 1, 2 व 3 केवल
C. 2, 3 व 4 केवल
D. 1, 3 व 4 केवल

**446.** मुद्रास्फीति की दरें किस सूचकांक पर आधारित होती हैं?
A. उपभोक्ता मूल्य सूचकांक
B. थोक मूल्य सूचकांक
C. औद्योगिक श्रमिक उपभोक्ता मूल्य सूचकांक
D. ग्रामीण श्रम उपभोक्ता मूल्य सूचकांक

**447.** कपड़े धोने का डिटर्जेन्ट ‘सर्फ एक्सेल’ निम्नलिखित में से किस कम्पनी का उत्पाद है?
A. गोदरेज
B. प्रॉक्टर एण्ड गैम्बेल
C. हिन्दुस्तान यूनीलिवर
D. टाटा कैमिकल्स

**448.** CRM शब्द (Term) का क्या अर्थ है?
A. केयर एण्ड रिलेशनशिप मैनेजमेंट
B. कस्टमर रिलेशनशिप मेथड्स
C. कस्टमर रिटेनिंग मेथड्स
D. कस्टमर रिलेशनशिप मैनेजमेंट

**449.** निम्नलिखित में कौन-सी प्राइवेट भारतीय बैंक नहीं है?
- A. केनरा बैंक
- B. ICICI बैंक लि.
- C. HDFC बैंक लि.
- D. बैंक ऑफ राजस्थान

**450.** SEZ किसका शब्द संक्षेप है?
- A. सदर्न इकॉनोमिक जोन
- B. स्पेशल इकॉनोमिक जोन
- C. सिंगल इकॉनोमिक जोन
- D. साउथ यूरोपियन जोन

**451.** 'विश्वसनीय पारिवारिक बैंक' यह भारत के किस बैंक की विज्ञापन पंक्ति है?
- A. कॉर्पोरेशन बैंक
- B. देना बैंक
- C. बैंक ऑफ महाराष्ट्र
- D. यूटीआई बैंक लि.

**452.** बैंकों के चेकों के संसाधन के लिए प्रयोग किया जाता है:
- A. OCR का
- B. MICR का
- C. OMR का
- D. PMR का

**453.** बैंकों के निष्पादन का मूल्यांकन करते समय निम्नलिखित में से किसे सर्वाधिक महत्व दिया जाना चाहिए?
- A. ग्राहक सम्बन्ध नीतियाँ
- B. शाखाओं की संख्या
- C. जोखिम प्रबन्ध प्रणाली
- D. प्रति कर्मचारी व्यापार

**454.** एक बैंक अपने अग्रिमों पर बहुत अधिक दर लगा रहा है, लेकिन अपने जमाओं पर बहुत कम दर दे रहा है। इसे किस तरह के जोखिम का सामना करना पड़ सकता है?
1. इसका बाजार-हिस्सा कम हो जाएगा।
2. इसका ग्राहक-आधार बहुत सीमित हो जाएगा।
3. इसे अपनी आय के लिए कुछ अन्य स्रोत ढूँढ़ने होंगे, जैसे शुल्क आधारित सेवाएं।
- A. केवल 1
- B. केवल 2
- C. केवल 3
- D. 1, 2 एवं 3 सभी

**455.** आर. बी. आई. के 'खुले बाजार संचालन' (ओपन मार्केट ऑपरेशन) से आशय है:
- A. शेयरों का क्रय और विक्रय
- B. विदेशी मुद्रा की नीलामी
- C. ऋण पत्रों में व्यवसाय
- D. सोने का सौदा

**456.** 'साखपत्र' (Letter of Credit) प्रस्तुत करना होता है–
- A. निर्यातकर्ता द्वारा
- B. आयातकर्ता द्वारा
- C. आयातकर्ता और निर्यातकर्ता दोनों द्वारा
- D. जहाजी कम्पनी द्वारा

**457.** भारत में ट्रेजरी बिल बेचे जाते हैं–
- A. भारतीय रिजर्व बैंक द्वारा
- B. राज्य सरकारों द्वारा
- C. व्यापारिक बैंकों द्वारा
- D. सेबी द्वारा

**458.** बैंकों द्वारा अपनाया जा रहा व्यवसाय सम्पर्ककर्ता मॉडल निम्नलिखित में से किसे बैंकिंग सुविधाएं उपलब्ध कराता है?

A. केवल कारपोरेट उधारकर्ता
B. केवल समाज के कमजोर वर्ग और छोटे गाँवों के लोग
C. केवल उन्हें जो आवास ऋण लेते हैं
D. उपर्युक्त A, B व C सभी

**459.** निम्नलिखित में से सार्वजनिक क्षेत्र (Public Sector) में कौन हैं?
1. भारतीय उर्वरक निगम (Fertilizer Corporation of India)
2. भारतीय खाद्य निगम (Food Corporation of India)
3. भारतीय कपास निगम (Cotton Corporation of India)
4. भारतीय जूट निगम (Jute Corporation of India)
A. केवल 1, 2
B. केवल 2, 3
C. केवल 3, 4
D. सभी 1, 2, 3, 4

**460.** भारत में बैंकिंग शब्दावली में प्रयुक्त संक्षेप 'आईएमपीएस' (IMPS) का पूर्ण विस्तार क्या है?
A. इंटरनेशनल मनी पेमेंट सर्विस
B. इंटरनेशनल मनी प्रोक्योरमेंट सर्विस
C. इंडियन मोबाइल पेमेंट सर्विस
D. इंटरबैंक मोबाइल पेमेंट सर्विस

**461.** भारत में ''मुद्रा सम्बन्धी नोटों की निर्गमन प्रणाली'' आधारित है–
A. न्यूनतम कोष प्रणाली पर
B. आनुपातिक कोष प्रणाली पर
C. स्थिर विनिमय दर प्रणाली पर
D. पूर्ण परिवर्तनशीलता प्रणाली पर

**462.** जब कभी भारतीय रिजर्व बैंक कुछ खुला बाजार परिचालन संव्यवहार करता है, तो वास्तव में वह निम्नलिखित में से किसे नियमित करना चाहता है?
A. केवल मुद्रास्फीति को
B. अर्थव्यवस्था में नकदी को
C. बैंकों की उधार शक्ति को
D. प्रत्यक्ष विदेशी निवेश का प्रवाह
E. इनमें से कोई नहीं

**463.** वित्तीय संव्यवहारों में कहे जाने वाले ऋण लिखत को निम्नलिखित में से क्या नहीं कहा जा सकता है?
A. जमा प्रमाणपत्र
B. बॉण्ड
C. स्टॉक
D. वाणिज्यिक पत्र

**464.** निम्नलिखित में कौन-सा सही ढंग से बताता है कि सब-प्राइम उधार क्या है?
1. ऐसे लोगों को उधार देना जो ऋण नहीं लौटा सकते।
2. ऐसे लोगों को उधार देना जो बैंकों के लिए अधिक मूल्यवान ग्राहक हैं।
3. ऐसे लोगों को उधार देना जो बैंक के नियमित ग्राहक नहीं हैं।
A. केवल 1
B. केवल 2
C. केवल 3
D. 1, 2 व 3 सभी

**465.** भारत में आज के बैंकिंग उद्योग में दिखने वाली प्रमुख अवधारणाएं निम्नलिखित में से कौन-सी हैं?
1. जोखिम आधारित प्रबन्धन
2. बढ़ती प्रतियोगिता
3. IT पहल
A. केवल 1     B. केवल 2
C. केवल 3     D. 2 व 3 दोनों

## उत्तरमाला

| 1 | 2 | 3 | 4 | 5 | 6 | 7 | 8 | 9 | 10 |
|---|---|---|---|---|---|---|---|---|----|
| B | D | B | B | A | D | C | B | A | C |

| 11 | 12 | 13 | 14 | 15 | 16 | 17 | 18 | 19 | 20 |
|----|----|----|----|----|----|----|----|----|----|
| D | B | C | C | A | A | B | D | A | A |

| 21 | 22 | 23 | 24 | 25 | 26 | 27 | 28 | 29 | 30 |
|----|----|----|----|----|----|----|----|----|----|
| C | D | B | B | C | C | D | A | B | A |

| 31 | 32 | 33 | 34 | 35 | 36 | 37 | 38 | 39 | 40 |
|----|----|----|----|----|----|----|----|----|----|
| B | A | D | C | C | D | A | B | B | B |

| 41 | 42 | 43 | 44 | 45 | 46 | 47 | 48 | 49 | 50 |
|----|----|----|----|----|----|----|----|----|----|
| C | C | C | A | D | C | A | C | A | C |

| 51 | 52 | 53 | 54 | 55 | 56 | 57 | 58 | 59 | 60 |
|----|----|----|----|----|----|----|----|----|----|
| B | B | B | C | C | C | C | A | B | C |

| 61 | 62 | 63 | 64 | 65 | 66 | 67 | 68 | 69 | 70 |
|----|----|----|----|----|----|----|----|----|----|
| D | B | C | C | A | B | D | C | A | A |

| 71 | 72 | 73 | 74 | 75 | 76 | 77 | 78 | 79 | 80 |
|----|----|----|----|----|----|----|----|----|----|
| B | D | B | A | C | D | B | B | A | C |

| 81 | 82 | 83 | 84 | 85 | 86 | 87 | 88 | 89 | 90 |
|----|----|----|----|----|----|----|----|----|----|
| D | B | B | A | D | C | A | C | D | B |

| 91 | 92 | 93 | 94 | 95 | 96 | 97 | 98 | 99 | 100 |
|----|----|----|----|----|----|----|----|----|-----|
| C | A | C | B | B | D | C | D | C | B |

| 101 | 102 | 103 | 104 | 105 | 106 | 107 | 108 | 109 | 110 |
|-----|-----|-----|-----|-----|-----|-----|-----|-----|-----|
| B | A | B | D | B | C | A | A | C | B |

| 111 | 112 | 113 | 114 | 115 | 116 | 117 | 118 | 119 | 120 |
|-----|-----|-----|-----|-----|-----|-----|-----|-----|-----|
| C | D | B | A | B | C | D | C | A | C |

| 121 | 122 | 123 | 124 | 125 | 126 | 127 | 128 | 129 | 130 |
|-----|-----|-----|-----|-----|-----|-----|-----|-----|-----|
| D | C | B | D | A | B | B | A | B | C |

| 131 | 132 | 133 | 134 | 135 | 136 | 137 | 138 | 139 | 140 |
|-----|-----|-----|-----|-----|-----|-----|-----|-----|-----|
| C | D | B | C | B | C | C | A | B | D |

| 141 | 142 | 143 | 144 | 145 | 146 | 147 | 148 | 149 | 150 |
|-----|-----|-----|-----|-----|-----|-----|-----|-----|-----|
| D | D | C | A | C | D | A | C | A | C |

| 151 | 152 | 153 | 154 | 155 | 156 | 157 | 158 | 159 | 160 |
|-----|-----|-----|-----|-----|-----|-----|-----|-----|-----|
| B | A | A | B | D | D | C | A | D | A |

| 161 | 162 | 163 | 164 | 165 | 166 | 167 | 168 | 169 | 170 |
|-----|-----|-----|-----|-----|-----|-----|-----|-----|-----|
| C | B | A | A | C | A | D | C | C | C |

| 171 | 172 | 173 | 174 | 175 | 176 | 177 | 178 | 179 | 180 |
|-----|-----|-----|-----|-----|-----|-----|-----|-----|-----|
| D | A | C | D | C | C | C | B | A | C |

| 181 | 182 | 183 | 184 | 185 | 186 | 187 | 188 | 189 | 190 |
|-----|-----|-----|-----|-----|-----|-----|-----|-----|-----|
| D | C | B | D | B | C | C | D | A | B |

| 191 | 192 | 193 | 194 | 195 | 196 | 197 | 198 | 199 | 200 |
|-----|-----|-----|-----|-----|-----|-----|-----|-----|-----|
| A | D | C | C | C | B | A | B | A | D |

| 201 | 202 | 203 | 204 | 205 | 206 | 207 | 208 | 209 | 210 |
|-----|-----|-----|-----|-----|-----|-----|-----|-----|-----|
| B | A | A | C | C | C | D | B | C | A |

| 211 | 212 | 213 | 214 | 215 | 216 | 217 | 218 | 219 | 220 |
|-----|-----|-----|-----|-----|-----|-----|-----|-----|-----|
| A | A | D | D | A | C | B | A | D | A |

| 221 | 222 | 223 | 224 | 225 | 226 | 227 | 228 | 229 | 230 |
|-----|-----|-----|-----|-----|-----|-----|-----|-----|-----|
| C | C | D | B | A | A | C | C | C | D |

| 231 | 232 | 233 | 234 | 235 | 236 | 237 | 238 | 239 | 240 |
|-----|-----|-----|-----|-----|-----|-----|-----|-----|-----|
| C | D | B | B | B | A | C | D | D | B |

| 241 | 242 | 243 | 244 | 245 | 246 | 247 | 248 | 249 | 250 |
|-----|-----|-----|-----|-----|-----|-----|-----|-----|-----|
| A | A | D | B | A | D | C | D | A | A |

| 251 | 252 | 253 | 254 | 255 | 256 | 257 | 258 | 259 | 260 |
|-----|-----|-----|-----|-----|-----|-----|-----|-----|-----|
| D | A | D | A | B | D | D | B | C | C |

| 261 | 262 | 263 | 264 | 265 | 266 | 267 | 268 | 269 | 270 |
|-----|-----|-----|-----|-----|-----|-----|-----|-----|-----|
| D | B | B | A | A | C | D | B | B | B |

| 271 | 272 | 273 | 274 | 275 | 276 | 277 | 278 | 279 | 280 |
|-----|-----|-----|-----|-----|-----|-----|-----|-----|-----|
| D | B | D | C | B | B | C | B | B | D |

| 281 | 282 | 283 | 284 | 285 | 286 | 287 | 288 | 289 | 290 |
|-----|-----|-----|-----|-----|-----|-----|-----|-----|-----|
| C | A | D | B | D | A | C | A | B | B |

| 291 | 292 | 293 | 294 | 295 | 296 | 297 | 298 | 299 | 300 |
|-----|-----|-----|-----|-----|-----|-----|-----|-----|-----|
| A | C | C | D | B | B | A | C | D | A |

| 301 | 302 | 303 | 304 | 305 | 306 | 307 | 308 | 309 | 310 |
|-----|-----|-----|-----|-----|-----|-----|-----|-----|-----|
| D | A | A | A | C | B | A | C | D | A |

| 311 | 312 | 313 | 314 | 315 | 316 | 317 | 318 | 319 | 320 |
|-----|-----|-----|-----|-----|-----|-----|-----|-----|-----|
| C | A | B | C | B | D | C | D | C | C |

| 321 | 322 | 323 | 324 | 325 | 326 | 327 | 328 | 329 | 330 |
|-----|-----|-----|-----|-----|-----|-----|-----|-----|-----|
| D | B | A | B | A | D | B | C | A | C |

| 331 | 332 | 333 | 334 | 335 | 336 | 337 | 338 | 339 | 340 |
|-----|-----|-----|-----|-----|-----|-----|-----|-----|-----|
| A | B | C | D | B | A | A | D | A | C |

| 341 | 342 | 343 | 344 | 345 | 346 | 347 | 348 | 349 | 350 |
|-----|-----|-----|-----|-----|-----|-----|-----|-----|-----|
| B | C | B | B | A | C | B | D | D | D |

| 351 | 352 | 353 | 354 | 355 | 356 | 357 | 358 | 359 | 360 |
|-----|-----|-----|-----|-----|-----|-----|-----|-----|-----|
| B | A | C | A | A | B | C | A | D | A |

| 361 | 362 | 363 | 364 | 365 | 366 | 367 | 368 | 369 | 370 |
|-----|-----|-----|-----|-----|-----|-----|-----|-----|-----|
| B | C | B | B | C | A | B | D | B | D |

| 371 | 372 | 373 | 374 | 375 | 376 | 377 | 378 | 379 | 380 |
|-----|-----|-----|-----|-----|-----|-----|-----|-----|-----|
| B | A | C | C | D | C | A | B | B | C |

| 381 | 382 | 383 | 384 | 385 | 386 | 387 | 388 | 389 | 390 |
|-----|-----|-----|-----|-----|-----|-----|-----|-----|-----|
| A | B | A | B | B | D | B | B | D | A |

| 391 | 392 | 393 | 394 | 395 | 396 | 397 | 398 | 399 | 400 |
|-----|-----|-----|-----|-----|-----|-----|-----|-----|-----|
| A | B | A | B | A | A | B | C | A | C |

| 401 | 402 | 403 | 404 | 405 | 406 | 407 | 408 | 409 | 410 |
|-----|-----|-----|-----|-----|-----|-----|-----|-----|-----|
| A | A | C | A | C | A | C | C | B | A |

| 411 | 412 | 413 | 414 | 415 | 416 | 417 | 418 | 419 | 420 |
|-----|-----|-----|-----|-----|-----|-----|-----|-----|-----|
| B | B | C | C | D | C | A | D | D | A |

| 421 | 422 | 423 | 424 | 425 | 426 | 427 | 428 | 429 | 430 |
|-----|-----|-----|-----|-----|-----|-----|-----|-----|-----|
| C | B | B | B | B | B | D | A | C | D |

| 431 | 432 | 433 | 434 | 435 | 436 | 437 | 438 | 439 | 440 |
|-----|-----|-----|-----|-----|-----|-----|-----|-----|-----|
| D | A | B | C | B | D | A | C | C | A |

| 441 | 442 | 443 | 444 | 445 | 446 | 447 | 448 | 449 | 450 |
|-----|-----|-----|-----|-----|-----|-----|-----|-----|-----|
| A | A | D | D | D | B | C | D | A | B |

| 451 | 452 | 453 | 454 | 455 | 456 | 457 | 458 | 459 | 460 |
|-----|-----|-----|-----|-----|-----|-----|-----|-----|-----|
| B | B | C | D | A | C | A | B | D | D |

| 461 | 462 | 463 | 464 | 465 |
|-----|-----|-----|-----|-----|
| A | C | C | A | A |

---

1701

# मनोमितीय परीक्षा
# (Psychometric Test)

# वस्तुनिष्ठ प्रश्न

1. किसी संगठन के फ्रन्ट ऑफिस के प्रबंधक में होना चाहिए
   A. धैर्य          B. अनुशासन
   C. व्यक्तित्व      D. नेतृत्व

2. लोगों को सेवा प्रदान करने में अन्तर्निहित होगा/होगी
   A. अच्छी अन्तर्दृष्टि
   B. योजना
   C. लोगों से व्यवहार
   D. कर्त्तव्य-निष्ठता

3. एक टीम नेता बनने के लिए मुझमें होना चाहिए
   A. विश्वास
   B. पर्यवेक्षण
   C. समर्थन
   D. निर्णय लेने की क्षमता

4. एक अच्छा नियोक्ता बनने के लिए प्रबंध को इन गुणों पर बल देना चाहिए
   A. कर्मचारी संतुष्टि  B. कार्य संतुष्टि
   C. शिकायत प्रबंध     D. अभिप्रेरण

5. एक नाराज ग्राहक शिकायत रिपोर्ट करने के लिए वरिष्ठ प्रबंधक से मिलना चाहता है। आप क्या करेंगे?
   A. आप स्वयं उससे बातचीत करेंगे
   B. उससे यह कहेंगे कि वरिष्ठ प्रबंधक से मिलना आसान नहीं है
   C. धैर्य रखेंगे और उसे शांत करने की कोशिश करेंगे

   D. वरिष्ठों से परामर्श करके उसकी मुश्किलों को दूर करने की कोशिश करेंगे

6. आपका सहकर्मी अपने कार्य को अच्छी तरह नहीं कर पा रहा है। आप
   A. वरिष्ठों को रिपोर्ट करेंगे
   B. कम्पनी की प्रतिष्ठा बनाए रखने के लिए उसके ग्राहकों से निपटने की कोशिश करेंगे
   C. अपनी स्वयं की तरक्की के लिए इसका लाभ उठाएँगे
   D. केवल अपने हिस्से का कार्य करेंगे और अपने कार्य में मस्त रहेंगे

7. यदि किसी एक कठिन दिन ग्राहकों से निपटने के लिए आप अकेले व्यक्ति उपलब्ध हैं, तो आपको
   A. केवल अपने हिस्से का कार्य करना चाहिए
   B. ग्राहकों को संतुष्ट करने के लिए अपनी क्षमता के अधिकतम पर कार्य करने की कोशिश करनी चाहिए
   C. छुट्टी ले लेनी चाहिए और वापस घर चले जाना चाहिए
   D. मालिक से अतिरिक्त सहायता माँगनी चाहिए

8. कम्पनी द्वारा प्रवर्तित एक उत्पाद में शुरूआती हिक्के और शिकायतें आ रही हैं। आप

A. कोशिश करेंगे कि ग्राहकों को विश्वास दिलाया जाए कि यह अल्पकालिक शिकायतें हैं

B. प्रारम्भिक हिक्कों के बारे में ग्राहकों को चेतावनी देंगे

C. उत्पाद की कार्यप्रणाली और सकारात्मक पहलुओं के बारे में सूचित करेंगे

D. अपने मालिक को बताएँगे कि ख्याति को बचाने के लिए इस उत्पाद को बंद कर देना चाहिए

9. एक संगठन के फ्रन्ट ऑफिस में कार्य करने के लिए बहुत असुविधाजनक भौतिक व्यवस्था है। आप

A. अनिच्छा से किसी तरह काम चलाएँगे

B. सब कुछ की उपेक्षा करेंगे और अपने कार्य पर एकाग्र रहेंगे

C. वरिष्ठों को इसके बारे में शिकायत करेंगे

D. व्यवस्था को सही करने के लिए एक अभियान चलाएँगे

10. आपके मालिक की बहुत पैनी नजर वाली आँखे हैं और वह पूरे समय आपके कार्य निष्पादन पर ध्यान रखते हैं। आप

A. अपना कार्य करते रहेंगे

B. अपना कार्य करते हुए असुविधाजनक सरसरी दृष्टियों की उपेक्षा करेंगे

C. निपुण रूप से इस बात को मालिक तक पहुँचाएँगे

D. अपने वरिष्ठों को साफ-साफ बता देंगे कि इस प्रकार के पर्यवेक्षण से आपका कार्य निष्पादन प्रभावित होता है

11. प्रतिमानों के विरुद्ध एक तत्काल निर्णय लिया जाना है। आप

A. प्रतिक्षा करेंगे और देखेंगे

B. स्थिति पर न्यायसंगत विचार करेंगे और निर्णय पर पहुँचेंगे

C. परामर्श करेंगे और निर्णय पर पहुँचेंगे

D. कक्ष के बाहर चले जाएँगे

12. आपके द्वारा की गई कड़ी मेहनत का श्रेय आपके मालिक ले लेते हैं और रोड़ों को आपके लिए छोड़ देते हैं। आप

A. कड़ी मेहनत करते रहेंगे क्योंकि मेहनत हमेशा फल देती है

B. सभी उपलब्धियों के लिए अपने आप की प्रशंसा करना शुरू करेंगे

C. सीखेंगे कि सही वक्त पर सही चीज़ करनी चाहिए

D. नौकरी छोड़ देंगे और बेहतर नौकरी ढूँढ़ेंगे

13. आप भाषा में इतने निपुण नहीं हैं। ग्राहक की कई समस्याएँ हैं।

A. शब्दों से कोई फर्क नहीं पड़ता, भावनाओं और सेवाओं से पड़ता है

B. एक अच्छे बोलने वाले को ढूढ़ेंगे

C. स्थानांतरण के लिए कहेंगे

D. समस्याओं को ढूँढ़ निकालने और उन्हें ठीक करने की कोशिश करेंगे

14. आपकी वर्तमान नौकरी बहुत संतोषजनक है किन्तु ऊपर जाने के रास्ते कम हैं। आप

A. इस नौकरी में ही रहेंगे क्योंकि यह आपको काफी कुछ दे रही है

B. आप प्रबंध से बेहतर नौकरी प्रत्याशाएँ माँगेंगे

C. दूसरी नौकरी की तलाश करेंगे

D. (A) और (B) दोनों

15. जनता से व्यवहार वाली मेरी वर्तमान नौकरी से मुझे अच्छा वेतन मिलता है, लेकिन यह सामाजिक रूप से सम्मान वाली नहीं है।
    A. मैं छोड़ दूँगा
    B. मैं वहीं नौकरी करता रहूँगा
    C. मैं वही नौकरी करता रहूँगा लेकिन दूसरों को अपनी नौकरी के बारे में नहीं बताऊँगा
    D. मैं अपने परिचितों को विश्वास दिलाऊँगा कि यह एक अच्छी नौकरी है

16. यदि कोई मुझे कार्यरत संगठन के रहस्य सौंपने के प्रस्ताव के साथ यह लालच देता है कि वह दूसरे संगठन में मुझे उच्चतर पद की नौकरी देगा, मैं
    A. तुरन्त हाँ कहूँगा
    B. तुरन्त ना कहूँगा
    C. सोचने के लिए समय माँगूगा
    D. नहीं जानता

17. एक साक्षात्कार में आपको अपने आपका वर्णन करने के लिए कहा गया है। आप
    A. ऐसा करने के लिए एकाक्षरों का प्रयोग करेंगे
    B. जोश में पूरी तरह बताएँगे
    C. उलझन में पड़ जाएँगे क्योंकि अपने बारे में बातचीत करने में शर्म आती है
    D. एक अवास्तविक सकारात्मक तस्वीर प्रस्तुत करेंगे

18. आपका अधीनस्थ गलती से एक पार्टी में आप पर सूप गिरा देता है। आप
    A. हँसकर उसकी उपेक्षा करेंगे
    B. कहेंगे कि 'कोई बात नहीं' लेकिन फिर भी नाराज ही रहेंगे

C. उसे अपमानित करेंगे
D. उसकी भी पोशाक खराब कर देंगे

19. आपका एक नया मालिक है। आप
    A. उत्साह के साथ उसका स्वागत करेंगे
    B. उसकी खुशामद करेंगे कि भविष्य में आपकी सहायता कर सके
    C. दुविधा में होंगे क्योंकि आप अभी भी अपने पुराने मालिक के प्रति निष्ठावान हैं
    D. तटस्थ ही रहेंगे

20. एक अच्छे प्रबंधक होने के लिए, आप में होना चाहिए
    A. एक प्रिय व्यक्तित्व
    B. अच्छे संप्रेषण कौशल
    C. निर्णय लेने की क्षमता
    D. उपर्युक्त सभी

21. जनता से व्यवहार करने वाली नौकरियों में, आप में होनी चाहिए
    A. समयनिष्ठता
    B. सुशिष्टता और विनम्रता
    C. निर्णय लेने में शीघ्रता
    D. एक अच्छे श्रोता के गुण

22. एक अच्छा कार्यकर्ता बनने के लिए आपको होना चाहिए
    A. मेहनती          B. सच्चा
    C. ईमानदार         D. उपर्युक्त सभी

23. एक अच्छा प्रबंधक होने के लिए, आपको
    A. अपने अधीनस्थों के लिए सेमिनार आयोजित करने चाहिए
    B. स्वयं को एक उदाहरण के रूप में प्रस्तुत करना चाहिए

C. अपने दृष्टिकोण में अधिकारवादी होना चाहिए

D. अपने नियमों पर कायम रहना चाहिए

24. ग्राहकों की आवश्यकताओं की पूर्ति के लिए आपको
A. पूरे समय 'अपने पैरों पर' होना चाहिए
B. कार्यकर्ताओं को कार्य करने का निर्देश देना चाहिए
C. कार्य की प्रगति की पूरी जानकारी रहनी चाहिए
D. कार्य को उनकी क्षमताओं के अनुसार देना चाहिए

25. यदि मेरे पास विकल्प होता तो मैं वह कार्य जिम्मेवारी से लेता जो मुझे देता
A. सामाजिक गतिशीलता का बहुत उच्च अवसर
B. सामाजिक गतिशीलता का निम्न अवसर
C. सामाजिक गतिशीलता का उच्च अवसर
D. सामाजिक गतिशीलता का बहुत निम्न अवसर

26. आप अपने कॉलेज की खेल टीम के एक सदस्य हैं। गलतफहमी के कारण एक दिन अन्य सदस्यों ने आपसे बातचीत बंद कर दी। आप
A. उनका इन्तजार करेंगे की वे आकर बातचीत फिर शुरू करेंगे
B. पहल करके बातचीत करना शुरू करेंगे
C. अपने आप में रहेंगे और स्थिति को सुधारने के लिए समय का सहारा लेंगे
D. किसी और को मध्यस्थ बनने के लिए कहेंगे

27. आपको परीक्षा में आशा से कम अंक प्राप्त हुए जिससे आपके आगे की पढ़ाई की आशंका कम हो गई है। आप

A. पत्रों में मूल्यांकन पर संदेह करेंगे
B. आगे की पढ़ाई के बारे में भूल जाएँगे और नौकरी करेंगे
C. नौकरी करने की कोशिश करेंगे और पत्राचार पाठ्यक्रम द्वारा आगे पढ़ाई करेंगे
D. अपना क्षेत्र बदलेंगे और कोई आसान पाठ्यक्रम लेंगे

28. आप अपने कम्प्यूटर पर काम कर रहे हैं और अचानक उसमें कोई गड़बड़ हो जाती है। आप
A. कार्यरत तकनीकी स्टाफ को बुलाएँगे
B. कम्प्यूटर को बंद करके एक विश्राम लेंगे
C. सहकर्मी के कम्प्यूटर पर काम करेंगे
D. स्वयं ही इसे ठीक करने के कोशिश करेंगे

29. मैं जीवन में ऊपर चढ़ना चाहता हूँ।
A. व्यक्तिगत सम्पर्क ज्यादा महत्त्वपूर्ण होते हैं
B. अच्छे कार्य से ही हम जीवन में ऊपर पहुँच सकते हैं
C. कार्य और संबंध ऊँचे पदों तक हमें पहुँचाते हैं
D. पैसे की शक्ति से हम जीवन में कुछ भी प्राप्त कर सकते हैं

30. जब भी आप कोई काम करते हैं, आप बहुत सी त्रुटियाँ और गलतियाँ करते हैं जिन्हें हमेशा कोई देख लेता है।
A. इससे आपको अपने आप से गुस्सा आता है
B. आप अपने भाग्य को कोसते हैं और आपको जो बोलता है उससे आसानी से नाराज हो जाते हैं

C. आप उस वक्त चुपचाप रहने की कोशिश करते हैं लेकिन उस व्यक्ति को पकड़ने के लिए अवसर की तलाश करते हैं

D. आप त्रुटि को मानव स्वभाव मानते हैं

**31.** स्नातक बनने के बाद आपको एक अच्छे वेतन वाली सरकारी नौकरी का प्रस्ताव दिया जाता है। लेकिन आपका मित्र कहता है कि नियुक्ति आदेश प्राप्त करने के लिए आपको रिश्वत देनी होगी। आप

A. प्रस्ताव को सीधे ठुकरा देते हैं

B. रिश्वत देकर नौकरी स्वीकार कर लेते हैं, किन्तु यह पक्का निश्चय कर लेते हैं कि आपने अन्तिम बार रिश्वत दी है

C. रिश्वत देकर नौकरी स्वीकार कर लेते हैं और अपने आपको सांत्वना देते हैं कि यह वर्तमान सामाजिक व्यवस्था है

D. किसी प्रभावशाली राजनीतिज्ञ के पास जाते हैं जो सहायता कर सके

**32.** आपको एक नए कार्य पर नियुक्त किया गया है। आप

A. इसे पूर्णतः नए विचारों के साथ पूरा करेंगे

B. अपने सहकर्मियों के साथ नए विचारों के लिए परामर्श करेंगे

C. पुराने विचारों को अपने नए विचारों के साथ मिलाएँगे

D. आप सोचेंगे कि नवप्रवर्तित होने में जोखिम शामिल होते हैं

**33.** आपका सहपाठी आपको आकर बताता है कि आपके मित्र आपके विषय में गलत बात कह रहे थे। आप

A. उनके पास जाऐंगे और इस विषय में बात करेंगे

B. अपने सहपाठी को इस विषय में कुछ भी कहने को मना करेंगे

C. उनकी बातों की परवाह नहीं करेंगे

D. सहपाठी को कहेंगे कि आप पहले से ही इस विषय में जानते हैं

**34.** साक्षात्कार से एक दिन पहले, आपका मित्र आपके पास आकर आपको बताता है कि साक्षात्कार लेने वाला विशेषज्ञ बहुत ही सख्त व्यक्ति है। आप

A. प्रार्थना करेंगे कि केवल आसान प्रश्न ही पूछे जाएं

B. इसकी परवाह नहीं करेंगे क्योंकि आपने तैयारी अच्छी प्रकार से की है

C. इस बात को लेकर निश्चिंत हैं कि आपने अन्य पदों हेतु भी आवेदन किया है

D. तैयारी करना समाप्त कर देंगे

**35.** अपने छोटे भाई/बहन की गणित की समस्या में मदद करते समय आप

A. समस्या के प्रत्येक पहलू का विस्तारपूर्वक वर्णन करेंगे

B. सामान्य निर्देश देंगे तथा अपेक्षा करेंगे कि वह अपना कार्य भली-भाँति समाप्त करे

C. उसकी सहायता करेंगे यदि वह कहीं अटके तो

D. समस्या को पूर्णतः उस पर छोड़ देंगे कि वह स्वयं हल करे

**36.** एक समारोह में जाते समय जब आपने अपनी सबसे सुन्दर पोशाक पहन रखी हो, आपको एक साइकिल सवार ने टक्कर

मार दी तथा आपके कपड़े गंदे कर दिए। आप

A. साइकिल सवार से झगड़ा करेंगे

B. इसको गम्भीरता से न लेकर, अपने कपड़े बदलेंगे तथा बाद में समारोह में शामिल होंगे

C. जहाँ तक सम्भव हो सके अपने कपड़ों से धूल-मिट्टी झाड़कर समारोह में शामिल होंगे

D. समारोह में नहीं जाएंगे

37. आपको एक विशिष्ट कार्य की पूर्ति हेतु अलग-अलग चार स्थानों पर जाना होगा। आप

A. कार्यक्रम रद्द कर देंगे

B. अपनों से बड़ों से विचार-विमर्श करेंगे

C. कार्यक्रम को स्थगित कर देंगे

D. सहायता के लिए कहेंगे

38. आपके कॉलेज में एक नववर्ष के समारोह का आयोजन किया जाना है। आप

A. इसकी व्यवस्था स्वयं करने का प्रयत्न करेंगे

B. अपने सहपाठियों की सहायता लेंगे

C. इच्छुक तो हैं परन्तु चाहते हैं कि नेतृत्व कोई और करे

D. उन्हें खुद ही व्यवस्था करने देंगे

39. किसी से पहली बार बात करने के बाद, आप

A. यह जानने का प्रयत्न करेंगे कि आपका व्यवहार किस प्रकार अनुभव किया गया

B. इसे गम्भीरता से नहीं लेंगे

C. यह सोचेंगे कि दूसरा व्यक्ति आपको कैसे सुधारेगा

D. कुछ बातें समझकर, उनके अनुसार अपना व्यवहार बदलेंगे

40. जब कोई किसी तुच्छ विषय पर आपकी बुराई करता है तो आप आसानी से चिड़ जाते हैं। आप

A. उस व्यक्ति से दूरी बनाए रखने का प्रयत्न करते हैं

B. उसे कहते हैं कि वह आपसे बेहतर नहीं है

C. की गई बुराई के विषय में विचार करेंगे।

D. उस व्यक्ति के समक्ष अपने विचार इस प्रकार प्रकट करेंगे कि भविष्य में वह दुबारा आपकी आलोचना न कर सके

41. यदि किसी कार्य के लिए आपके अध्यापक आपकी कड़ी आलोचना करते हैं किन्तु फिर आपको दूसरा कार्य करने के लिए दूसरा मौका देते हैं, तो आपको विश्वास होगा कि आप

A. आलोचना के कारण आत्मविश्वास खो देंगे, किन्तु फिर भी दूसरा कार्य करने का प्रयत्न करेंगे।

B. कोशिश करेंगे की पहली वाली गलतियाँ नहीं दोहराएँ और अपने पहले निष्पादन में सुधार करेंगे।

C. आलोचना के प्रति डरेंगे और दूसरा कार्य करने से मना करेंगे।

D. आलोचना को सकारात्मक ढंग से लेंगे और दूसरा कार्य बहुत अच्छी तरह करेंगे।

42. यदि आपकी गली में कोई जंगली कुत्ता बीमार प्रतीत हो, तो आप क्या करना चाहेंगे?

A. उस कुत्ते पर नजर रखेंगे किन्तु कुछ कार्य करने के प्रति आशंकित रहेंगे

B. किसी पशु-मैत्री संगठन को बुलाएँगे ताकि वे आएँ और पशु की देखभाल करे

C. आप ज्यादा चिन्ता नहीं करेंगे

D. कुत्ते के लिए खाना और पानी छोड़ेंगे

**43.** आपके अनुसार, आपका मित्र मण्डल निम्नलिखित है

A. आपके पास वास्तव में एक सामाजिक (मित्र) मण्डल नहीं है क्योंकि आप नियमित रूप से केवल एक या दो व्यक्तियों के साथ मिलते-जुलते हैं

B. बहुत बड़ा क्योंकि आप बहुत-से लोगों को जानते हैं

C. आप बहुत कम संख्या में लोगों को जानते हैं

D. आप बहुत लोगों को जानते हैं, किन्तु उनमें से कुछ को ही अपना दोस्त मानते हैं

**44.** आपके परिवार में विवाह का समारोह चालू है। आप

A. भाग लेंगे लेकिन केवल तब जब कोई आपको विवश करे

B. केवल उन घटनाओं में भाग लेंगे जहाँ आप दूसरे लोगों को अच्छी तरह जानते हैं

C. आप बाहर रहते हुए केवल सब कुछ देखना पसन्द करेंगे

D. सभी घटनाओं में अग्रणी रहते हुए पूरी तरह सहभागी होंगे

**45.** यदि किसी घटना के लिए आप पर गलत आरोप लगाया गया हो, तो आप

A. प्रयत्न भी नहीं करेंगे क्योंकि उससे कोई फायदा नहीं होगा

B. दूसरों को अपनी निर्दोषता के बारे में आसानी से मना लेंगे

C. दूसरों को मनाने का प्रयत्न करेंगे किन्तु इसमें सफल होने की कोई आशा नहीं होगी

D. दूसरों को मनाने के लिए अपना पूरा प्रयत्न करेंगे और आशा रखेंगे कि आप सफल रहें

**46.** आपके मित्र ने अपना पर्स खो दिया है जिसमें आपके महत्वपूर्ण कागज़ थे। आप

A. उसको लापरवाह होने के लिए दोषी ठहराएँगे और उससे बात करना बन्द करेंगे।

B. स्थिति को समझते हुए उसको कहेंगे कि सब ठीक है और उसको इस विषय में चिन्ता नहीं करनी चाहिए

C. गुस्सा खाएँगे और उसको कागजों को बदली/अनुलिपित करने के लिए कहेंगे

D. गुस्सा खाएँगे किन्तु कोई प्रतिक्रिया नहीं करेंगे क्योंकि कोई भी गलती कर सकता है

**47.** यदि आपको एक वाद-विवाद या तत्काल-प्रस्तुत प्रतियोगिता में भाग लेने के लिए कहा जाए तो आप

A. एकदम मना कर देंगे, क्योंकि आपके लिए श्रोतागण के सामने बोलने का विचार अति कष्टप्रद है

B. खुशी से तैयार हो जाएँगे क्योंकि आप किसी भी श्रोतागण के सामने निश्चिन्त महसूस करते हैं

C. पहले मना करेंगे, लेकिन अगर दूसरे जोर दें तो भाग लेंगे

D. भाग लेंगे किन्तु श्रोतागण के सामने थोड़े संकोचित रहेंगे

**48.** आपके मित्र धूम्रपान पसन्द करते हैं और आपको भी उसे अनुभव करने के लिए प्रभाव डालते हैं।

A. आप मना कर देंगे और उनको झूठ बोलेंगे कि आपको दमा है

B. आप धूम्रपान करेंगे किन्तु केवल उनकी उपस्थिति में

C. आप धूम्रपान करेंगे केवल इसलिए क्योंकि आपके मित्र भी धूम्रपान कर रहे हैं

D. आप धूम्रपान करने से मना करेंगे

**49.** मित्र बनाते समय उनके साथ खुलने में आपको कितना समय लगता है?

A. बहुत अन्तःक्रिया के बाद भी आप दूसरों के साथ आसानी से नहीं खुल सकते

B. दूसरों के साथ काफी समय बिताने के बाद ही आप सहज भाव महसूस करते हैं

C. आप उनके साथ तत्काल खुल सकते हैं

D. सामान्यतः एक छोटी समयावधि में आप मैत्रीपूर्ण बनते हैं और खुल जाते हैं

**50.** आप एक कम्पनी के प्रबंधक हैं और आपका एक कर्मचारी काम पर नहीं आता क्योंकि उसका बेटा अस्वस्थ है। आप

A. उससे पूछेंगें कि उसका बेटा कैसा है और उसको कहेंगे कि भविष्य में अगर, वह नहीं आने का निश्चय करे तो कार्यालिय में सूचित करे

B. उसको एक चेतावनी देंगे

C. उससे पूछेंगे कि उसका बेटा कैसा है और उसको एक दिन की छुट्टी देंगे

D. उससे कहेंगे कि अब से वह समय पर हमेशा आए चाहे कुछ भी हो जाए

**51.** एक फुटबाल का मैच चालू है और आप एक दल को पसन्द करते हैं किन्तु आपका समूह दूसरे वाले को। तो

A. आप तटस्थ रहेंगे

B. आप दूसरे सदस्यों को अपने दल को अधिक चाहने के लिए अनुरोध करेंगे

C. आप उस दल के लिए जय-जयकार करेंगे जो आपका समूह पसन्द करता है

D. आप अपने पसन्दीदा के साथ ही रहेंगे

**52.** अपके सहकर्मी को काम पर समस्याएँ हो रही हैं।

A. आप उसकी समस्या के बारे में बात नहीं करेंगे किन्तु अगर वह पूछे तो बात करेंगे

B. आप उसको सलाह देंगे लेकिन अपने आप ही निर्णय लेने देंगे

C. आप उसको सहारा देंगे और समस्या के समाधान में सहायता करेंगे

D. आप उसके मामलों से दूर रहने का प्रयत्न करेंगे

**53.** यदि आप अपने भतीजे को रोते हुए देखें तो आप चाहेंगे

A. बच्चे को शांत करने के लिए किसी दूसरे को बुलाया जाए, किन्तु आपको न करना पड़े

B. बच्चे को तत्काल उठाएँगे चाहे उसकी माँ वहाँ उपस्थित हो

C. बच्चे को केवल तब उठाएँगे जब उसकी माँ वहाँ नहीं है

D. माँ को बच्चे को शांत करने देंगे, किन्तु खुद दूर रहने का प्रयत्न करेंगे

**54.** किसी महत्वपूर्ण कम्पनी नीति परिवर्तन पर सूचना संचारित करते समय आप किस प्रकार का माध्यम चुनेंगे?

A. पहले मौखिक संचार और फिर लिखित संचार

B. केवल मौखिक संचार

C. केवल लिखित संचार

D. पहले लिखित संचार और फिर मौखिक संचार

**55.** यदि आप कुछ नया शुरू करना चाहते हैं और आपके पास बहुत कम बचत है तथा कम कर्मचारी हैं, तो आपकी पहली प्राथमिकता क्या होगी?

A. नकद प्रवाह का सर्जन करें

B. सोचें कि आपको किस व्यवसाय में होना चाहिए

C. उत्पाद प्रवर्तित करें

D. ग्राहक बनाएँ

**56.** आप एक दल के नेता हैं और आपके दो सहकर्मियों का आपस में सम्बन्ध तनाव वाला है। परिणामस्वरूप वह समूह क्रियाओं में अच्छा योगदान नहीं दे रहे हैं। आप इस स्थिति में क्या करेंगे?

A. आप उनको पूरक कार्य देंगे जिसमें दोनों को साथ-साथ काम करना पड़ता हो

B. आप उचित योगदान नहीं देने के लिए उनको दल से बाहर रखते हुए दण्डित करेंगे

C. वे हाथ मिलाएँ, इस दिशा में आप सुनिश्चित प्रयत्न करेंगे

D. मैं इन छोटे मामलों कि क्यों परवाह करूँ? कम से कम दूसरे लोग कार्य कर रहे हैं; इसलिए सब ठीक है।

**57.** यदि आप प्रबंधक हैं और आपका एक कर्मचारी ठीक काम नहीं कर रहा हो, तो एक प्रबंधक के रूप में आप

A. उस आदमी की योग्यताओं को और दूसरे कार्य में रुचि को विकसित करने का प्रयत्न करेंगे

B. उस आदमी को सुधार दिखाने के लिए दो सप्ताह देंगे

C. उसे नौकरी से निकाल देंगे

D. उससे बात करेंगे और उसकी समस्या ढूँढने का प्रयत्न करेंगे

**58.** आपकी एक औषधि कम्पनी है। आपने यह सूचना प्राप्त की है कि किसी ऐसे व्यक्ति ने जो आपका कर्मचारी नहीं है, एक विशेष क्षेत्र में कुछ विशिष्ट प्रकार की गोलियों में हेर-फेर किया है जिससे उस क्षेत्रि में कुछ मृत्यु हुई हैं। इस प्रकार के संकट में आप क्या करेंगे?

A. सम्पूर्ण देश से उन गोलियों को वापस मँगवा लेंगे चाहे गोलियों के साथ हेर-फेर केवल एक विशिष्ट क्षेत्र में ही हुआ है

B. केवल उस विशिष्ट क्षेत्र से ही गोलियाँ वापस मँगवाएँगे न कि सम्पूर्ण देश से

C. जनता को सतर्क करने के लिए एक अभियान चलाएँगे और उस विशिष्ट क्षेत्र से गोलियाँ वापस मँगवाएँगे

D. इस घटना के कम्पनी की आय पर एक नकारात्मक प्रभाव हो सकता है

जिससे हानि हो। इससे बचने के लिए आप लोगों को सतर्क करने के लिए कोई अभियान नहीं चलाएँगे।

**59.** एक नई परियोजना जिसकी आपने योजना की है, पर आप एक प्रस्तुति दे रहे हैं। किन्तु दो अन्य सदस्य आपको नीचा दिखाते हैं और अपने विचार पर बल देते हैं।

A. आप उनकी नियत समझ जाते हैं और इसलिए उनकी अवहेलना कर अपनी प्रस्तुति पर केन्द्रित रहते हैं।

B. आपको ठेस लगती है और आप उनके साथ बहस करने लगते हैं

C. आप उनको विनम्रता से लेकिन दृढ़ता से कहते हैं कि वे अपना विचार बाद में प्रस्तुत करें और आपको आगे बढ़ने दें

D. आप उनके मुँह पर ही उनका अपमान करके उनको चुप रहने के लिए विवश करते हैं

**60.** मान लीजिए कि आप एक समूह के नेता हैं और समूह के सदस्यों को आपकी कार्यशैली के साथ कुछ मुश्किलें हैं। आप ऐसी स्थिति में क्या करेंगे?

A. अपनी कार्यशैली पर ही कायम रहेंगे

B. अपने दल के सदस्यों से बात करेंगे और एक हल निकालेंगे

C. अपनी कार्यशैली बदलेंगे

D. दल छोड़ देंगे

**61.** यदि आप अपने आप को ऐसी स्थिति में पाते हैं जबकि आपको एक पावर-प्वाइंट प्रस्तुति करनी है और आप पहले से ही अत्यधिक काम से दबे हुए हैं, तो एक प्रबंधक के रूप में आप क्या करेंगे?

A. आप यह कार्य अपने अधीनस्थ को सौंप देंगे, आप मालिक हैं, कोई आपसे प्रश्न नहीं पूछ सकता

B. आप अपने काम को प्राथमिकता के आधार पर व्यवस्थित करेंगे और इसके लिए समय निकालने का प्रयत्न करेंगे

C. आप सेमिनार को रद्द कर देंगे और अपनी सुविधा के अनुसार उसे पुनः नियत करेंगे

D. प्रस्तुति की एक वैकल्पिक विधि लेंगे

**62.** जब आपका एक अधीनस्थ एक कार्य-सम्बन्धित समस्या लेकर आपके पास आता है, तो आपकी क्या अभिवृत्ति होती है?

A. मैं मालिक हूँ

B. मैं मालिक हूँ किन्तु बात करते हैं

C. भूल जाओ कि मैं मालिक हूँ, चलो बात करते हैं

D. उपर्युक्त में से कोई नहीं

**63.** आपका बोर्ड आपकी कम्पनी पर एक बहुत ही कठोर सी.ई.ओ. (CEO) नियुक्त करता है जो किसी के बारे में नहीं सोचता, लोगों का मजाक उड़ाता है और बिना कारण काम की आलोचना करता है। लोग डरे हुए हैं और विश्वासघात महसूस करते हैं। कोई भी काम नहीं कर रहा है और लोग अपने कार्य कठिनाई से पूरे कर पा रहे हैं। वरिष्ठ एच.आर. (HR) होने के नाते आप क्या करेंगे?

A. बंद दरवाजों के पीछे लोगों को अपना नैराश्य प्रकट करने देंगे

B. सी.ई.ओ. के प्रतिनिधि की भूमिका अपनाएँगे और लोगों को मनाएँगे कि

इस सब के पीछे वह केवल कम्पनी के लिए अच्छा चाहते हैं

C. इस स्थिति पर काबू पाना आपके लिए मुश्किल होगा इसलिए आप अपनी नौकरी बदलने का निर्णय लेंगे

D. बिना टोक लोगों को सुनते हुए उन्हें शांत करने में मदद करेंगे और एक हल ढूँढने का प्रयत्न करेंगे

64. आप एक समूह के नेता हैं और एक नया सदस्य उसमें सम्मिलित होता है। आप उस समस्या को सहजता कैसे महसूस कराएँगे?

A. जब वह अच्छा करता है तो उसकी प्रशंसा करके नौकरी उसके लिए रुचिकर बनाएँगे

B. जब वह अपनी कमजोरियाँ दिखाता है तो उसे व्यवहारशील तरीके से सुधारेंगे

C. उसको अध्ययन करने के लिए निर्देशों का एक पूर्ण सेट देंगे

D. उसको समझाएँगे कि कार्य की आवश्यकताएँ क्या हैं, फिर उसे अपने तरीके विकसित करने की अनुमति देंगे

65. एक संकट स्थिति में सामान्यतः आप क्या करेंगे, उदाहरण के तौर पर, एक ऐसी स्थिति जहाँ आपके दो सहकर्मी एक आपसी संघर्ष में हैं, जिसकी कड़वाहट के कारण उनमें से एक ने अपनी इस्तीफा दे दिया है? यह एक महान हानि है क्योंकि वह एक कार्यकुशल कार्मिक है। आप

A. परवाह नहीं करेंगे जब तक आपका वेतनमान प्रभावित नहीं होता

B. उसके बदले में किसी दूसरे को रख लेंगे

C. उन दोनों से तर्कसंगत बात करेंगे और आपसी मन-मुटाव मिटाने की कोशिश करेंगे क्योंकि उससे सुगम कार्य वातावरण प्रभावित होता है

D. बाकी कर्मचारियों पर कार्य प्रभार बढ़ाएँगे क्योंकि उसके जाने से उसकी कमी पूरी करनी होगी

66. आपकी एक औषध कम्पनी है। महामारी के समय बहुधा लोग एक ऐसे दर्द-भरे रोग से पीड़ित हैं जिसका उपचार आपकी कम्पनी द्वारा उत्पादित एक दवाई से किया जा सकता है। लोगों के पास दवाई खरीदने के लिए साधन नहीं है और सरकार ने दवाई के लिए पैसे देने से मना कर दिया है। आप क्या करेंगे?

A. लोगों को दवाई मुफ्त बाँटेंगे

B. दवाई का मूल्य घटा देंगे

C. दवाई का मूल्य नहीं घटाएँगे

D. लोगों के लिए कोष इकट्ठा करने हेतु एक अभियान चलाएँगे

67. एक आदर्श नेता के रूप में आप अपने समूह के साथ किस प्रकार अन्तःक्रिया करेंगे?

A. तत्काल, दृढ़, स्पष्ट अनुदेश देंगे जिनका अन्य सदस्य आदर और अनुसरण करें

B. कर्मचारियों के विचार और अभिवृत्तियों का आदर करेंगे

C. प्राधिकार का उपयोग नहीं करने का प्रयत्न करेंगे

D. अपनी शैली के अनुसार कार्य करेंगे और अन्य सदस्यों के विचार का आदर नहीं करेंगे

**68.** अपने परिवार को वचन देने के बाद कि आप उन्हें छुट्टी पर ले जाएँगे, आप एकाएक पाते हैं कि आपकी उपस्थिति एक बोर्ड-मीटिंग में अनिवार्य है जो दुर्भाग्यवश आपकी छुट्टी के समय ही है। आप क्या करेंगे?

A. अपने एक सहकर्मी को कहेंगे कि वह आपका स्थान ले ले और इस तरह इस स्थिति से निकलने की कोशिश करेंगे

B. बिना कोई इन्तजाम किए अपनी छुट्टी की योजना पर आगे बढ़ेंगे

C. पता लगाएँगे कि वह ज़रूरी मीटिंग किस विषय में है और आवश्यक इन्तज़ाम करेंगे और अपनी छुट्टी स्थगित करेंगे

D. यह मानते हुए कि मीटिंग ज़रूरी है, मीटिंग का उद्देश्य पूरा करने के लिए आवश्यक इन्तज़ाम करना शुरू करेंगे और छुट्टी रद्द करेंगे

**69.** कर्मचारियों के संचार कौशलों को सुधारने के लिए एक प्रबंधक के रूप में आप क्या करेंगे?

A. एक बाह्य सलाहकार द्वारा एक प्रशिक्षण वर्कशॉप की व्यवस्था करेंगे

B. जो पठन स्तर ज्यादातर कर्मचारियों के अनुरूप हो उस पठन स्तर पर संगठनीय अभिलेख लिखेंगे

C. द्वि-पथ संचार काम में लाएँगे जिसका बल पुनर्निवेशन पर हो

D. उपरोक्त सभी

**70.** आपके परिवार में हाल में एक मृत्यु हुई है और आप अभी भी शोक में हैं। लेकिन

आपका त्रैमाही मूल्यांकन सिर पर आ गया है और इसके लिए आपको बहुत काम करना बाकी है। आप क्या करेंगे?

A. आप तत्काल काम पर वापस जुट जाएँगे

B. अपने वरिष्ठ से कहेंगे कि वह इस बार आपका मूल्यांकन आगे बढ़ा दें और इस प्रकार आप इस स्थिति से निकलने की पूरी कोशिश करेंगे

C. मूल्यांकन की अवहेलना करेंगे और शोक जारी रखेंगे क्योंकि मूल्यांकन प्रत्येक तीन महीने पर होता है और आप सोचते हैं कि आप अगली बार इसे बेहतर कर पाएँगे

D. अपने संगठन के परामर्शदाता की सहायता से अपने संवेगों पर काबू पाएँगे

**71.** आप एक जाने-माने 5-सितारा होटल के सच्चे और समर्पित प्रबंधक हैं। आपको गुवाहाटी शाखा का मुख्य प्रबंधक नियुक्त किया गया है क्योंकि उसे विकसित करने की आवश्यकता है। आपका वेतन बढ़ा दिया गया है लेकिन

A. आप सीमित संसाधनों के कारण शिकायत करेंगे और अपने वरिष्ठ को मनाने की कोशिश करेंगे कि आपके स्थान पर किसी और को भेज दें

B. आप दूसरा अवसर स्वीकार करेंगे और नौकरी छोड़ देंगे

C. आप चुनौती स्वीकार करेंगे और परियोजना में आगे बढ़ेंगे

D. आप दो महीनों के लिए कोशिश करेंगे और फिर देखेंगे कि वह कैसे जा रहा है

**72.** मान लीजिए आप एक प्रबंधक हैं और आपका एक अधीनस्थ संतोषपद्र कार्य नहीं कर रहा है। आप उससे किस प्रकार पेश आएँगे?

A. उसके निष्पादन का हवाला देते हुए उसको एक ई-मेल (e-mail) भेजेंगे

B. अपने कमरे में उसे बुलाकर स्थिति समझाएँगे

C. सभी समूह सदस्यों की मीटिंग बुलाएँगे और क्या किया जाना चाहिए उस पर विचार-विमर्श करेंगे

D. उसका अन्तिमेत्थमृ (अल्टीमेटम) देंगे कि वह अपने निष्पादन में सुधार करे वरना उसे गुलाबी पर्ची मिलेगी

**73.** आप एक महत्वपूर्ण रात्रि-भोजन की पार्टी के बीच हैं जब एक वेटर आपके वरिष्ठ की गोद में गरम सूप गिरा देता है। आप इस स्थिति पर कैसे काबू पाएँगे?

A. आप उनकी गोद पर एक पूरा जग पानी उड़ैल देंगे यह समझाते हुए कि यह तत्काल क्रिया उन्हें जलने से बचाएगी और फिर अतिथि शयन-कक्ष में नए कपड़ों का प्रबंध करेंगे तथा जब तक वरिष्ठ कपड़े बदलते हैं आप वापस पार्टी में आ जाएँगे

B. आप वेटर पर चिल्लाते हुए बिगड़े हुए कपड़ों पर उत्तेजित रूप में नेपकिन से थपकाएँगे

C. प्राथमिक चिकित्सा का प्रबंध करेंगे और उन्हें शीघ्र अस्पताल भेजने के लिए व्यवस्था करेंगे

D. आप संत्रस्त हो जाएँगे और वेटर पर चिल्लाना शुरू कर देंगे

**74.** आप एक विभाग के प्रबंधक हैं। आपको पता चला है कि आपके एक अधीनस्थ को अपनी परिवार में समस्या हो रही है, क्योंकि उसके पिताजी को बाईपास शल्य-चिकित्सा करवानी है। लेकिन जो आपकी चालू परियोजना है उसके लिए वह अधीनस्थ अत्यन्त महत्वपूर्ण है। अधीनस्थ को दो सप्ताह की छुट्टी चाहिए। आप क्या करेंगे?

A. कर्मचारी की स्थिति से सहानुभूति नहीं रखेंगे और उसे काम करते रहने को कहेंगे

B. समान योग्यता के किसी दूसरे कर्मचारी को वह काम करने को कहेंगे

C. परियोजना पेश करने की तिथि को आगे बढ़वाएँगे क्योंकि वह कर्मचारी अत्यंत कार्यकुशल है तथा आप और किसी पर विश्वास नहीं करते

D. उसे अपना सहारा देंगे और उसे विश्वास दिलाएँगे कि उसके कार्य की सही देखभाल होगी

**75.** आप एक दल के नेता हैं तथा मान लीजिए कि आपको एच.आर. सम्बन्धी पहलू पर एक विचारगोष्ठी करनी है। लेकिन आपके दल के सदस्य उचित सहयोग देने में असमर्थता जाहिर करते हैं।

A. आप उन्हें बता देते हैं कि यह काम इस प्रकार होगा तथा विचारगोष्ठी स्थगित कर देंगे

B. आप इन्हें स्थगित कर देंगे दूसरे दिन के लिये तथा कुछ समय उन्हें और देंगे

C. आप प्रयास जारी रखेंगे, तथा इस काम को करने के लिए उसे प्रोत्साहित भी करेंगे

D. आप अपने पैसे की व्यवस्था करेंगे तथा कार्यक्रम को पूर्ववत समय से सम्पादन करेंगे

76. आप अपने बॉस के आदेश के तहत कार्य करने की प्रक्रिया में बाधा का सामना कर रहे हैं। आप महसूस कर रहे हैं कि योजना में संशोधन कर अपने ढंग से किया जाए।

A. आप अपने बॉस को ई-मेल कर कहेंगे कि आप अपने ढंग से काम करना चाहते हैं

B. आप प्रत्यक्ष ढंग से बात कर स्थिति की जानकारी देंगे

C. आप नहीं सोचते कि वह आपकी बातों से सहमत होंगे

D. आप इसे उसी तरह छोड़कर आगे बढ़ जाएँगे

77. आप तीन दिनों के अवकाश पर चले गए। काम पर आने के बाद, मान लीजिए कि आपको सभी बकाया काम निपटाना है। अचानक आपके बॉस आपको बकाया काम को दस दिनों के भीतर निपटाने का आदेश देते हैं, लेकिन समय की कमी के कारण आपको सात दिनों में ही यह काम करना पड़ता है। आप महसूस करते हैं

A. जैसे कि आप जटिल परिस्थितियों मे उलझ गये हैं

B. जैसे कि आपको दूसरा लम्बा अवकाश ले लेना चाहिए

C. जैसे कि दिल से तथा गतिशीलतापूर्वक कार्य किया है

D. जैसे कि आपने इस चुनौती को अपने ऊपर लेकर काम किया है

78. आपने कठिन परिश्रम इस धारणा के साथ किया है कि आपको इससे एक अलग लाभ का मौका मिलेगा। लेकिन आपके द्वारा किया गया कार्य आपके आशा के अनुकूल नहीं हो पाया। आप

A. अपने को हारने वाले के समान महसूस करेंगे

B. अपने को इसे सीखने की तरह ही समझेंगे तथा अपने आपको विश्वास दिलायेंगे कि अगली बार अच्छा करेंगे।

C. स्थिर होंगे तथा सभी संवेदनाओं को जानने की कोशिश करेंगे

D. सभी सुझावों को नजर अंदाज कर वह विश्वास करेंगे कि मैं सही हूँ।

79. आपको पावर प्वाइंट प्रजेन्टेशन बनाकर आज दिखाना है तथा कम्प्यूटर का हार्ड डिस्क टूट गया है। आप इसे नहीं कर पाएँगे और आपको चार घंटे बाद इसे दिखाना था। फिर

A. आप इसे निरस्त कर देंगे

B. आप चार घंटे का सदुपयोग कर दूसरा अलग से पावर प्वाइंट प्रजेन्टेशन बना लेंगे।

C. आप प्रजेन्टेशन का तरीका बदल लेंगे।

D. आप हतप्रभ होकर यह नहीं निर्णय कर पायेंगे कि क्या करें।

80. किस प्रकार कर्मचारियों को वास्तविकता का एहसास कराया जाय, इसके लिए सुपरवाइजर को चाहिए

A. एक तथाकथित निजी साक्षात्कार की व्यवस्था हरेक कर्मचारियों का करके

B. वस्तुओं का यथार्थ रिकार्ड रखकर, जो उसे यथार्थता का एहसास करा सके,

जैसे उत्पादन, सुझाव तथा शिकायत आदि का रिकार्ड रखकर

C. अपनी प्रतिक्रिया को आदेश के तहत सूचना देकर तथा निजी जिम्मेदारी सौंपकर

D. कर्मचारियों के साथ पारदर्शी, मौखिक तथा लेने देने सम्बन्धी सम्बन्ध स्थापित कर ।

**81.** आपको एक साक्षात्कार के लिए जाना है । आप

A. सर्वाधिक अच्छे कपड़े पहनकर, सर्वाधिक मनपसंद नाश्ता करके गन्तव्य स्थान के लिए रवाना होते हैं

B. उंगलियाँ क्रॉस करके अपने नजदीकी लोगों से बात करते हैं और घबराहट महसूस करते हैं

C. खाने, सोने या आराम करने में असमर्थ हैं

D. असलियत में घबरा रहे हैं लेकिन अपने आस-पास दूसरे लोगों से बातचीत करके आप अपना संयम बरकरार रखते हैं

**82.** आपका एक मित्र है जो बहुत अधिक बोलने का आदी है लेकिन आप उसकी बातें सुनने के मूड में नहीं हैं। आप क्या करेंगे?

A. उसको बताएँगे कि वह आपको परेशान कर रहा/रही है

B. उसकी बातें सुनने का ढोंग रचाएँगे

C. किसी तरह उसकी बातें सुनेंगे

D. उसको बोलेंगे कि आपको सिरदर्द है आप उस समय उसकी बातें सुनने के मूड में नहीं हैं

**83.** जब आप एक अंधे व्यक्ति को सड़क पार करने का प्रयत्न करते हुए देखते हैं, तो आप

A. जाकर उसकी सहायता करेंगे

B. उसकी अवहेलना करेंगे और आगे बढ़ेंगे

C. इन्तजार करेंगे जब तक वह सड़क पार नहीं कर लेता

D. किसी और को उसकी सहायता करने के लिए कहेंगे

**84.** एक बॉयफ्रेंड/गर्लफ्रेंड के साथ आप लम्बी अवधि से प्रेम करते आए हैं और हाल ही में रिश्ता टूट गया है और आप अत्यन्त परेशान हैं । आप

A. इस पर अकेले रोएँगे

B. किसी के साथ अपना दुःख बाँटेंगे

C. व्यस्नी पदार्थों का रास्ता चुनेंगे

D. मित्रों के साथ पार्टी करके उसके बारे में भूलने का प्रयत्न करेंगे

**85.** आपके सहपाठी के दादाजी का देहान्त हो गया और वह अपने कक्षा कार्य को नियमित रूप से नहीं कर पा रही है।

A. आप उसके द्वारा सहायता माँगने के लिए इन्तजार करेंगे

B. आप उसके पास जाएँगे और पूछेंगे कि क्या उसको सहायता चाहिए

C. आप उसकी सबसे अच्छी सखी का पता लगाएँगे और उसको इस स्थिति के बारे में बताएँगे

D. आप इसकी अवहेलना करेंगे कि यह सोचकर कि यह सब जिन्दगी का हिस्सा है

**86.** आपका परिवार एक ऐसी आन्टी के घर जा रहा है जिसे आप खासतौर पर पसन्द नहीं करते। आप क्या करेंगे?

A. जाएँगे लेकिन पूरे समय चिड़-चिड़ करते रहेंगे

B. घर पर रहेंगे और अकेले मजा करेंगे

C. अपने भाई और बहन को अपने साथ रखने की कोशिश करेंगे क्योंकि आप घर पर नहीं रह सकते

D. आन्टी के यहाँ जाएँगे और चैन का स्तर कायम रखेंगे

**87.** आपको एक कक्षा में प्रस्तुति देनी है। आप

A. भगवान से प्रार्थना करेंगे

B. अपने सारे कागजात, OHP इत्यादि को दो-तीन बार जाँच लेंगे

C. पानी पीकर अपनी बारी का इन्तजार करेंगे

D. कमरे में इधर से उधर घूमते हुए अपनी बारी का इन्तजार करेंगे

**88.** आप एक शोरूम में जाते हैं और आपको एक घड़ी पसंद आती है लेकिन वह आपके बजट के बाहर है और वह अपने प्रकार की अन्तिम है। आप क्या करेंगे?

A. आप मित्रों से पैसे उधार लेंगे

B. आप उसी प्रकार की एक सस्ती घड़ी ढूँढेंगे

C. आप निर्णय करेंगे कि वह आपके लिए बहुत महँगी है और उसे छोड़ देंगे

D. आप कुछ समय बाद वापस आकर अपनी किस्मत आजमाएँगे यदि वह अभी भी नहीं बिकी

**89.** आपके बॉयफ्रेंड/गर्लफ्रेंड को एक नई नौकरी मिली है और वह बहुत व्यस्त है। आप अपने आप को उपेक्षित महसूस करते हैं

A. आप यह निर्णय करते है कि आप उसके साथ सामंजस्य नहीं स्थापित कर सकते और इसलिए अलग होने के बारे में सोचेंगे

B. आप उसके साथ बातचीत करके समाधान ढूँढेंगे जिससे समय के साथ आप दोनों आपस में सामंजस्य स्थापित कर सके

C. आप स्व-सहानुभूति महसूस करेंगे और अपने आप में दोष निकालेंगे

D. आप उसके प्रति निश्चित व्यवहार करेंगे

**90.** आप अपने चुनाव वाले व्यक्ति के साथ विवाह करना चाहते हैं, किन्तु आपके परिवार के सदस्य अपने कारण देते हैं कि आपको उस व्यक्ति के साथ विवाह क्यों नहीं करना चाहिए और आप उन कारणों को स्वीकार-योग्य नहीं मानते। आप क्या करेंगे?

A. अपने चुनाव के व्यक्ति से विवाह करेंगे

B. अपने परिवार के कहने के अनुसार करेंगे

C. अपने परिवार को अपने चुनाव के बारे में मनाने का प्रयत्न करेंगे

D. पूरी तरह से उलझ जाएँगे और फिर भी अनिश्चित रहेंगे

**91.** आपके महाविद्यालय ने एक रक्तदान शिविर आयोजित किया है। आप

A. रक्तदान में विश्वास नहीं करते और वहाँ उपस्थित नहीं होने का निर्णय करते हैं

B. शिविर में अपने रक्त का आदान करते हैं

C. अपने मित्रों को आदान करने के लिए प्रोत्साहित करते हैं

D. खुद रक्तदान में विश्वास नहीं करते किन्तु दूसरों को आदान करने के लिए कहते हैं

92. आप अपने मित्र के साथ घूमने गए हैं और वह कहता/कहती है कि आप अच्छे नहीं लग रहे हैं। आप

   A. नाराज़ हो जाएँगे और अपने सम्बन्ध तोड़ लेंगे

   B. रोने लगेंगे

   C. कुछ बहाना बनाएँगे कि क्यों गड़बड़ी हुई

   D. उसको मुँहतोड़ जवाब देंगे यह कहकर कि वह खुद कितने गंदे दिख रहे हैं

93. अपने कार्यस्थल पर आपको एक समस्या है जो कि आपको बहुत परेशान कर रही है। आप क्या करेंगे?

   A. आप अपने निकट मित्रों के सामने अपने सहयोगियों को गाली देंगे

   B. आप शान्तिपूर्वक बैठेंगे और एक समाधान ढूँढ़ने का प्रयत्न करेंगे

   C. आप परिवार में सबसे पूछेंगे कि आपको क्या करना चाहिए

   D. आप अपने आप को समझाने की कोशिश करेंगे कि यह मामूली बात है और ऐसी बातें होती रहती हैं

94. आपकी नौकरानी ने आपको अपनी बेटी के विवाह के लिए आमंत्रित किया है। आप

   A. उसको बधाई देंगे और नहीं उपस्थित होने का कुछ बहाना बनाएँगे

   B. उसकी बेटी के लिए एक उपहार खरीदेंगे

   C. विवाह में उपस्थित होंगे

   D. उसकी पूर्णतया अवहेलना करेंगे

95. आपके नए मालिक की पत्नी/के पति आपको सिगरेट प्रस्तुत करते हैं यह जानते हुए कि आप सिगरेट छोड़ने की कोशिश कर रहे हैं। आप क्या करेंगे?

   A. उसके प्रस्ताव को ठुकराएँगे

   B. प्रस्ताव को स्वीकार करेंगे लेकिन सिगरेट नहीं जलाएँगे

   C. प्रस्ताव को स्वीकार करेंगे और खुशी से सिगरेट जलाएँगे

   D. आप अपने आप को रोक नहीं पाते हैं लेकिन उसको लेने से पहले दो बार सोचेंगे

96. आप एक ऐसी प्रतियोगिता में भाग ले रहे हैं, जिसमें आरम्भिक निष्कासन दौर हैं। निष्कासित प्रतियोगी दुःखी हैं और बाकी सभी आतंकित हो रहे हैं। आप क्या करेंगे?

   A. प्रतियोगिता छोड़ देंगे यह सोचकर कि आप हारेंगे

   B. अपने आप को शांत और संतुष्ट रखेंगे तथा दूसरों की परवाह नहीं करेंगे

   C. जो रो रहे हैं उन पर चिल्लाएँगे

   D. दूसरों को शांत करने का प्रयत्न करेंगे

97. आपका अध्यापक आपसे एक प्रश्न पूछता है। आप

   A. लज्जित होते हैं, आपको पसीना आता है और आप भावशून्य दिखते हैं

   B. प्रश्न का जवाब देते हैं

C. उनको बताते हैं कि आपको उत्तर नहीं आता

D. कुछ घबरा जाते हैं और जानते हुए भी आप उसका उत्तर नहीं दे पाते

98. आप एक बस-स्टॉप पर हैं और आप एक ऐसी औरत की छेड़छाड़ होते देखते हैं जिसने तंग व दिखावे वाले कपड़े पहने हैं। आप

A. उसके प्रति सहानुभूति महसूस करते हैं किन्तु झगड़े में नहीं पड़ना चाहते

B. उसकी दशा के प्रति तदनुभूति महसूस करते हैं, उसके प्रति सहानुभूति महसूस करते हैं और आशा करते हैं कि कोई आकर उसकी सहायता करे

C. सोचते हैं कि इसमें आपका कुछ लेना-देना नहीं है

D. औरत के पास जाएँगे और उसकी सहायता करेंगे

99. आप एक सामाजिक कार्यकर्ता हैं। एक अनाथालय पर भ्रमण के दौरान एक बच्चा आपको छोड़ने के लिए तैयार नहीं है और आपको जाने नहीं देता।

A. आप प्राधिकारी से बात करेंगे और अभिभावकों का प्रबंध करेंगे जो उसको गोद ले सकें

B. आप फैसला करते हैं कि प्रत्येक रविवार उससे मिलने आएँगे

C. आप बिना दिलचस्पी लिए उसे छोड़ कर चले जाएँगे

D. आप उसकी अवहेलना करते हैं क्योंकि आपको दूसरे बच्चों की भी देखभाल करनी है

100. एक पत्नी अपने पति की अति व्यस्त नौकरी के कारण उपेक्षित महसूस करती है। पति के व्यस्त होने के कारण वह उसके साथ उचित समय नहीं बिता पाता। आपके अनुसार उसको क्या करना चाहिए?

A. तलाक के लिए कागज प्रस्तुत करने चाहिए

B. उसके साथ बातचीत करके रास्ता निकालना चाहिए

C. स्व-सहानुभूति महसूस करके दोष निकालना चाहिए

D. पत्नी को भी उसके प्रति निश्चित व्यवहार करना चाहिए

101. आप एक पार्टी में हैं और कोई कहता है कि आप अच्छे नहीं लग रहे। आप

A. बहुत परेशान हो जाएँगे और पार्टी में आपको मजा नहीं आएगा और पार्टी छोड़ देंगे

B. कोई परवाह नहीं करेंगे

C. कुछ समय के लिए बुरा महसूस करेंगे लेकिन फिर ठीक हो जाएँगे

D. लगातार उसके बारे में सोचेंगे।

102. आपके पास नए पड़ोसी आए हैं।

A. आप उत्सुक होते हैं और जब वह नहीं देख रहे होते तब आप उनको देखते हैं

B. उनका पड़ोस में स्वागत करने के लिए आप उनके लिए खाना या चाय या कुछ अन्य का प्रबंध करेंगे

C. नए पड़ोसी? आपको तो यह भी नहीं पता कि पुराने वाले कब चले गए

D. आप उनके पास जाएँगे और उनके साथ बातचीत शुरू करेंगे

**103.** आप एक नई जगह पर हैं और शॉपिंग के लिए जाना चाहते हैं। आपके द्वारा क्या किए जाने की सर्वाधिक सम्भावना है?

A. आप किसी और को अपने लिए शॉपिंग करने के लिए कहेंगे

B. आप अपने आप जगह का पता लगाएँगे

C. आप किसी ऐसे को अपने साथ चलने के लिए कहेंगे जो जगह को जानता है

D. आप शॉपिंग का विचार पूर्णतः छोड़ देंगे

**104.** आपका किसी के साथ एक अच्छा संबंध स्थापित है। जब एक आकर्षक व्यक्ति एक पार्टी में आपके पास आता है, तो

A. आप उसकी पूर्णतः अवहेलना करेंगे

B. आप उसके साथ बातचीत करने के कारण ढूँढेंगे

C. आप सैर पर जाने के उसके प्रस्ताव को स्वीकार करेंगे

D. आप अपने बॉयफ्रैंड के साथ अपने संबंध के बारे में अपने आप को याद दिलाएँगे

**105.** गाड़ी चलाते समय आप एक आदमी को देखते हैं जो बुरी तरह से जख्मी होने के कारण सहायता प्राप्त करने का प्रयत्न कर रहा है। आप

A. उस आदमी के प्रति सहानुभूति महसूस करेंगे और उसके बारे में सोचते रहेंगे

B. अपनी गाड़ी रोकेंगे और उसे अस्पताल ले जाएँगे

C. उसकी अवहेलना करेंगे और चलाते रहेंगे

D. उसे दवाई के लिए पैसे देंगे

**106.** आपकी सहपाठी जो कि आमतौर पर सदैव ऊर्जस्वी और सुखी रहती है, बहुत दुःखी और परेशान लग रही है। आप

A. इन्तजार करेंगे कि वह आपके पास आकर आपको कारण बताए

B. उसके पास जाएँगे आर कारण पूछेंगे

C. अपना काम करते रहेंगे

D. अपने एक मित्र से कहेंगे कि वह उससे जाकर बात करे

**107.** आप बेताबी से घर पर किसी का इन्तजार कर रहे हैं। आप

A. जैसे ही किसी कार को रुकते हुए सुनते हैं तो उसी क्षण बाहर भाग जाएँगे

B. केवल अपने कार्य में व्यस्त रहेंगे

C. उसके बारे में नहीं सोचेंगे

D. कई बार फोन करेंगे यह पता लगाने के लिए कि वह इतना समय क्यों लगा रहा/रही है

**108.** आप और आपके मित्र को एक ऐसे दोस्त से मिलने जाना है जो बहुत दूर रहता है। अन्तिम समय पर आपका मित्र नहीं जा पाता। आप क्या करेंगे?

A. आपके साथ चलने के लिए अपनी/अपने बहन/भाई से विनती करेंगे और उसे घूस देने का प्रस्ताव रखेंगे

B. अपनी यात्रा को रद्द करेंगे

C. अपने मित्र से अकेले जाकर मिलेंगे

D. बहाने बनाएँगे और अपने मित्र से कहेंगे कि आप नहीं आ सकते

**109.** आपने एक उपहार समय से पहले प्राप्त किया है, जो कि आपकी आन्टी चाहती हैं कि आप अपने जन्मदिन पर खोलें, जो दो सप्ताह बाद है। आप

A. उनकी इच्छा का आदर करेंगे क्योंकि आपको मालूम है कि यह उपहार कहीं भागा नहीं जा रहा है

B. उसे जल्दी से खोल लेंगे क्योंकि उनको कभी पता नहीं चलेगा

C. उसे कुछ देर के लिए छोड़ देंगे लेकिन फिर खोल ही लेंगे क्योंकि आप इन्तज़ार नहीं कर पाए

D. उसे वास्तव में खोलना चाहते हैं, उसके बारे में सोचते रहते हैं, किन्तु उसे नहीं खोलते

110. आपके और आपके एक मित्र के बीच कुछ गलत-फहमी हुई है। आप क्या करेंगे?

A. आप निर्णय लेंगे कि उससे कभी भी दुबारा बात नहीं करें

B. आपको यह बहुत बुरा लगेगा और शेष पूरे दिन आप रोते रहेंगे

C. आप समस्या के समाधान का प्रयत्न करेंगे

D. आप उसके बारे में नहीं सोचेंगे और अगले दिन उसके साथ सामान्य व्यवहार करेंगे

111. आपके एक सहपाठी ने हाल ही में आपको एक अध्यापक के समक्ष फँसवाया था। उसकी दुर्घटना हो गई है।

A. आप यह महसूस करेंगे कि भगवान ने उसे एक सबक सिखाया है

B. आप उससे अस्पताल में जाकर मिलने का निर्णय करते हैं

C. आप दूसरों को कहते हैं कि यदि कोई दूसरों को कष्ट देता है तो वह भी इस प्रकार कष्ट पाता है

D. आप अप्रभावित होकर अपना जीवन बिताते हैं

112. एक पार्टी में आपके मित्र आपको शराब पीने के लिए कहते हैं। आप क्या करेंगे?

A. आप यह कहकर मना करेंगे कि आपके विचार में यह हानिकारक है

B. आप मान जाएँगे क्योंकि यह आपको बहुत उत्तेजक प्रतीत होता है

C. आप दुविधा में पड़ जाएँगे : लूँ या ना लूँ

D. आप केवल एक पेग आजमाएँगे

113. आप डायबिटीज के रोगी हैं जब आप चॉकलेट के डिब्बे में चॉकलेट भरी देखते हैं तब आपको खाने की तीव्र इच्छा होती है, लेकिन आप महसूस करते हैं कि बाद में यह आपके लिए अच्छा नहीं होगा। तब आप क्या करेंगे?

A. इसके प्रभाव के बगैर चिन्ता किए हुए आप चॉकलेट की ओर आकर्षित होकर इसे खायेंगे।

B. आप इसे खायेंगे, मगर अपने कारनामें के लिए स्वयं को दोषी महसूस करेंगे।

C. आप इसे नहीं खाने का निर्णय लेंगे लेकिन इसके विषय में अपनी सोच जारी रखेंगे

D. आप इसे नहीं खायेंगे क्योंकि इसके दुष्प्रभाव को आप जानते हैं।

114. डब्लू.डब्ल्यू.एफ. के लोग आपके महाविद्यालय में आकर आपसे एक रैली में भाग लेने को कहा, रैली जनसंख्या विस्फोट से सतर्क होने एवं पेड़ों के उपयोग से सम्बन्धित था। आप क्या करेंगे?

A. उसे कहेंगे कि आपके पास समय नहीं है।

B. रैली में भाग लेंगे, आप प्रकृति एवं समाज की सेवा कर रहे हैं यह सोचकर

उन्हें बैनर तथा पोस्टर बनाने के कामों में मदद करेंगे।

C. उसे जाने के लिए कहेंगे तथा दुबारा नहीं आने को कहेंगे।

D. वे क्या कहते हैं, आप जरा भी ध्यान नहीं देंगे।

**115.** आप यदि मृतक के पास से जाते हैं, तो आपको

A. मृत्यु का डर नहीं होता है, इसलिए आप जरा सा विचलित नहीं होते हैं।

B. आपके परिवार में हाल ही में हुए मृत्यु की याद, यादहाश्त में घूमने लगती है।

C. प्रार्थना में शामिल हो जाते हैं।

D. आप उस दिन के शेष समय में अपने आपको रोते चिल्लाते तथा उस विषय में सोचते हुए महसूस करेंगे।

**116.** खराब रोशनी के कारण आपकी उड़ान में देर हो जाती है जिससे आप अपनी निर्धारित बैठक में पहुँचने से वंचित रह जाते हैं आप पर इसका क्या प्रभाव पड़ेगा इसके विषय में आप क्या सोचते हैं

A. आप हवाई अड्डा के कर्मचारियों पर गुस्सा करेंगे।

B. आप मानसिक असंतुलन की स्थिति में तनावग्रस्त होंगे।

C. अपने आपको शांत बनाये रखेंगे तथा जो होना होगा, टाला नहीं जा सकता इसे स्वीकार करेंगे।

D. आप बैठक स्थगित करेंगे या दूसरा समय निश्चित करेंगे तथा शांत चित्त से उड़ान की प्रतीक्षा करेंगे।

**117.** आपके एक नये पड़ोसी हैं जो इस शहर से बिल्कुल अनजान हैं, आपसे बिजली, पानी, खदीददारी आदि कामों में मदद मांगता है, आप क्या करेंगे?

A. आप अपने तरह से उसे मदद करेंगे।

B. आप उसे शहर का नक्शा देंगे

C. आप उससे दुबारा नहीं मिलेंगे

D. आप उससे क्षमा याचना कर दूसरे किसी पड़ोसी से मिला देंगे।

**118.** आप एक सांस्कृतिक कार्यक्रम का आयोजन कर रहे हैं, तो आप

A. कार्यों को विभिन्न समूहों में बाँटकर हरेक समूहों के कार्यों की पर्याप्त जानकारी अपने पास रखेंगे।

B. अकेले कार्यक्रम की व्यवस्था कर अपनी जवाबदेही को महसूस कर अति भारग्रस्त पायेंगे।

C. कार्यक्रम से पहले ही विभिन्न रोगों से ग्रस्त हो जायेंगे।

D. दूसरे में कार्यों को विभाजित कर फिर भी आप महसूस कर रहे हैं कि कार्यक्रम निश्चित समय पर समाप्त नहीं हो पाएगा।

**119.** परीक्षा के समय नजदीक रहने पर भी आप अपने खराब स्वास्थ्य के कारण बहुत अधिक पढ़ाई के वर्गों से वंचित हो गए हैं। आपको मदद की नितांत आवश्यकता है मगर कोई मदद देना नहीं चाह रहा है। आप क्या करेंगे?

A. आपका मानसिक संतुलन बिगड़ जाएगा।

B. आप अपने प्रोफेसर से मदद प्राप्त करेंगे।

C. आप अपने तरह से इसे पूरा करेंगे।

D. आपको जो आवश्यकता है उसे अपने आप पूरा कर सकते हैं।

**120.** आपके शिक्षक के द्वारा दिए गए निर्देशों के तहत आपको एसाइनमेंट जमा करनी है तथा इसे पूरा करने के लिए बहुत ही कम समय है। आप क्या करेंगे?

A. आप अपने साथियों से नकल कर जमा कर देंगे।

B. आप अपने से तैयार कर जमा करेंगे।

C. आप इस काम के लिए अपने आप भारग्रस्त नहीं महसूस करेंगे।

D. आप अपने दोस्तों से मदद लेकर अपने आप इसे पूरा करेंगे।

**121.** अकेले पढ़ते समय भी आपको जोर से बोलने की आदत है जिससे आप इधर-उधर की बातों से अपना ध्यान हटा सकें। आपकी उड़ान दो घण्टे से विलम्बित है और आप अनजाने व्यक्तियों के बीच में हैं। आप

A. बातें केवल तब करेंगे जब दूसरे शुरू करते हैं

B. एक मैगजीन खरीदेंगे और अपने आप को व्यस्त रखेंगे

C. अपने पास बैठे हुए व्यक्ति के साथ बातें शुरू करेंगे

D. खाली बैठेंगे और आशा करेंगे कि समय जल्दी बीत जाए

**122.** आप एक कम्पनी में आने वाले लोगों में से सबसे नए हैं। नए होने के कारण आप कई अन्य कर्मचारियों को नहीं जानते। वह आपको अपनी तरफ से सान्त्वना देने का प्रयत्न कर रहे हैं फिर भी उनके साथ अन्तर्क्रिया के लिए आप क्या पहल लेंगे?

A. आप सब की ओर मुस्कुराते हुए हेलो कहेंगे

B. जो मिलनसार लग रहा है आप ऐसे किसी भी व्यक्ति के पास जाएँगे और जोशपूर्ण तरीके से बातें करेंगे

C. आप केवल उन चर्चाओं में भाग लेंगे जो काम से संबंधित हैं

D. आप औपचारिक रहेंगे और इन्तजार करेंगे कि वह आपको पुकारें

**123.** मनोरंजन के तौर पर अपने कुछ छोटे भाई-बहनों को आप एक नए मनोरंजन पार्क में बाहरी यात्रा पर ले जाते हैं। एकाएक आपको पता चलता है कि एक बच्चा गायब है। आप

A. समूह में बाकी बच्चों से कहेंगे कि वह एक जगह पर इकट्ठे रहें जबकि आप पार्क अधिकारी को ढूँढने के लिए अकेले जाते हैं ताकि आप गायब बच्चे के बारे में उससे आवेदन कर सकें

B. समूह को पार्क के एक शांत कोने में ले जाते हैं और अब आपको यह नहीं मालूम कि आगे कैसे बढ़ें

C. बाकी बच्चों को इकट्ठा करते हुए पार्क अधिकारियों के पास अपने साथ ले जाते हैं यह सोचते हुए कि पार्क अधिकारी फिर शेष समूह की सुरक्षा सुनिश्चित करते हुए गायब बच्चे को ढूँढेंगे

D. घबराहट में गायब बच्चे का नाम चिल्लाना शुरू कर देते हैं

**124.** एक परीक्षा के दौरान, आपके सामने बैठा व्यक्ति आपसे सहायता माँगता है। आपके उत्तर देने से पहले अध्यापक आपके डेस्क पर आता है और अनुचित साधन का

प्रयोग करने के लिए आपके अंक घटा देता है। आप

A. पेपर के दौरान चिन्तित रहेंगे किन्तु लिखते रहेंगे

B. परीक्षा जारी रखेंगे और जब वह समाप्त हो जाती है तो ठण्डे दिमाग से अध्यापक को सही स्थिति से अवगत कराएँगे

C. तुरन्त विरोध करना शुरू करेंगे और आग्रह करेंगे कि आपने अनुचित साधन का प्रयोग नहीं किया

D. अपना पेपर लिखना जारी रखने में असमर्थ होंगे और अंकों में अनुचित कमी के बारे में चिन्ता करते रहेंगे

125. यदि अगले सप्ताह आपकी एक परीक्षा आने वाली है और उसी समय आपके एक प्रोजेक्ट और एक प्रेजेन्टेशन प्रस्तुत करने की आखिरी तिथि है। तो आप

A. एक चीज को समय पर लेकर एक समय सारिणी की योजना बनाते हुए उसके अनुसार काम करेंगे

B. चिन्तित होते हुए कार्यों को केवल पूरा करने के उद्देश्य से बेमन काम करेंगे

C. सभी कार्यों को एक ही समय पर करने का प्रयत्न करेंगे

D. घबराहट महसूस करेंगे और रोते रहेंगे जिससे आप किसी कार्य पर प्रभावी रूप से काम नहीं कर पाएँगे

126. आपके एक मित्र को गम्भीर स्थिति में अस्पताल में भर्ती कराया गया है और आप उससे मिलने के लिए जाने वाले हैं। जल्दी में आप दरवाजा लॉक करते हैं किन्तु चाबियाँ घर के अन्दर भूल जाते हैं। आप

A. हल्ला मचाएँगे और अपने फ्लैट के पास मंडराएँगे यह सोचते हुए कि कोई आपकी सहायता करेगा

B. अपने पड़ोसी के पास दूसरी चाबी के छुड़वाने के लिए फोन करेंगे और जल्दी से अपने मित्र से मिलने के लिए अस्पताल जाएँगे

C. अपने पड़ोसी से कहेंगे कि वह आपके लिए चाबियों की समस्या सुलझाए और अस्पताल पर विलम्ब से पहुँचेंगे

D. पूरी स्थिति के बारे में उलझ जाएँगे और यह निर्णय नहीं कर पाएँगे कि आप अपने मित्र से जाकर जल्दी से मिले या चाबियों की स्थिति को सुलझाएँ

127. आप एक संगठन में काम करते हैं और आपके मालिक सभी के सामने आप से ऐसी चीजों का आरोप लगाते हैं जो आपने नहीं कीं जिससे आप लज्जा की स्थिति में पड़ जाते हैं। आप

A. साहस बटोर के सभी के सामने अपने मालिक से विषय पर चर्चा करेंगे

B. किसी के साथ उस पर चर्चा करने के लिए लज्जा महसूस करेंगे और अपना त्यागपत्र दे देंगे

C. सभी के सामने कोई प्रतिक्रिया नहीं करेंगे किन्तु अपने मालिक के साथ निजी चर्चा करेंगे

D. आरोप को नहीं मानेंगे और आगे बढ़ेंगे

128. आपको पता चला कि आप क्षयरोग (ट्यूबरकूलोसिस) से ग्रस्त हैं। आप

A. निदान को स्वीकार करेंगे, उपचार को शुरू करेंगे और कोशिश करेंगे कि आप पहले से बेहतर तरीके से रहें

B. रोग के बारे में सोचते रहेंगे और उसकी समाप्ति के लिए इन्तजार करते रहेंगे

C. अन्य चिकित्सीय विशेषज्ञों के पास जाएँगे यह देखने के लिए कहीं गलत निदान तो नहीं किया गया और फिर उपचार के लिए कई डॉक्टरों के पास जाएँगे

D. पूर्णतः निराश हो जाएँगे और अपना जीवन समाप्त करने की सोचेंगे

129. क्या आप अपने सामाजिक सम्बन्धों से खुश हैं?

A. बिल्कुल भी नहीं

B. थोड़ा-सा

C. कुछ-कुछ

D. पूर्णतः

130. आपको अगले दिन एक कार्य प्रस्तुत करना है। जैसे ही आप उस पर काम शुरू करते हैं आपका एक मित्र आपको बताता है कि उसके पास एक ऐसी पिक्चर के लिए अतिरिक्त टिकट है जिसे आप देखना चाहते थे। आप

A. पिक्चर के लिए जाने की योजना बनाते हैं और निर्णय करते हैं कि आप कार्य को पूरा कर लेंगे चाहे आपको पूरी रात जागना पड़े

B. अपने मित्र के प्रस्ताव को अस्वीकार करते हुए निरन्तर अपना कार्य करते रहेंगे

C. अपना कार्य छोड़कर पिक्चर के लिए चले जाएँगे बिना यह सोचे हुए कि आप कार्य को कैसे पूरा करेंगे

D. निर्णय नहीं ले पाते

131. यदि आप जीवन में किसी समस्या से दो-चार होते हो तो सामान्यतया—

A. इससे दूर भागते हो; प्रत्येक व्यक्ति की समस्याएं हैं जिसका समाधान उसके विश्लेषण से होता है

B. इससे किस प्रकार निबटना है, यह नहीं जानने के कारण आतंकित हो जाते हो; आप इसके कारणों से अनभिज्ञ रहते हो और कुछ नहीं करते हो

C. इसके समाधान का तीव्र प्रयास करते हो, यदि आपको कोई समस्या होती है तो आप गलती का अनुभव करते हो चाहे यह कितना छोटा ही क्यों ना हो

D. आप अवसादग्रस्त हो जाते हो यह अनुभव कर कि दुर्भाग्य ने तुम्हें फिर से निशाना बनाया है

132. आप किसी पार्टी में जाते हो और अनेकों आकर्षक लड़के-लड़कियों को देखते हो। आपको वहां अपने किसी पुराने मित्र से मिलना है। आप

A. सीधा अपने दोस्त के पास जाते हो

B. अपने दोस्त के पास थोड़ा-सा वक्त बिता कर दूसरे लोगों से मिलने चले जाते हो

C. अपने दोस्त को भुलाकर आकर्षक लोगों के साथ अपने को व्यस्त कर लेते हो

D. उधेड़बुन में पड़ जाते हो कि पहले किसके पास जाऊँ

133. आपको अपने कॉलेज के लिए एक बहुत ही महत्वपूर्ण कार्यक्रम को आयोजित करने के लिए कहा जाता है। कार्यक्रम के मध्य में एक व्यक्तिगत समस्या उत्पन्न हो जाती है। आप

A. कार्यक्रम को नजरअंदाज कर समस्या के समाधान का प्रयास करते हो

B. सफलतापूर्वक दोनों को संभालते हो

C. व्यक्तिगत समस्या को बाद के समय के लिए छोड़कर केवल कार्यक्रम के आयोजन पर अपना ध्यान केन्द्रित करते हो

D. दोनों प्रकार के कार्यों से इतने बोझिल हो जाते हो कि अंततः दोनों ही कार्यों को छोड़ देते हो

**134.** तुम एक अनुच्छेद लिख रहे हो। जो तुम्हें अच्छी तरह याद है लेकिन तुम्हें जोरों की नींद आ रही है। तुम—

A. इसे अच्छी तरह से लिखने की व्यवस्था करते हो

B. लिखने के दौरान नियमित अंतराल पर थोड़ी देर के लिए रुकते हो किन्तु काम को पूरा करते हो

C. पहले सोने का और बाद में काम करने का निर्णय लेते हो

D. अनेकों गलतियां करते हो

**135.** गाड़ी चलाने के दौरान—

A. तुम्हारी आंखें सड़कों पर होती हैं और बिना अन्य किसी कार्य को करते हुए अच्छी तरह गाड़ी चलाते हो

B. कभी-कभी पूर्ण सावधानी बरतने के बाद भी जरा-सी लापरवाही के कारण दुर्घटना का शिकार हो जाते हो

C. मोबाईल पर बातें करने या स्टिरियों पर गाना सुनने के कारण अधिकांशतया तुम किसी दुर्घटना का शिकार हो जाते हो

D. तुम एक साथ अनेकों कार्य कर सकते हो और इसलिए अभी तक किसी दुर्घटना का शिकार नहीं हुए हो।

**136.** आपके अध्यापक आपके समूह को एक प्रोजेक्ट करने के लिए देते हैं और कुछ ही दिनों में सर्दी की छुट्टियाँ शुरू होने वाली हैं और सभी बेचैन तथा उत्साहित हैं, इसलिए कोई भी उस पर काम करने के लिए तैयार नहीं है। आप

A. उसी प्रकार महसूस करेंगे और आशा करेंगे कि अध्यापक देय तिथि को आगे बढ़ा दें

B. अपने आप उस पर काम शुरू करेंगे और आशा करेंगे की दूसरे बाद में आपके साथ आ जाएँ

C. पहल करके दूसरों को प्रोत्साहित करते हुए साथ ही उस पर काम शुरू करेंगे

D. उन पर विघटनकारी होने के लिए चिल्लाएँगे और दूसरे समूह में चले जाएँगे

**137.** पिछले कुछ सप्ताहों से पड़ोसी कॉलोनी से लोग अपना पूरा कूड़ा-कचरा आपके मोहल्ले में फेंक रहे हैं। आप इस विषय में अत्यंत परेशान हैं और फैसला करते हैं कि

A. दूसरी कॉलोनी के अध्यक्ष को एक बार फोन किया जाए ताकि आप अपनी शिकायत दर्ज करा सकें

B. जब भी आप अपने पड़ोसियों से मिलें तो आप अनौपचारिक ढंग से परेशान करने वाले कूड़े-कचरे के बारे में शिकायत करेंगे

C. अपनी कॉलोनी की एक सभा बुलाएँगे, एक अर्जी बनाएँगे और अपनी कॉलोनी

की ओर से दूसरी कॉलोनी के अध्यक्ष से मिलेंगे और इस विषय पर चर्चा करेंगे

D. चुप रहेंगे क्योंकि आप सोचते हैं कि कोई और समस्या का समाधान ढूँढ़ ही लेगा

138. अत्यंत कड़ी मेहनत के बाद आपकी फुटबाल टीम ने फाइनल में प्रवेश कर लिया है। फाइनल मैच में, आप और आपकी टीम बहुत अच्छा खेल रहे हैं और इस बात की अच्छी सम्भावना है कि आपकी टीम ट्रॉफी जीत लेगी। लेकिन मैच के एक निर्णायक क्षण में आपका सबसे अच्छा खिलाड़ी चोटग्रस्त हो जाता है जिसके कारण उसे मैदान छोड़ना पड़ता है। एक और अति प्रतिभाशाली दल के सदस्य को लाल कार्ड दिखा दिया जाता है जिसके कारण उसको भी बाहर जाना पड़ता है। आप पर जीत का अत्यधिक दबाव है और अपने कुछ सर्वश्रेष्ठ खिलाड़ियों के बिना यह दबाव दुगुना हो गया है। आप

A. जीतने के दबाव से ध्यान-भंग महसूस करेंगे किन्तु अपनी क्षमता के अनुसार सर्वश्रेष्ठ खेलने पर अपना ध्यान केन्द्रित करेंगे

B. खेल पर अपना फोकस बनाए रखेंगे और कोशिश करेंगे कि आपका प्रदर्शन इष्टतम स्तर पर बना रहे

C. पहले ही निश्चय कर लिया है कि जीतना असंभव है किन्तु आप खेल के अनुसार अपनी रफ्तार को कायम रखने का प्रयत्न करेंगे

D. इतने अच्छे खिलाड़ियों को खोने की बेइंसाफी पर क्रोधित होने पर अधिक

ऊर्जा की खपत करेंगे न कि चलते हुए खेल पर

139. आपका एक कजन आपके परिवार सदस्यों के सामने बार-बार आपकी आलोचना करता है। एक परिवार मिलन में वह फिर ऐसा करता है जिससे आप अति अपमानित महसूस करते हैं। आप

A. खुली तरह से उससे बात करेंगे और बताएँगे कि आपने हमेशा कैसे महसूस किया है और उसको कहेंगे कि आगे ऐसा न करे

B. सीधे उसके पास जाने के बजाय आपके परिवार के दूसरे सदस्यों के पास जाएँगे

C. स्थिति की उपेक्षा करेंगे लेकिन आप उसके शब्दों पर दुखी होंगे और गुस्सा महसूस करते रहेंगे

D. उससे इस बारे में बात करने का प्रयत्न करेंगे लेकिन जब भी आप ऐसा प्रयत्न करते है तो आप कुछ पूर्णतः असंबंधित बातचीत करने लगते हैं

140. कई वर्षों के बाद आप एक दूर के मित्र से मिलते हैं। आपकी क्या प्रतिक्रिया होगी?

A. उसकी ओर केवल मुस्कुराते हुए आप अपने कार्यस्थल की ओर बढ़ेंगे

B. उसके पास जाकर आप बातचीत शुरू करेंगे

C. आप उसके द्वारा पहल की इन्तजार करेंगे

D. उसकी उपेक्षा करते हुए आगे बढ़ेंगे

141. आप फोन पर बातचीत कर रहे हैं और आपके पीछे कोई जोर से संगीत सुन रहा है और आपका मनपसंद गाना आ रहा है। आप

A. अपने मित्र को बोलेंगे कि थोड़ी देर रुके और अच्छी तरह गाने को सुनेंगे

B. अपने मित्र के शब्दों को समझ पाएँगे और साथ ही गाने को भी सुनते रहेंगे

C. गाने को सुनते हुए एक ही समय मित्र से भी बातचीत चालू रखने का प्रयत्न करेंगे किन्तु दोनों में से किसी को भी नहीं समझ पाएँगे

D. यह निर्णय लेते हैं कि अपने मित्र की आवाज पर ध्यान दें

**142.** आप अपने कार्यस्थल को छोड़ते समय विलम्बित हो जाते हैं। रात को काफी देर हो गई है और घर जाते समय आपकी कार खराब हो जाती है। आप घर फोन करते हैं और वे आपको बताते हैं कि वे आपको लेने के लिए आधे घण्टे में पहुँच जाएँगे। सड़क सुनसान है। आपकी इन्तजार डेढ़ घण्टे तक खिंच जाती है और आप देखते हैं कि आपका सेल फोन बन्द हो गया है क्योंकि बैटरी को चार्ज करने की आवश्यकता है। आप

A. ज्यादा इन्तजार के लिए तैयारी करते हुए कार में ही बैठे रहेंगे, खिड़कियों को ऊपर रखेंगे, सभी दरवाजे लॉक कर लेंगे और रेडियो ऑन करके उसके साथ गायेंगे लेकिन इस सभी के दौरान आप चौकन्ने रहेंगे

B. डरेंगे क्योंकि आप किसी के साथ सम्पर्क स्थापित नहीं कर सकते लेकिन अपने आपको आश्वासन देंगे कि आपका परिवार जल्द ही आपको आकर ले जाएगा

C. अत्यंत सन्त्रास अनुभव करेंगे जैसे-जैसे इन्तजार की अवधि बढ़ती जाती है

D. यह निर्णय लेते हैं कि कार को छोड़ दिया जाए क्योंकि आप और तनाव को नहीं सह सकते

**143.** आप अपनी दादीजी के साथ अकेले हैं और वह एकाएक गिर पड़ती हैं। आप

A. अत्यंत सन्त्रास का अनुभव करना शुरू करेंगे

B. अपने पड़ोसियों को आने के लिए कहेंगे

C. अपने माता-पिता को फोन करेंगे और उनसे कहेंगे कि वह जितना जल्दी हो सके आ जाएँ और उनके आने का घबराहट से इन्तजार करेंगे

D. परिवार के डॉक्टर को तुरन्त बुलाएँगे और उनके आने तक दादीजी के पास बैठकर उनका ध्यान रखेंगे

**144.** आप एक नए शहर में एक मित्र के साथ यात्रा करते हुए यह पाते हैं कि आप खो गए हैं। आप

A. कुछ देर तक अपने मित्र को दोषी ठहराएँगे लेकिन फिर किसी ज्ञात क्षेत्र तक पहुँचने का रास्ता खोजेंगे

B. अपने माता-पिता को फोन करेंगे

C. नक्शे को निकालेंगे/ खरीदेंगे और निर्देश माँगेंगे

D. यह सोचेंगे कि अभी सबसे अच्छी तरकीब दुकानों में घूमना होगा

**145.** ऑफिस में आपका अपने सहकर्मी से झगड़ा हो गया। आप

A. पूरी स्थिति की उपेक्षा करेंगे और दूसरों से बातचीत शुरू करेंगे

B. उसको दोषी ठहराकर आगे बढ़ेंगे

C. उसके साथ बैठकर बातचीत करते हुए मुद्दे को सुलझाने का प्रयत्न करेंगे

D. अपने आप से वादा करेंगे कि उससे कभी भी फिर बातचीत नहीं करेंगे

**146.** यह मान लीजिए कि आपकी माताजी ने आपको बैंक में एक बड़ी रकम जमा कराने के लिए दी और रास्ते में वे चोरी हो गई। आप

A. सड़क पर इन्तजार करते रहेंगे क्योंकि आपकी समझ में नहीं आएगा कि आप क्या करें

B. घटना की रिपोर्ट पुलिस को तुरन्त करेंगे और पूरी स्थिति अपनी माताजी को समझाएँगे

C. अपनी माताजी को फोन करेंगे और उनसे पूछेंगे कि अब क्या करें

D. भगदड़ करेंगे और रोएँगे तथा फैसला करेंगे कि सत्य बताने के बजाय आप बहाने बनाएँ

**147.** अपनी मनपसंद जीन्स खरीदने के लिए आप पैसे बचा रहे हैं। लेकिन आपने पाया कि बाजार में कपड़ों पर एक बड़ी सेल लगी है। आप

A. अपने पहले निर्णय के अनुसार जीन्स खरीदेंगे

B. इतने उलझ जाते हैं कि कुछ भी नहीं खरीदते

C. जीन्स खरीदने के बारे में भूल जाते हैं और उनके बजाय दूसरी चीजें खरीदते हैं जिनकी वास्तव में आपको आवश्यकता नहीं थी; आप उन्हें केवल इसलिए खरीदते हैं कि वह सेल में आपको बहुत कम दामों में मिल रही हैं

D. यह फैसला करते हैं कि सस्ती जीन्स खरीदें ताकि आप सेल पर टी-शर्ट भी खरीद पाएँ

**148.** आप एक फुटबाल टीम के सदस्य हैं और आपको एक पैनल्टी शूट-आउट का सामना करना है। टीम की जीत आप पर निर्भर करती है। आप

A. दबाव के कारण ध्यान-भंग महसूस करते है

B. को कोई फर्क नहीं पड़ता कि आप गोल बनाएँ या नहीं। भविष्य में और मौके भी होगें।

C. अपनी सारी ऊर्जाएँ/ ध्यान गोल बनाने में संकेन्द्रित करेंगे

D. सब कुछ भाग्य पर छोड़ देंगे

**149.** अगले महीने आपको एक महत्त्वपूर्ण प्रेजेन्टेशन देना है। इसके लिए आप किस प्रकार की तैयारी करेंगे?

A. प्रेजेन्टेशन को एक सप्ताह में पूरा करके आप बार-बार अभ्यास करेंगे

B. प्रेजेन्टेशन शुरू करने के लिए अन्तिम कुछ दिनों का इन्तजार करेंगे

C. अपने कार्य की इस प्रकार योजना बनाएँगे कि आप प्रेजेन्टेशन ठीक आखिरी समय पर पूरा कर पाएँ

D. आप चीजों को समय पर छोड़ देते हैं; जैसे-जैसे दबाव बढ़ेगा आप अपने-आप कार्य करना शुरू कर देंगे

**150.** किसी प्रश्न का उत्तर देते समय आप—

A. उत्तर को पेचीदा जटिल बनाने के लिए इधर-उधर की बातें करते हो

B. प्रश्न तक सीमित रहने का प्रयास करते हो लेकिन यह सोचकर कि अन्य

महत्त्वपूर्ण बातें अभी नहीं पूछी गई हैं, प्रश्न से दूर भागते हो

C. यह देखने का प्रयास करते हो कि दूसरे व्यक्ति किस प्रकार पूछी गई धारणा के अनुरूप प्रश्न का उत्तर लिख रहे हैं

D. उत्तर देते समय प्रश्न की आवश्यकताओं तक सीमित रहते हो

151. आपका मकान-मालिक असाधारण रूप में आपसे नियत तिथि से पहले किराया माँगता है और आपके पास पैसे हैं। आप—

A. मकान छोड़ देंगे क्योंकि मकान-मालिक द्वारा एडवांस में किराया माँगना अस्वीकार्य है।

B. आधा अभी दे देंगे और बाकी आधा नियत तिथि को।

C. देय तिथि पर पैसा दे देंगे जैसा पहले सुनिश्चित था।

D. पैसा अभी दे देंगे।

152. आप अपने मित्र के साथ एक यात्रा की योजना बनाते हैं। प्रस्थान से दो दिन पहले वह आपको बताता है कि उसने एक और मित्र को चलने का आमंत्रण दिया है जिसको आप इतना पसन्द नहीं करते। आप—

A. अपने मित्र को अपनी भावनाओं का इशारा देते हैं और आशा करते हैं कि वह इशारा समझकर दूसरे मित्र से आमंत्रण वापस ले लेगा।

B. सीधे उसके मुँह पर बता देते हैं कि आप उस व्यक्ति को इतना पंसद नहीं करते और आप नहीं जाएँगे।

C. परिवर्तन को स्वीकार करते हैं यह सोचते हुए कि यह दूसरे व्यक्ति को

अच्छी तरह जानने का अच्छा अवसर है।

D. उसके साथ यात्रा करते हैं और अपनी नापसन्दगी व्यक्त नहीं करते।

153. किसी दिन आप काम में व्यस्त हैं और जब आप सड़क पर चल रहे हैं तो कोई व्यक्ति जो आपकी भाषा भली-भाँति नहीं जानता आपके पास आता है और निकटतम मैट्रो स्टेशन के लिए आपसे रास्ता पूछता है। आप—

A. का उत्तर होगा "मुझे रास्ता नहीं मालूम"।

B. उसे उसके गंतव्य तक ले जाएँगे।

C. इशारों से उसे रास्ता दिखाएँगे और आशा करेंगे कि वह वहाँ पहुँच जाए।

D. उसे रास्ता समझाने की कोशिश करेंगे लेकिन यह देखते हुए कि वह कुछ नहीं समझ रहा है, आप अन्ततः उसे वहीं छोड़कर चले जाएँगे।

154. पिछले एक महीने से प्रत्येक सप्ताह आपकी प्रस्तुति आगे बढ़ाई जा रही है। इस सप्ताह आपके सहपाठी फिर चाहते हैं कि उसे आगे बढ़ाया जाए। आप—

A. यह कहते हुए कक्षा के बाहर चले जाएँगें कि प्रस्तुति समाप्त हो गई।

B. उनकी इच्छाओं के अनुसार चलेंगे और प्रस्तुति को आगे बढ़ा देंगे।

C. बीच का रास्ता ढूँढ लेंगे और यह कहेंगे कि आप प्रस्तुति का कुछ हिस्सा आज करेंगे और शेष बाद में।

D. समझाएँगे कि आप लम्बे समय से इंतजार कर रहे हैं और आप प्रस्तुति आज ही करेंगे।

**155.** विदेश में आपके सामने भोजन का मुद्दा आता है, तो आप–

A. ऐसे भोजनालय या रेस्तराँ ढूँढने का प्रयत्न करेंगे जो आपकी मातृभूमि का भोजन परोसता हो ।

B. नए प्रकार के भोजन खाने के लिए उत्सुक होंगे ।

C. नए भोजन के प्रति आशंकित होंगे लेकिन उसे परखने के लिए सहमत होंगे ।

D. ऐसा भोजन खाने के लिए मना कर देंगे जिसे आपने पहले नहीं खाया हो ।

**156.** आपकी किसी के साथ बहस होती है और आपको मालूम है कि आप सही हैं । इसके साथ आप कैसे निपटेंगे ?

A. क्षमा माँगते हुए किसी हद तक जाएँगे ताकि माहौल ठीक हो जाए ।

B. आप बताएँगे कि दूसरे ने गलत किया है और उससे क्षमायाचना की प्रतीक्षा करेंगे ।

C. उसके साथ बातचीत शुरू करने का प्रयास करेंगे ताकि दोनों अपनी भावनाओं के बारे में बात कर सकें ।

D. उसके सामने चुप्पी साधेंगे ।

**157.** आप एक संगठन में कार्यरत् हैं । आपका मित्र-सहकर्मी आधे दिन की छुट्टी लेना चाहता है लेकिन उसे अपने स्थान ग्रहण करने के लिए किसी को ढूँढना है । वह आपसे पूछता है कि यदि आप उसके स्थान पर अतिरिक्त समय के लिए काम कर दें तो वह बाद में कभी आपके लिए भी काम कर देगा । आप थके हुए हैं और घर जाना चाहते हैं । आप–

A. उसकी सहायता करेंगें क्योकि बाद में आपको भी उसकी आवश्यकता पड़ सकती है ।

B. एक बहाना बनाएँगे और उससे कहेंगे कि आप आज अतिरिक्त समय काम नहीं कर सकते किन्तु किसी और समय आप उसके स्थान पर काम कर लेंगे ।

C. एकदम मना कर देंगे । आप किसी से न सहायता माँगते हैं और न किसी को देते हैं ।

D. खुशी से उसकी सहायता करेंगे । उसके जाने का कारण आपके आराम की आवश्यकता से अधिक महत्त्वपूर्ण हो सकता है ।

**158.** आप और आपके मित्र को इकट्ठे एक व्यायाम मशीन के पुर्जे जोड़ने हैं । आप हाथ से व्यावहारिक काम करने वाले व्यक्ति हैं और वह मैनुअल पढ़कर काम करने वाला । इसका समाधान आप कैसे ढूँढेंगे ?

A. उसे मैनुअल पढ़ने देंगे और जब उसने निर्देश समझ लिए हैं तो इकट्ठे मिलकर मशीन के पुर्जे जोड़ेंगे ।

B. उसे मैनुअल समझने के लिए छोड़ देंगे जबकि आप मशीन के पुर्जे जोड़ने का प्रयत्न करेंगे ।

C. उसे मैनुअल को फेंकने के लिए कहेंगे और काम करना शुरू करेंगे ।

D. उसका रवैया अपनाने की कोशिश करते हुए उसके साथ मैनुअल पढ़ेंगे और फिर इकट्ठे काम करेंगे ।

**159.** आपका मित्र अप्रत्याशित रूप से, आपके घर आ जाता है और कहता है कि उसके

घर पर मरम्मत चलने के कारण वह आपके साथ एक सप्ताह रहना चाहता है। आप–

A. बहाना बनाएँगे और कहेंगे कि आप उसको अपने साथ नहीं रख सकते।

B. बिना किसी शर्त के उसे एक सप्ताह रहने के लिए सहमति दे देंगे।

C. एक सप्ताह के लिए उसे निवास प्रदान करने के लिए सहमत हो जाएँगे बशर्ते वह घर में आपकी मदद करे।

D. उसे रखने के लिए सहमत हो जाएँगे लेकिन केवल कुछ दिनों के लिए।

160. एक लम्बे समय बाद आप अपने मित्र से मिल रहे हैं। आप दोनों के पास समय कम है और व्यस्त जीवन व्यतीत करते हैं। आपके मिलने का समय और स्थान निर्धारित होता है–

A. आपके मित्र के सुविधाजनक समय और स्थान पर।

B. समय के लिए उसके सुविधाजनक और स्थान के लिए आपके सुविधाजनक।

C. आप दोनों के कार्यक्रमों को बदल कर मिलने के लिए एक साझा समय और स्थान चुनकर।

D. आपके सुविधाजनक समय और स्थान पर।

161. आप एक समूह परियोजना के प्रबंधक हैं। निर्णय लेते समय आप–

A. उन्हीं निर्णयों पर अटल रहेंगे जिन्होंने पहले आपको सफल परिणाम दिए हैं।

B. नए विचारों को लागू करेंगे जो परम्परागत विचारों से ज्यादा विचलन नहीं दिखाते।

C. नए विचारों को शामिल करेंगे यदि वह पहले के सफल समाधानों के अनुसार हों।

D. ब्रेन-स्टोर्मिंग बैठक प्रोत्साहित करेंगे और नए समाधान लागू करने का प्रयत्न करेंगे जिससे बेहतर और अधिक लाभ हो।

162. आपका भांजा/भांजी आपसे कहानी सुनाने को कहता है। आप–

A. अपने-आप की एक कहानी बनाएँगे।

B. अपनी स्मृति से कुछ बचपन की कहानी याद करेंगे और सुनाएँगे।

C. एक पुस्तक से पढ़ेंगे।

D. अपने भांजे/भांजी के साथ एक कहानी बनाएँगे; प्रत्येक एकान्तर वाक्य का योगदान देगा।

163. अपने कॉलेज के वार्षिक प्रोग्राम के आप आयोजक हैं। उसके शुरू होने के कुछ समय पहले आपको सूचित किया जाता है कि कुछ आकस्मिक कारणों से शो में विलम्ब होगा। आपको यह अपने दर्शकगण को समझाना है। आप–

A. दर्शकगण को मनोरंजित रखने के लिए उनके साथ तात्कालिक अन्तःक्रिया व खेल आरंभ करेंगे (उदाहरणार्थ भीड़ के गेम)।

B. प्रधानाध्यापक से विनती करेंगे कि वह समझाएँ क्योंकि वह प्रभारी हैं।

C. स्थिति के बारे में व्यंग्यपूर्ण तरीके से समझाएँगें।

D. उचित शब्दों का चयन करके पूरी सच्चाई के साथ समझाएँगे कि क्या हुआ ताकि वे धैर्य से इन्तजार करें।

**164.** आप एक समूह के सदस्य हैं जिसे युवा वयस्कों पर एक सर्वेक्षण आयोजित करना है। सर्वाधिक सम्भव है कि आप—

A. विषयों का प्रस्ताव करने के लिए एक रणनीति अपनाएँगे।

B. कक्षा के समक्ष परिणाम प्रस्तुत करेंगे।

C. सांख्यिकीय विश्लेषण करेंगे।

D. सर्वेक्षण के लिए मदों का निर्माण करेंगे।

**165.** आपको अपने भांजे की देख-रेख करने की जिम्मेदारी मिली है। आप—

A. उसे अपने-आप खेलने देंगे और निश्चित करेंगे कि वह सुरक्षित है।

B. क्रेयॉन और कागज निकालकर इकट्ठे चित्र बनाएँगे।

C. सोचेंगे कि उसको कौन-सी फिल्म पसन्द आएगी, उसे मँगाएँगे और इकट्ठे देखेंगे।

D. उसका मनोरंजन करने के लिए एक खेल बनाएँगे।

**166.** आपके कॉलेज में एक मेला हो रहा है। आखिरी समय पर आपको ज्ञात होता है कि जो स्टॉल लगाने की आपने योजना बनाई थी वह पहले ही किसी और ने लगा दी। आप—

A. योजना के अनुसार स्टॉल लगाएँगे।

B. अपनी स्टॉल के लिए एकदम नया विचार लाएँगे।

C. अपनी स्टॉल को थोड़ा भिन्न करने के लिए अपने विचार में थोड़ा बदलाव लाएँगे।

D. अपनी स्टॉल को ऐसे व्यवस्थित करेंगे कि वह अधिक आकर्षक हो (उदाहरणार्थ गुब्बारे और बैनर लगाना)।

**167.** आप एक प्रकाशक के यहाँ नियोजित हैं। सर्वाधिक संभावना है कि आपका कार्य होगा—

A. प्रिंटिंग प्रेस का संचालन करना

B. व्याकरणीय अशुद्धियों की प्रूफ-रीडिंग करना

C. संपादन और समालोचना

D. पुस्तकें लिखना

**168.** आपको एक विशेष अवसर के लिए भोजन आयोजित करना है। आपकी योजना क्या होगी?

A. आप अपने-आप का एक व्यंजन बनाएँगे और प्रस्तुति व सजावट पर विशेष ध्यान देंगे

B. भोजन बाहर से मँगाएँगे

C. अपने-आप का एक व्यंजन बनाएँगे

D. व्यंजन के लिए एक नया नुस्खा अपनाएँगे और निर्देशों का भली-भाँति पालन करेंगे

**169.** आपने हाल में ही एक नए अपार्टमेंट में प्रवेश किया है। आप—

A. उसमें पेंट का एक अच्छा लेप चढ़ाएँगे और फर्नीचर को सौन्दर्यपरक ढंग से पुनः व्यवस्थित करेंगे।

B. जो चीजें काम नहीं कर रही हैं उन्हें सही करेंगे।

C. उसको ऐसे ही छोड़ देंगे।

D. अति उत्तम आन्तरिक-सजावट करेंगे और उसे अनुपम बनाने का प्रयत्न करेंगे।

**170.** निम्नलिखित में से कौन-सा आपके आध्यात्मिक झुकाव को सर्वाधिक बेहतर ढंग से वर्णित करता है?

A. मैं एक धर्म का अनुपालन करता हूँ लेकिन उसके बारे में सोचता हूँ और उसके सिद्धांतों पर प्रश्न उठाता हूँ।

B. अपनी सुविधनुसार मैं भिन्न धर्मों से अलग-अलग चीजें लेता हूँ।

C. मैं धार्मिक ग्रंथों को पढ़ता हूँ और जैसी शिक्षा मेरे धर्म से मिलती है उसका पूरी तरह अनुपालन करता हूँ।

D. मैंने आध्यात्मिकता का अपना अलग पथ ढूँढ लिया है।

171. आपने एक कोर्स चुना है लेकिन कुछ सप्ताह बाद प्राधिकारी आपको बताते हैं कि वह कोर्स रद्द कर दिया गया है और आपको उसके बदले में दूसरा कोर्स करना होगा। आप—

A. खुशी से नया परिवर्तन स्वीकार करते हैं।

B. फैसला मानने से मना करते हैं और उच्चतर प्राधिकारियों के सामने मुद्दा ले जाते हैं।

C. अनिच्छा से नया कोर्स स्वीकार करते हैं लेकिन फिर भी प्रयत्न करते रहते हैं कि प्राधिकारी अपने विचार बदल लें।

D. इस विषय पर अपने मित्रों से शिकायत करते हैं, लेकिन परिवर्तन को स्वीकार करते हैं।

172. आपको तेज बुखार है और अगले दिन आपका टेस्ट है। आप—

A. जितनी मेहनत से आमतौर पर काम करते हैं उतनी मेहनत करते हुए अधिक-से-अधिक श्रेष्ठ करते हैं।

B. अध्यापक से बात करते हैं ताकि आपको टेस्ट से छुटकारा मिल जाए।

C. थोड़ी तैयारी करते हैं और टेस्ट लेते हैं।

D. टेस्ट के बारे में भूलकर आराम करते हैं।

173. आपका जन्मदिन है और आप अपने मित्रों के साथ दिन बिताना चाहते हैं लेकिन आपके माता-पिता चाहते हैं कि आप घर पर दिन बिताएँ। आप—

A. सुबह अपने परिवार के साथ बिताते हैं और शाम अपने मित्रों के साथ।

B. आग्रह करते हैं कि आप दिन अपने मित्रों के साथ बिताएँगे।

C. अपने परिवार को समझाते हैं कि आप अपने मित्रों के साथ समय बिताना चाहते हैं।

D. अपने मित्रों के साथ योजना का रद्द करते हैं और दिन अपने परिवार को साथ बिताते हैं।

174. मुम्बई में आपकी एक महत्त्वपूर्ण परीक्षा है। आपकी उड़ान से दो दिन पहले एयरलाइन आपको फोन करके उड़ान रद्द होने की सूचना देती है। उसके बदले में वह आपको गंतव्य तक AC ट्रेन टिकट देने का प्रस्ताव देती है। आप—

A. परीक्षा छोड़ देते हैं।

B. एयरलाइन की अदक्षता के बारे में शिकायत करते हैं, लेकिन अन्त में ट्रेन टिकट ले लेते हैं।

C. दूसरी उड़ान पर टिकट की माँग करते हैं और एयरलाइन पर मुकदमा चलाने की धमकी देते हैं।

D. बिना शिकायत किए ट्रेन टिकट ले लेते हैं।

**175.** आपने मित्रों के साथ एक बहु-प्रतीक्षित फिल्म देखने की योजना बनाई है। आपके मित्र निर्णय करते हैं कि उसके बदले वह एक नाटक देखना चाहते हैं और आपको साथ चलने के लिए कहते हैं। आप—

A. अकेले जाकर फिल्म को देखते हैं।

B. सहमत हो जाते हैं लेकिन उनको कहते रहते हैं कि फिल्म देखना बेहतर विकल्प होता।

C. प्रयत्न करते हैं कि उनको फिल्म देखने के लिए मना लें।

D. अपने मित्रों के अनुग्रह को मानते हुए उनके साथ चले जाते हैं।

**176.** आप एक बहस में हैं और आपका विरोधी आपके विचार के विपरीत विचार रखता है। आप—

A. प्रबलता से उसके विचारों को अस्वीकार करेंगे और अपने विचारों पर बल देंगे।

B. अपने विरोधी के विचार को बदलने का प्रयत्न करे बिना उसका विचार स्वीकार करेंगे।

C. विरोधी को मनाने का प्रयत्न करेंगे कि दोनों विचार समान रूप से महत्त्वपूर्ण हैं।

D. अपने विरोधी को यह सिद्ध करने को प्रयत्न करेंगे कि आपके विचार कितने महत्वपूर्ण हैं।

**177.** आप एक समूह परियोजना के नेता हैं। समस्याओं के समाधान के लिए आपका रवैया होगा—

A. समूह के प्रत्येक सदस्य की बात सुनो और बहुमत के अनुसार निर्णय करो।

B. समूह के कुछ सदस्यों की बात सुनो और फिर खुद समाधान का निर्णय करो।

C. समूह के प्रत्येक सदस्य की बात सुनो और फिर खुद समाधान का निर्णय करो।

D. जिसे आप समाधान मानते हैं उसके अनुसार निर्णय करो।

**178.** आपकी सहेली कुछ घंटों के लिए बाहर जा रही है और उसने आपको अपने भतीजे की देखभाल करने के लिए कहा है। उसकी प्रत्याशित वापसी से कुछ पहले वह आपको फोन करके पूछती है कि क्या आप थोड़े और समय के लिए रुक सकते हैं। आप—

A. बच्चे को अगले स्थान ले जाएँगे जहाँ आपने जाना था।

B. उससे पूछेंगे कि क्या वह जल्दी वापस आने का प्रयत्न कर सकती है।

C. मना कर देंगे और उसे तुरन्त वापस आने के लिए कहेंगे।

D. उसके वापस आने तक इंतजार करेंगे।

**179.** आप ट्रेन से यात्रा कर रहे हैं और आपके पास निचला बर्थ है। आपका सहयात्री अपने ऊपरी बर्थ को आपके साथ बदलने को कहता हैं। आप—

A. बहाना बनाएँगे ताकि आपको बर्थ नहीं बदलना पड़े।

B. थोड़े नखरे करेंगे लेकिन फिर बदल लेंगे।

C. खुशी से बदल लेंगे। यह कोई बड़ी बात नहीं है।

D. एकदम मना कर देंगे। आपने उस बर्थ के लिए पैसे दिए हैं और आप किसी के लिए उसे नहीं छोड़ेंगे।

180. आपने एक नया स्वेटर खरीदा है लेकिन घर पहुँचने पर आपको पता चलता है कि उन्होंने गलत वाला पैक कर दिया था। आप वापस स्टोर जाते हैं लेकिन उनके पास आपके साइज का वह स्वेटर नहीं है। आप—

A. वहीं बात का बतंगड़ बनाते हैं।

B. अपने पैसे वापस माँगते हैं।

C. एक क्रेडिट पत्र माँगते हैं और जब स्वेटर दुबारा आता है तो उनके पास वापस जाते हैं।

D. विनिमय करते हुए एक दूसरा स्वेटर ले लेते हैं जो आपके साइज में उपलब्ध है।

181. आपके मित्र आपसे कहते हैं कि फिल्म देखने के लिए एक महत्त्वपूर्ण क्लास में आप न जाएँ। आप—

A. बहुत खुशी से उनके साथ जाएँगे

B. उन्हें नहीं जाने की सलाह देंगे

C. निर्णय लेने से पहले दो बार सोचेंगे

D. सुशिष्ट तरीके से जाने के लिए मना कर देंगे

182. आप मोबाइल फोन का एक नया मॉडल खरीदना चाहते हैं जिसमें नवीनतम विशिष्टताएँ हैं, किन्तु आपको मालूम है कि यह आपके माता-पिता के लिए बहुत महँगा है। आप—

A. अपने माता-पिता को उसे आपके लिए खरीदने के लिए मजबूर करेंगे

B. निर्णय करेंगे कि आप अपने पुराने फोन से खुश रहें

C. कुछ और समय के लिए प्रतीक्षा करने का निर्णय करेंगे

D. उसके बारे में लगातार शिकायत करते रहेंगे

183. आपने एक अच्छे रेस्तराँ में अपनी पसन्द के कुछ पकवान के लिए आदेश दिया है और वेटर वह पकवान लाता है जिनका आपने आदेश नहीं दिया था। आप—

A. उन पकवानों को ले लेंगे जो वेटर आपके पास लाया है

B. वेटर को सही आदेश लाने के लिए कहेंगे

C. शोर मचाएँगे ताकि लोग आपकी तरफ ध्यान दें

D. वरिष्ठ स्टाफ को शिकायत करेंगे

184. यदि आपको किसी विषय पर गुस्सा आ जाता है, तो आपको—

A. 10 तक गिनना चाहिए और ठण्डे होकर सोच-विचार करना चाहिए

B. चिल्लाना और चीखना चाहिए तथा अपने गुस्से को अभिव्यक्त करना चाहिए

C. चुपचाप रहना चाहिए और स्थिति को टालना चाहिए

D. संघर्ष के विषय से अपने ध्यान को अलग करना चाहिए

185. आपमें उन लोगों के साथ मित्रता करने की प्रवृत्ति है जो—

A. आधुनिक हों

B. बातूनी और गपशप करने वाले हों

C. सीधे-साधे हों

D. सुस्पष्ट रूप से बहिर्मुखी हों

**186.** आप अपने छः सहपाठियों के साथ किसी प्रोजेक्ट पर काम कर रहे हैं। उनके साथ व्यवहार करते समय आपकी प्रवृत्ति होती है–

A. उन पर छा जाने की

B. आरामपसन्द और तटस्थ रहने की

C. दूसरों के साथ तालमेल बैठाने की

D. आपके हिसाब से सहयोगी होने की

**187.** यदि आपका कोई अधीनस्थ अपने नियत कार्य को पूरा नहीं कर पाता, तो आप–

A. एक उदाहरण स्थापित करने के लिए सबके सामने उसकी आलोचना करेंगे

B. उसको अलग से बुलाएँगे और उसे दिशा-निर्देश देंगे

C. एक सभा में दूसरों के साथ उसकी कमजोरी की तुलना करेंगे

D. उसे बेहतर करने का दूसरा मौका देंगे

**188.** यह देखा गया है कि सर्वाधिक सफल दलों में विविध पृष्ठभूमियों के लोग होते हैं जिनकी संख्या होती है–

A. 10 से कम    B. 15 से अधिक

C. 20 से अधिक D. 30 से अधिक

**189.** एक व्यक्ति अपने बारे में अधिक व्यक्त करता है–

A. अपने शरीर के संचलन द्वारा

B. अपनी मौखिक अभिव्यक्ति द्वारा

C. अपने आचरण द्वारा

D. अपने पहनावे द्वारा

**190.** सफल व्यक्ति बनने के लिए कौन-सी सबसे बड़ी बाधा है?

A. अव्यवस्थित होना

B. बड़ा अहं होना

C. गुस्से वाला होना

D. अनियमित व आराम मिजाज का होना

**191.** अपने कार्य में श्रेष्ठ निष्पादन करने के लिए

A. आपके पास पेशेवर अभिवृत्ति होनी चाहिए

B. आपको परिश्रमी और जिम्मेदार होना चाहिए

C. आपको अपने कार्य से सांवेगिक लगाव होना चाहिए

D. इनमें सभी

**192.** अपने कार्यस्थल पर, आपके अपने सहकर्मियों से किस प्रकार के सम्बन्ध होने चाहिए?

A. अत्यन्त निकट मित्रता

B. सम्बन्ध जिसमें मित्रता और अनौपचारिकता हो

C. औपचारिक सम्बन्ध

D. कोई सम्बन्ध नहीं किन्तु एक-दूसरे को केवल नमस्कार करते हों

**193.** किसी उत्पाद को खरीदते समय निम्नलिखित में से कौन-सा पहलू सर्वाधिक महत्त्वपूर्ण समझा जाता है?

A. ब्रांड तथा पैसे के लिए मूल्य

B. सर्वोत्तम विशिष्टताएँ

C. उचित मूल्य

D. इनमें सभी

**194.** व्यक्तियों की आवश्यकताओं को ध्यान में रखते हुए, यह देखा जाता है कि–

A. सभी कार्मिक चुनौतीपूर्ण कार्य चाहते हैं

B. कोई भी कार्मिक चुनौतीपूर्ण कार्य नहीं चाहता है

C. कार्मिकों में से अधिकांश चुनौतीपूर्ण कार्य चाहते हैं

D. प्रत्येक कर्मचारी चुनौतीपूर्ण कार्य को नहीं ढूँढ रहा होता

**195.** किस प्रकार के बदलाव किसी व्यक्ति में तनाव को सूचित करते हैं?

A. मनोवैज्ञानिक बदलाव

B. व्यवहारात्मक बदलाव

C. जैविक बदलाव

D. इनमें सभी

**196.** होटल परिसर में यदि कोई अतिथि अपना महँगा मोबाइल फोन खो देता है, तो उसे–

A. विषय को पुलिस को रिपोर्ट करना चाहिए

B. होटल सुरक्षा कर्मचारियों को सूचना देनी चाहिए

C. शोर मचाना चाहिए ताकि सभी उसके बारे में जान जाएं

D. उसके बारे में भूल जाना चाहिए

**197.** यदि आपके कार्यस्थल पर आपके समक्ष एक गम्भीर समस्या आ जाए, तो आपको क्या करना चाहिए?

A. किसी और पर जिम्मेदारी थोप कर स्वयं सफाई से निकल आना चाहिए

B. निर्भयता से समस्या का सामना करना चाहिए और सर्वोत्तम विकल्प को ढूँढना चाहिए

C. सहकर्मियों से सहायता ढूँढनी चाहिए

D. उत्तरदायित्व को समक्ष रूप से स्वीकृत नहीं करना चाहिए और निष्क्रिय रहना चाहिए

**198.** जिं दगी में सफलता मिलती है यदि आप–

A. आरामदेह और अनियमित हों

B. उत्साही और मौज-मस्ती वाले हों

C. देख-रेख करने वाले और उत्तरदायी हों

D. दोनों B और C

**199.** स्वस्थ रहने के लिए हमको–

A. नियमित रूप से व्यायाम करना चाहिए

B. संतुलित आहार खाने चाहिए

C. जंक खाद्यों से बचना चाहिए

D. इनमें सभी

**200.** आप अपने परिवार को एक फिल्म दिखाने के लिए ले जाना चाहते हैं। आप चुनेंगे–

A. एक देशभक्ति की फिल्म जो सफल रही है

B. एक प्रसिद्ध डरावनी फिल्म

C. एक वयस्कों के लिए रोमांचक फिल्म

D. एक लोकप्रिय परिवार नाटक

## उत्तरमाला

| 1 | 2 | 3 | 4 | 5 | 6 | 7 | 8 | 9 | 10 |
|---|---|---|---|---|---|---|---|---|---|
| A | C | D | A | D | D | B | A | D | A |
| 11 | 12 | 13 | 14 | 15 | 16 | 17 | 18 | 19 | 20 |
| B | C | D | B | A | B | A | B | A | D |
| 21 | 22 | 23 | 24 | 25 | 26 | 27 | 28 | 29 | 30 |
| D | D | B | D | A | B | C | A | B | D |

| | | | | | | | | | |
|---|---|---|---|---|---|---|---|---|---|
| **31** | **32** | **33** | **34** | **35** | **36** | **37** | **38** | **39** | **40** |
| A | C | C | B | B | B | A | B | D | C |
| **41** | **42** | **43** | **44** | **45** | **46** | **47** | **48** | **49** | **50** |
| D | B | D | D | D | B | B | D | B | A |
| **51** | **52** | **53** | **54** | **55** | **56** | **57** | **58** | **59** | **60** |
| D | C | B | A | B | C | D | C | C | B |
| **61** | **62** | **63** | **64** | **65** | **66** | **67** | **68** | **69** | **70** |
| B | B | D | D | C | B | A | C | A | A |
| **71** | **72** | **73** | **74** | **75** | **76** | **77** | **78** | **79** | **80** |
| C | B | C | B | C | B | D | B | C | B |
| **81** | **82** | **83** | **84** | **85** | **86** | **87** | **88** | **89** | **90** |
| A | C | A | D | B | D | B | D | B | C |
| **91** | **92** | **93** | **94** | **95** | **96** | **97** | **98** | **99** | **100** |
| B | C | B | B | A | B | B | D | A | B |
| **101** | **102** | **103** | **104** | **105** | **106** | **107** | **108** | **109** | **110** |
| D | B | C | B | B | B | A | C | A | C |
| **111** | **112** | **113** | **114** | **115** | **116** | **117** | **118** | **119** | **120** |
| B | D | D | B | C | D | B | A | B | D |
| **121** | **122** | **123** | **124** | **125** | **126** | **127** | **128** | **129** | **130** |
| C | A | C | B | A | B | C | A | D | B |
| **131** | **132** | **133** | **134** | **135** | **136** | **137** | **138** | **139** | **140** |
| C | A | B | B | A | B | C | B | A | B |
| **141** | **142** | **143** | **144** | **145** | **146** | **147** | **148** | **149** | **150** |
| D | A | D | C | C | B | D | C | A | D |
| **151** | **152** | **153** | **154** | **155** | **156** | **157** | **158** | **159** | **160** |
| D | C | B | D | C | C | A | D | B | C |
| **161** | **162** | **163** | **164** | **165** | **166** | **167** | **168** | **169** | **170** |
| D | D | D | A | A | D | C | A | A | C |
| **171** | **172** | **173** | **174** | **175** | **176** | **177** | **178** | **179** | **180** |
| C | C | A | B | C | C | A | D | C | D |
| **181** | **182** | **183** | **184** | **185** | **186** | **187** | **188** | **189** | **190** |
| D | C | B | A | D | C | B | A | C | D |
| **191** | **192** | **193** | **194** | **195** | **196** | **197** | **198** | **199** | **200** |
| A | B | D | C | D | B | B | C | D | D |